입소스
마켓 트렌드
2025

KB191822

마켓 리서치 글로벌 리더의
대한민국 트렌드 보고서

입소스
마켓 트렌드
2025

한국경제신문

25년간 마켓 리서처로 일하면서 대부분의 시간을 '혁신'이라는 키워드와 함께해왔다. 우리나라 기업들이 IMF의 충격에서 벗어나 재기하고자 기를 쓰던 시점에 리서처로서 첫발을 내디뎠고, 이후 글로벌 시장으로 진출하는 과정을 함께했다. 현장에서 직접 보고 느끼고 경험했기에, 현재의 위상을 만들기 위해 보이는 곳에서 그리고 보이지 않는 곳에서 얼마나 많은 사람이 노력했는지를 누구보다 잘 안다. 시행착오도 많았고, 좌절과 눈물 속에서 포기의 유혹도 느꼈다. 이처럼 치열한 경쟁 속에서 살아남기 위해 노력하는 나를 비롯한 기업 담당자들과 좀 더 좋은 제품·서비스를 기대하는 소비자들 사이에서 늘 풀리지 않는 숙제는 혁신이었다. 2000년 초반 런던의 어느 뒷골목에서 힘들어하며 함께 울던 한 상품기획자는 "혁신이 도대체 뭘까요?"라고 물었고, 엊그제 워크숍에서 만난 모 기업 임원도 "어떻게 하면 혁신적인 제품과 서비스를 만들 수 있을까요?"라고 물었다. 혁신을 주제로 한 질문은 20여 년을 넘어 지금 이 순간에도 머릿속에 가장 큰 자리를 차지하고 있다.

끝없이 질문하고 답을 찾아가면서 기업들은 비약적으로 발전해 왔다. 우리가 만들어온 대부분의 혁신적 제품과 서비스는 어디에서 왔을까? 바로 우리의 일상이다. 일상이 어떤 흐름, 즉 트렌드를 형성하는지 관찰하여 한발 앞서 내놓은 결과물이 바로 혁신적 제품과 서비스다. 그래서 우리는 매번 일상 깊숙이 들어가려고 애를 쓴다. 최근 몇 년간 부쩍 자주 쓰이는 'CX Customer eXperience (고객 경험)', 'DX Digital eXperience (디지털 경험)'나 '경험 기반의 제품과 서비스' 역시 그런 맥락에서 나오는 표현이다.

트렌드란 정확히 무엇일까? 간단히 말하자면, 정치·경제·사회·문화 등 우리 삶의 모든 영역에서 계속하여 흘러가는 일련의 방향이다. 이 흐름은 과거에서 현재로, 끊김 없이 다시 미래로 이어진다. 여기에는 거시적인 관점에서 둥글둥글 흘러가는 것들도 있고, 더 작은 관점에서 일종의 실마리나 시그널처럼 뾰족뾰족하게 드러나는 것들도 있다. 어떤 것들은 당연하거나 자연스럽게 느껴지고, 어떤 것들은 생뚱맞거나 재미있어 보인다. 이 둥글둥글하거나 뾰족뾰족한 것들은 어디서 생겨날까? 앞서 말했듯이, 우리의 일상이다. 우리의 생활 속에서 만들어져 자신의 모습대로 흘러간다.

그렇게 흘러가는 모습을 제대로 낚아채면 혁신이 이루어져 다양한 소비자의 니즈를 채우게 된다. 시간이 흐르면서 그 혁신이 대세적인 트렌드가 되어 일상에서 자리를 잡으면, 그 안에서 실마리 또는 시그널이 삐져나온다. 그리고 이는 또 다른 혁신의 기반이 된다. 결론적으로, 혁신에 성공하려면 실마리·시그널·트렌드의 사이클을 포착할 수 있어야 한다는 얘기다.

그렇다면 현재 우리를 둘러싸고 있는 현실에서 어떤 실마리, 어떤 시그널을 포착할 수 있을까? 만약 당신이 이 분야의 전문가라면 모든 흐름을 세세히 모니터링하면서 트렌드에 잘 올라탈 수 있을 것이다. 하지만 대부분의 사람은 그러기가 쉽지 않으며, 그 때문에 혁신을 꾀하기가 어려워진다.

이 책을 쓴 이유가 바로 그것이다. 전문가가 아니라도 현재의 트렌드를 읽을 수 있게 하자는 생각이었다. 일상적인 움직임을 바탕으로 최대한 쉽게 표현하고자 했다. 한국 시장의 주요 시그널에 초점을 맞췄고, 세계적인 흐름은 입소스 글로벌 트렌드 데이터를 요약하여 소개했다. 오랫동안 시장의 변화를 모니터링하면서 체계화한 커다랗고 중요한 흐름이다.

한국 시장의 시그널을 찾아내는 과정은 다음과 같이 진행됐다.

- 1단계: IKC Ipsos Knowledge Center를 통해 2022년부터 2024년 현재까지의 주요 내부 자료와 외부 자료를 리뷰했다. 그리고 17개의 전문 조직을 이끌고 있는 각 내부 전문가들과 자문위원들과의 인터뷰도 진행했다. 2023년부터 2024년, 전문 영역별 주요 기업들의 움직임과 소비자 시장의 주요 키워드와 트렌드에 대한 의견을 듣고 그것을 기반으로 2025년에 대한 전망을 들었다. 또한 인공지능 AI을 활

용해 필요한 자료를 요약했는데, 입소스 팩토Ipsos Facto, GPT-4o 미니GPT-4o mini, 챗GPT 4oChatGPT 4o, 구글 제미니Google Gemini 등 4개의 AI와 협업했다. AI는 친해지는 데 생각보다 시간이 오래 걸렸다. 저마다 고유의 특성이 있어서 이를 파악하는 데 공을 들여야 했다. 이 중 입소스 팩토는 입소스와 오픈AIOpenAI, 구글 제미니 등이 함께 구성한 입소스 전용 AI 플랫폼으로, 내부의 자료와 정보들이 외부로 유출되지 못하도록 설계돼 있다.

- 2단계: AI가 요약한 자료를 사람이 검토하며 내용 중 진짜와 가짜를 파악하고, AI에 다시 한번 요약을 요청했다. 그런 다음 AI를 활용해 주요 키워드를 도출하고, 다양한 시그널의 대안을 마련했다.

- 3단계: 자문위원들과 내부 태스크포스팀에서 여러 차례에 걸친 미팅을 통해 대안으로 분류된 시그널을 검토하고, 2025년에 우리가 주목할 만한 내용을 최종적으로 선별했다.

- 4단계: 주요 전문 영역의 내부 담당자들 인터뷰와 소셜 빅데이터 분석을 통해 앞서 선별한 시그널들의 세부적인 방향성을 만들었다. 또한 입소스 디지털 플랫폼을 통해 다시 한번 라이프 스타일과 U&AUsage&Attitude(사용 행동 및 태도) 등에 대한 소비자 조사를 함으로써 검증하고 보완하는 과정을 거쳤다.

그리고 이 책에서는 그 과정을 거쳐 도출된 11개의 시그널을 다루고자 한다.

■ 첫 번째 시그널: 정속 가능 라이프The Right Speed for Good Life

단순히 물질적인 풍요를 넘어 정신적인 건강과 삶의 질을 추구하는 현대인들의 새로운 라이프 스타일을 소개한다. 사람들은 불확실한 미래에 직면하면서 육체적 건강뿐만 아니라 정신적 건강을 돌보는 것이 삶의 질을 높이는 데 필수적임을 인식하고 있다. 이와 더불어, 빠르게 변화하는 사회에서 자신의 속도에 맞춰 살아가고자 하는 욕구가 커지고 있다. **백야**White Night에서는 단순한 휴식이 아니라 삶의 질을 결정하는 중요한 요소로 인식되고 있는 수면 관리에 대해 이야기한다. 현대인의 고질적 문제인 수면 부족에 대한 관심이 높아짐에 따라 슬립테크 시장이 성장하고 있음을 볼 수 있다. **멘탈 프로필**Mental Profile에서는 스트레스, 불안 등 정신건강 문제에 대한 관심이 커지는 가운데 보디 프로필 못지않게 중요한 멘탈 프로필을 다룬다. 디지털 멘탈 헬스케어 시장과 멘탈 관리를 위한 다양한 서비스를 살펴본다. **마인드풀 노마드**Mindful Nomad에서는 물질적 풍요를 넘어 정신적 만족을 중요시하는 경향이 강해지면서 획일적인 삶의 방식에서 벗어나 자신만의 속도로 살아가려는 움직임에 대한 이야기를 풀어간다.

■ 두 번째 시그널: 미-맥싱Me-Maxing

잘파ZAlpha(Z세대+알파세대) 세대의 특성과 소비 패턴을 살펴본다. 한국의 1020세대는 다른 세대보다 부모로부터 경제적으로 풍족한 지원을 받고 있으며, 자신에 대한 관심이 높고 투자도 많이 하는 미-맥싱 소비 트렌드를 주도하고 있다. 미-맥싱은 육체적·정신적으로 자신을 최고의 모습으로 만들어감을 의미한다. 다만, 여기에서 '최고의 모습'이란 자존감과 자부심, 정체성 등의 측면을 의미한다. **즐 캡틴**KIN Captain 에서는 과잠(학과 점퍼) 문화를 중심으로 잘파세대가 공동체에 대한 소속감과 자부심을 드러내고, 더불어 자신에 대한 확신과 만족감을 즐거운 방식으로 표현하는 라이프 스타일을 살펴본다. **셀프 큐레이터**Self-Curator에서는 정체성을 극대화하기 위해 다양한 자기 분석 도구를 적극 활용하고 자신의 체형, 스타일 등을 파악해 제품을 구매하는 소비 행태를 소개한다. **콰이어트 럭셔리**Quiet Luxury에서는 저성장·고인플레이션의 경제 상황에서 고가의 명품보다는 자신을 위한 작은 럭셔리 아이템을 선호하고, 과하지 않으면서도 세련된 올드 머니Old Money 패션 스타일에 큰 관심을 가지는 잘파세대를 만난다. **생생 비건**에서는 개인주의적이라고만 생각했던 잘파세대가 윤리적 소비와 환경문제에 높은 관심을 가지고 있으며, 이를 식습관에도 반영해 비건 트렌드를 이끌고 있음을 이야기한다.

■ 세 번째 시그널: UU감(유연한 유대감)의 시대

새로운 가치로 부상하고 있는 유연함에 대한 이야기다. 코로나19 이후 디지털 환경이 급변하면서 정보가 거의 실시간으로 공유되고 새로운 형태의 커뮤니티가 형성되는 등 기존 공동체 개념이 확장되고 있다. 1인가구 증가와 젊은 세대의 '나' 중심적 가치관 확산이 전통적인 관계 형성 방식에 변화를 가져왔다. 이처럼 사회 환경이 빠르게 변화하면서 'UU감'이 중요한 사회적 가치로 부상하고 있다. **회색관계**Graytion-ship에서는 책임과 의무보다 만남 자체의 가치를 중시하는 회색지대의 연인 관계를 다룬다. 디지털 기술의 발달이 이런 관계 형성 방식을 더욱 강화한다. **취향;ON**(취향 기반 관계)에서는 '취향'이라는 공통분모 아래 성별, 나이, 직업을 초월한 유연한 관계가 활발히 형성되고 있는 현재의 분위기를 다룬다. **플렉시 로컬**Flexi-Local에서는 5도2촌, 워케이션, 농촌 유학 등으로 '관계인구'가 증가하면서 이웃 간 관계가 변화하고 있음을 살펴본다. 2025년에는 기존의 수동적 관계였던 느슨한 연대보다 좀 더 능동적이고 상호적인 관계인 'UU감' 형성이 중요해질 것이다. 가벼운 관계 속에서도 진정한 소속감을 느낄 수 있는 연결에 대한 니즈가 증가하고 있으며, 가벼움과 안정감 사이에서 균형을 찾는 관계 관리 능력이 요구된다.

■ 네 번째 시그널: 디지털 바자Digital Bazaar

판매자가 중심이 됐던 기존의 일방적인 유통 방식에서 벗어나 소비자와 직접 소통하고 공유하면서 진행하는 새로운 판매 방식을 알아본다. 전통시장의 소통과 공유의 특성을 디지털 환경으로 옮긴 개념으로, 소비자와 판매자 간의 직접적인 소통과 피드백이 일상화되고 제품과 서비스에 대한 경험을 공유함을 의미한다. 최근 소셜 미디어의 발달과 함께 판매자와 소비자의 경계가 허물어지고, 인플루언서를 중심으로 한 커뮤니티가 형성되어 제품에 대한 정보를 공유하고 구매를 유도하는 양상이 두드러지고 있다. 즉 전통적인 시장 개념이 디지털에 융합되고 있다. **D2F**Direct to Fan에서는 최근 트렌드로 자리 잡고 있는 D2CDirect to Consumer(소비자 직접 판매)에 대해 다룬다. D2C는 단순한 온라인 판매를 넘어 고객과의 진정한 소통과 애착 형성을 목표로 하는 방식이다. 기술적 접근보다 감성적 유대감을 구축하는 것이 성공적인 D2C의 출발점이다. **채널 SSC**Sell and Share Commerce에서는 인스타그램·페이스북·유튜브·틱톡 등 소셜 미디어 플랫폼이 쇼핑 서비스를 제공하며 이커머스 생태계를 바꾸고 있는 가운데, 인플루언서를 활용해 판매자와 구매자가 직접 소통하며 팔면서sell 공유하는share 형태의 시장이 성장하고 있음을 이야기한다.

◼ 다섯 번째 시그널: 초격차 경험과 최적가 소비

가치 중심의 소비와 양극화된 소비 패턴이 뚜렷해지는 가운데 가성비(가격 대비 성능의 비율)와 가심비(가격 대비 심리적 만족감의 비율)를 추구하는 소비 경향이 강화되고 있다. 소비자들은 그저 값싼 상품보다는 믿을 수 있는 품질의 최적가 상품을 갈수록 더 선호한다. 또한 자신의 특별한 소비 경험을 SNS에 공유하며, 초격차 경험을 기반으로 한 최고의 소비를 지향한다. **최적가**Optimal Price **신드롬**에서는 단순히 저렴한 가격보다 합리적인 가격에 좋은 품질과 만족스러운 경험을 제공하는 상품 및 서비스를 선호하는 소비 경향을 짚어본다. **빠른 손과 피케팅**Picketing에서는 공연, 스포츠 경기 등의 티켓 예매에서 드러나는 최근의 경향을 소개한다. 다양하고 현장감 있는 경험을 원하는 소비자가 늘어나면서 '피케팅'이라는 단어를 가져다 쓸 정도로 티켓 예매 경쟁이 심화되고 있다. 티케팅에 성공한 소비자는 공연이나 경기를 관람한 경험만이 아니라 티케팅 경험까지 온라인 커뮤니티와 SNS를 통해 빠르게 공유한다. **과시적 비소비**는 아끼는 것을 넘어 소비하지 않는 행위 자체를 통해 가치를 추구하고 이를 과시하는 트렌드다. 이는 환경문제, 윤리적 소비 등의 키워드와 함께 특정 제품이나 서비스를 의도적으로 소비하지 않는 자발적 비소비로도 확장될 것으로 보인다.

▣ 여섯 번째 시그널: 호모 아티피쿠스Homo Artificus

호모 아티피쿠스, 즉 무인無人이라는 새로운 종과의 만남에 대한 이야기다. 현재 우리는 인간만이 아니라 AI, 로봇, 무인 시스템 등 다양한 호모 아티피쿠스와의 소통과 관계 형성 역시 중요한 시대를 살고 있다. 이는 우리가 살아가는 방식에 근본적인 변화가 일어남을 의미한다. MBTAI에서는 인간의 질문 방식에 따라 생성형 AI가 다른 반응을 보인다는 점을 소개한다. 사용자가 AI와 대화할 때 AI의 특성과 성향에 맞춰 더욱 정교하고 친절한 질문을 던지면, AI도 더 나은 응답을 제공한다. 즉 인간과 AI 사이의 소통에서도 친절하고 세심한 커뮤니케이션 방식이 중요하다는 뜻이다. **애니미즘**Animism**과 반려봇**에서는 로봇이 인간의 일상에서 점점 더 중요한 역할을 담당한다는 점을 설명한다. 일본의 돌봄 로봇 '페퍼Pepper'와 같은 사례를 보면 로봇이 인간의 생활에 도움을 주는 도구에 머무르지 않고 정서적·사회적 지원을 하는 역할까지 담당하게 되리라는 점을 알 수 있다. 이는 애니미즘 세계관에서 무생물에도 영혼이 있다고 믿는 사고방식을 반영하며, 인간이 로봇과 감정적 관계를 형성할 가능성이 있음을 의미한다. **무인견문록**에서는 무인매장의 편의성과 효율성 덕에 빠르게 자리 잡고 있는 한국의 무인 시스템을 다룬다. 비대면을 선호해서라기보다는 접근성이 좋고 시간 제약 없이 이용할 수 있다는 것이 무인매장의 주요 장점으로 꼽힌다. 무인 시스템은 시간이 갈수록 우리 일상에 자연스럽게 통합될 것이다.

▣ 일곱 번째 시그널: 뉴렌지NEWrange

시장 내 주축 세대로 주목받고 있는 1970년대생들에 대한 이야기다. 이들은 개인주의를 세상에 알린 첫 번째 세대였으며, 현재도 여전히 기존의 틀과 패러다임을 거부한다. 디지털 기술에 익숙하고 자기계발에 관심이 많을 뿐 아니라 은퇴 후에도 경제활동을 이어가며 건강 관리와 새로운 도전을 지속한다. **깬 어른**에서는 가정과 직장 모두에서 새로운 패러다임을 만들어가는 1970년대생들의 모습을 살펴본다. **無정년 세대**에서는 자기계발에 진심이고 지속적인 사회 참여와 일에 대한 관심으로 '은퇴'라는 개념을 재정립하고 있는 1970년대생들의 생활을 설명한다. **퍼레니얼**Perennial **세대의 리더**는 세대 구분이 무의미해지는 미래 시장에서 퍼레니얼 개념의 트렌드를 이끌어갈 1970년대생들의 이야기다. 이들은 새로운 트렌드의 주역으로서 사회 공헌 활동에 적극적으로 참여하며 과거 'X세대', '오렌지족'으로서 드러냈던 특성들을 더욱 세련되고 긍정적인 방향에서 보여준다.

◾ 여덟 번째 시그널: 공감가족

코로나 팬데믹 이후 가족의 개념과 역할이 달라지고 있다. 60대 이상은 넓은 가족 범위를 인정하지만, 젊은 세대로 갈수록 가족의 범위가 좁아지는 한편 반려동물까지 가족으로 인식하는 경향이 강하다. 또한 현재의 부모는 보호자라는 전통적인 역할에서 벗어나 자녀와 친구처럼 지낸다. 부모와 자녀가 취미를 공유하며 소통하고 공감하면서 친밀한 관계를 유지한다. 현대 가족은 소통과 공감을 통해 상호 존중하며 성장을 도모함으로써 유대감을 강화하는 방향으로 나아가고 있다. **프렌디**Friendy는 현대 아버지들에 대한 이야기다. 아이의 교육과 양육에서 거의 아무런 역할을 하지 않았던 과거와 달리, 현대의 아버지들은 육아와 가사에 적극적으로 참여한다. 코로나 기간에 재택근무가 보편화되고 회식 문화가 변화함으로써 아버지들이 가정으로 돌아왔고, 자녀와 적극적으로 소통하며 '친구 같은 아빠'로 변모하고 있다. **가족덕질**은 덕질, 즉 좋아하는 일을 열성적으로 파고드는 것은 더 이상 젊은 층만의 문화가 아니라 가족 간 새로운 유대와 소통의 수단이 되고 있음을 이야기한다. 부모와 자녀가 같은 취미를 즐기고 덕질의 대상을 공유하며 활동하는 사례가 늘어나고 있다. **성장가족**에서는 현대 사회의 경제적 압박 속에서 가족 내 경제 독립이 중요한 가치로 자리 잡고 있음을 살펴본다. 부모와 자녀가 경제적 측면에서 독립적으로 생활하면서 서로의 성장을 지원하는 방식으로 가족 관계가 변화하고 있다.

■ 아홉 번째 시그널: 성공 패러독스Success Paradox

한국 사회의 성공과 실패에 대한 인식, 특히 교육과 경제적 목표 달성이라는 압박이 청소년과 갓 성인이 된 젊은 층에 미치는 영향에 대한 이야기다. **하이퍼미디언 콤플렉스**Hypermedian Complex에서는 끊임없는 비교와 평균의 함정을 다룬다. 오늘날 한국 사회는 대학 서열, 소득 수준, 자녀의 성취 등 모든 것을 줄 세우고 비교한다. SNS는 화려한 성공 스토리와 인플레이션된 평균으로 가득하며, 이 때문에 자신은 평균 이하라는 자괴감에 빠지기 쉽다. 이를 '하이퍼미디언 콤플렉스'라고 명명하며, 디지털 환경에서 젊은 층을 중심으로 심화되고 있는 현실을 지적한다. **성공포르노와 에코이즘**Echoism은 허상을 좇는 젊은 세대의 이야기다. 각종 성공 관련 콘텐츠가 범람하는 오늘날, 사람들은 '성공포르노'에 취한다. 성공포르노는 마치 누구나 쉽고 빠르게 성공을 이룰 수 있는 것처럼 포장된 콘텐츠로, 자극적인 쾌감을 제공한다. 특히 핀플루언서finfluencer(finance와 influencer의 합성어)들은 화려한 문구와 이미지로 젊은 층을 유혹한다. 그러나 현실은 녹록하지 않고, 결국 '무엇을 해도 실패'라는 좌절감만 남는다. 이런 현실에서 젊은 세대는 타인의 시선에 지나치게 민감하고 자존감이 낮아지는 '에코이즘'에 빠지기 쉽다. **FIREfly**(반딧불이)는 조기 은퇴를 꿈꾸는 '파이어FIRE족'의 현실적 어려움에 대한 이야기다. 경제적 자유를 이루기 위한 자산 규모는 점점 비현실적으로 높아지고, 조기 은퇴 이후의 삶에 대한 구체적인 계획 없이 '돈만 많으면 행복하다'는 환상이 만연해 있다. 이들을 반딧불이에 비유하여, 과도한 욕망과 주변의 유혹에 휩쓸리지 않고 자신만의 속도로 진정한 행복을 찾아가는 삶의 중요성을 강조한다.

◼ 열 번째 시그널: 다빛사회Dabit Society

다인종·다문화 국가로 출발하는 한국 사회의 이야기다. 2024년 4월, 외국인의 비율이 전체 인구의 5%를 초과하면서 한국은 경제협력개발기구OECD가 정의하는 다문화 사회로 진입했다. 이런 변화는 교육 현장이나 직장 등 사회 전반에서 확인할 수 있으며, 외국인들이 한국 사회의 새로운 소비 주체로 부상하고 있다. **모자이크 소비**Mosaic Consumption에서는 생활필수품을 넘어 다양한 제품과 서비스로 소비를 확대하고 있는 외국인들의 생활을 소개한다. 외국인이 많이 거주하는 지역에서는 외국인 소비 비중이 현저히 높아지고 있으며, 이들을 위한 특화 서비스도 빠르게 성장 중이다. 이들은 고향 음식을 즐기고, 송금 앱이나 여행 앱과 같은 맞춤형 서비스를 이용하면서 한국 생활에 적응해나가고 있다. **세컨드 스프링**Second Spring은 금융, 통신 등 성숙기에 접어든 시장에서 새로운 소비자로 주목받는 외국인에 대한 이야기다. 주요 은행과 통신사들은 외국인 대상 특화 서비스와 요금제 등을 내놓으며 외국인 고객 유치에 나서고 있다. 외국인들이 한국 경제의 새로운 성장 동력으로 부상하는 가운데 이들을 위한 맞춤형 서비스가 시장 경쟁력에 영향을 미치고 있음을 보여준다. **월드테이블**World Table에서는 변화하는 한국 집밥 이야기를 다룬다. 다양한 외국 소스와 재료들이 자연스럽게 집밥 문화에 스며들면서 한국의 식탁을 세계화하고 있다. 특히 마라탕, 타코와 같은 이국적인 요리들이 가정간편식Home Meal Replacement, HMR으로 인기를 끌면서 스리라차 소스나 치폴레 소스와 같은 외국 소스의 수요가 증가하고 있다. 이런 변화는 한국이 다문화 사회로 빠르게 전환되면서 소비자의 입맛이 다양화되고 있음을 보여준다.

■ 열한 번째 시그널: 자발적 현실

복합적인 위기와 불확실한 미래 앞에서 젊은 세대는 크고 장기적인 목표보다는 현실적인 행복과 안정에 집중하는 초현실적 생활 방식과 자신을 지켜나가는 자기 객관화를 중시한다. **프리터**Freeter**족과 전업자녀**에서는 아르바이트로 생계를 유지하는 사람들이 자유롭고 여유로운 삶을 추구하는 모습을 소개한다. 또한 '전업자녀' 같은 새로운 형태의 자발적 백수 현상도 등장했는데, 이들은 단순히 집에 머물며 부모에게 의존하는 것이 아니라 자발적으로 선택한 삶을 즐긴다. **LLP**Level-Lock People에서는 승진과 주요 보직을 회피하고 조직 생활과 개인적 삶의 균형을 더 중요하게 생각하는 사회적 경향을 살펴본다. **타주자객**에서는 사회적 트렌드나 소셜 미디어가 주는 자극을 좇지 않고, 자신의 실생활을 충실히 즐기며 자아 성찰과 행복을 추구는 경향을 다룬다. 현실적이고 자기중심적인 삶을 좀 더 긍정적으로 완성해나가기 위한 '타인의 주관화, 자신의 객관화' 이야기다.

2024년, 무수한 변화 속에서 많은 기업이 조직을 재구성하고 마케팅 예산을 줄였다. 새로운 변화를 준비하는 작업을 진행 중일 것이다. 개인들도 소득, 성공의 기준 자체가 모두 높아진 평균 인플레이션 시대에서 더욱 나은 자신의 길을 찾기 위해 헤맨다.

미래는 늘 불확실하기 마련이지만, 조금이라도 더 선명하게 바라보고 대응하기 위해 많은 사람이 다양한 영역에서 노력하고 있다. 일을 하다 보면 전혀 예상하지 못한 사태에 직면하기도 하고, 금방 손에 닿을 듯했던 미래가 돌연 저만치 물러나 버리기도 한다. 하지만 핵심은 미래를 만드는 주체가 사람이라는 것이다. 그렇기에 사람과의 관계를 재구성하고 새로운 소통 방식을 모색하며 유연함을 갖춰야 한다. 빠르게 바뀌는 흐름을 파악해 자신만의 전략을 찾아야 한다. 2025년, '부정'을 '긍정'으로 '불확실'을 '확실'로 만들어가는 데 이 책이 조금이나마 도움이 되기를 바란다.

2부_ 2025 글로벌 트렌드 리포트

세계 경제는 여전히 불안하다. 2024년 5월 발표된 'OECD 세계경제 전망'에서는 위험 요인이 점차 완화되고 있으나 불확실성이 남아 있다는 신중한 낙관론을 제시했다. 지정학적 리스크, 고물가와 고금리 영향의 장기화, 기후변화에 따른 원자재 이슈, 중국의 경제 회복 지연 가능성 등 불안 요인들이 복합적으로 존재하며 그 가운데 조심스럽게 시장 회복을 위해 노력 중이다.

한국은행이 내놓은 경기 전망치도 크게 다르지 않다. 2024년 8월

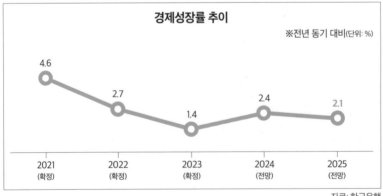

경제성장률 추이

※전년 동기 대비(단위: %)

4.6
2021
(확정)

2.7
2022
(확정)

1.4
2023
(확정)

2.4
2024
(전망)

2.1
2025
(전망)

자료: 한국은행

한국은행은 2024년 GDP 성장률을 0.1%포인트 낮춘 2.4%로 수정했고, 2025년은 그보다 좀 더 낮은 2.1% 성장률을 기록할 것으로 예측했다.

글로벌 불확실성과 경제의 성장 둔화는 소비자들이 이전과 다른 방식으로 움직이도록 부추기고, 이는 시장의 변화를 부른다. 더욱이 팬데믹 시기를 지나면서 디지털 기술이 우리 일상에 깊숙이 자리 잡아 정보의 확산을 가속화했으며, 그에 따라 소비자의 정보 활용 능력이 최고 수준에 이르렀다. 팬데믹 이후 우리의 라이프 스타일과 시장이 변화하면서 기존의 규칙과 흐름이 파괴되고 새로운 질서가 형성되고 있다. 성숙한 시장과 풍부한 정보를 바탕으로 한 소비자의 니즈는 점점 더 개별화되고 있으며, 이는 개인화와 나노화로 설명된다.

그러나 이를 단절이나 고립처럼 부정적인 개념으로 해석하는 것에는 단호히 반대한다. 우리는 여전히 서로 연결되고 집단에 속하고자 하며, 그 안에서 존재감을 찾고 의미를 만들어가고 있기 때문이다. 오히려 변화한 시장과 환경에서 겪는 소통의 어려움을 해결하고자 다양한 시도가 이뤄지고 있다. 감성·취향 기반의 시장이 더욱 중요해지는 경향을 보이는데, 이는 세대·성별·직업 등 인구통계학적 데이터의 기준을 넘나드는 새로운 형태로 나타나고 있다.

2024년 6월, 뉴진스는 해외 아티스트로서 최단기간 내에 도쿄돔에 입성하는 기록을 세웠다. 'Attention', 'Hype Boy', 'Ditto' 등 뉴진스의 히트곡이 도쿄돔에 울려 퍼지는 가운데 멤버 하니는 일본에서 신드롬급 인기를 끌었던 마쓰다 세이코의 히트곡 '푸른 산호초'를 일본어로 불렀다. 단발머리에 긴 치마를 입은 하니의 모습은 1980년대의 향수를 자아내기에 충분했다. "아~ 와타시노 코이와" 하고 하니가 노래를 시작하자 4만 5,000여 관객이 함께 불렀고 도쿄돔은 관중의 환호로 가득 찼다.

이런 현상을 이전에는 레트로retro나 뉴트로newtro라고 불렀고, 최근에는 아네모이아anemoia(경험하지 못한 시절에 대한 향수)라고 일컫기도 한다. 하지만 최근 나타나는 현상들이 과연 복고 또는 과거에 대한 향수로만 해석될 수 있는지 살펴볼 필요가 있다.

디지털 기술의 발달은 여러 세대가 동일한 기술·문화·환경을 공유할 수 있게 함과 동시에 한 사람이 여러 세대의 문화를 동시에 경험할 수 있게 했다. 즉 50대가 20대와 같은 커뮤니티에서 활동하면서 취향을 공유할 수도 있고, 20대가 4050세대의 문화에 공감하여 빠져들 수도 있다. 일테면 예전에 즐겨 봤던 〈무한도전〉을 가족들이 다시 시청하면서 유머 코드를 공유하는 것도 한 가지 사례다. 이전 세대의 콘텐츠를 다시 찾아보는 것을 넘어 좋은 콘텐츠, 가치, 철학을 공유하고 공감하며 새롭게 재생산하는 현상도 나타나고 있다. 이처럼 세대와 개인적 가치관을 넘어 하나의 취향과 문화로 여러 세대가 소통을 시도하고 있다.

펜실베이니아대학교 와튼스쿨의 마우로 F. 기엔Mauro F. Guillen 교수는 《멀티제너레이션, 대전환의 시작》이라는 저서를 통해 이런 현상을

'퍼레니얼'이라는 개념으로 설명했다. '자신이 속한 세대의 생활 방식에 얽매이지 않고 세대를 뛰어넘어 살아가는 사람'이라는 의미다. 여러 세대가 함께 살아가는 멀티제너레이션 시대에는 출생 연도에 따른 전통적인 세대 구분이 무의미하다. 자신이 속한 세대에 얽매이지 않고 끊임없이 일하고 배우며 상호작용하는, 바야흐로 '제너레이션 리스generation less' 시대가 시작되는 것이다. 시간이 갈수록 세대에 대한 담론은 큰 의미를 갖지 못하게 될 것이다.

물론 여전히 Z세대·알파세대·잘파세대·실버세대 등 세대에 대한 논의가 진행되고 있지만, 시장 트렌드와 흐름을 더 깊이 이해하기 위해서는 세대적 접근을 신중하게 할 필요가 있다. 이 책에서는 세대적 관점뿐만 아니라 퍼레니얼적 관점, 그리고 그 안에서 이루어지는 공감과 소통의 문제를 중심으로 시장의 주요 트렌드를 파악한다.

코로나 이후 시장은 트렌드의 함의나 거대 담론을 즐길 시간이 없을 만큼 급변하고 있다. 거시적인 트렌드 안에서 다양한 시그널이 매우 빠르게 요동치고 있으며, 변화의 속도가 더욱 가팔라지고 있다. 이에 글로벌 흐름과 함께 한국 시장에서 나타나는 중요한 시그널들을 모니터링하고, 이를 기반으로 2025년 시장 트렌드를 소개하고자 한다.

1부

2025
대한민국의
신호 11

SIGNAL

1

정속 가능 라이프
The Right Speed for Good Life

백야White Night

멘탈 프로필Mental Profile

마인드풀 노마드Mindful Nomad

IPSOS MARKET TREND 2025

미니멀, 슬로 라이프를 넘어

2024년 한국보건사회연구원이 발표한 조사 결과에 따르면 종교계에 대해 '매우 신뢰한다'와 '다소 신뢰한다'라고 답한 비율은 44.81%였고, '거의 신뢰하지 않는다'라는 응답은 51.26%였다. 이처럼 한국은 서구 나라들에 비해 종교계에 대한 신뢰도가 낮은 편이지만, 종교가 제공하는 정서적 지지나 공동체적 돌봄 등을 얻으려는 시도는 활발하다. 명상, 요가, 필라테스 등을 통해 육체적 건강과 정신적 건강을 함께 강화하려는 흐름도 이를 보여준다. 부정적 감정과 스트레스를 효과적으로 관리하고, '정서적 웰니스wellness'를 이루고자 하는 노력이다. 정서적 웰니스란 삶을 영위하는 긍정적인 정서 상태로, 스트레스를 적절하게 조절하고 감정을 편안하게 표현하는 능력을 의미한다. 어려운 상황에 처했거나 실패했을 때 좌절하거나 무너지지 않는, 삶에 대한 긍정적인 자아상이다.

한때 보디 프로필을 찍는 것이 큰 유행이었다. 주로 헬스 트레이너나 전문 보디빌더가 홍보용으로 찍었는데, 더 나이 들기 전에 '인생 사진'을 남기려는 욕구와 맞물리며 젊은 층을 중심으로 빠르게 확산됐다. 그런데 이 열풍이 마음을 안정시키고 멘탈을 강화하는 활동으로 옮겨가고 있다. 젊은 세대를 중심으로 겉모습보다 우울·불안 등 부정적 감정을 다스리는 것이 먼저라는 분위기가 형성되면서다. 이를 단적으로 보여주는 신조어가 '중꺾마(중요한 건 꺾이지 않는 마음)'인데, e스포츠 2022년 롤드컵(LoL 월드 챔피언십) 우승팀인 DRX의 김현규 선수가 언론사 인터뷰에서 언급한 직후부터 유행하기 시작했다. 강한 정신과 마음, 자신에게 집중하고 내면의 평화를 누리는 '멘탈 강화'에 관심이 높은 것은 그만큼 정신적 문제에 시달리는 이들이 많다는 뜻일지도 모른다.

실제로 코로나 이후 다양한 형태의 스트레스를 호소하는 사람이 많아졌고, 수면 부족에 시달리거나 우울감을 느끼는 이들이 증가했다. 커뮤니티에 올라오는 고민들만 봐도 자신이 정신적으로 어떤 문제가 있고, 생활에서 어떤 어려움을 겪고 있으며, 그 결과 어떤 치료를 하고 있다는 내용이 많아졌고 병원을 추천해달라는 내용도 상당히 많다. 과거에는 정신과 관련된 질병 또는 현상을 쉽게 털어놓지 않았지만,

이제는 다른 사람들에게 조언을 구하거나 적극적으로 개선해나가려는 긍정적인 모습이 보인다.

기존 사회가 요구하는 성공 기준에서 벗어나 자신이 원하는 삶을 찾으려는 욕구 또한 더욱 거세다. '웰빙', '미니멀 라이프', '슬로 라이프'와 같이 좀 더 건강하고 즐거운 삶을 추구하려는 경향이 강화됐고, 자신에게 맞는 삶의 속도를 찾겠다는 움직임도 뚜렷해졌다.

도시에서 벗어나 자연을 즐기고 자기 삶의 속도를 찾아가는 과정. '나Me'가 중요해진 시기에 자신을 가장 소중하게 생각하는 이들이 일상을 벗어나 새로운 라이프 스타일을 추구한다. 요가, 명상, 필라테스 등 내면을 다스리는 취미는 새로운 라이프 스타일의 가치를 한층 더

내면을 다스리는 취미에 몰두하는 흐름이 강해지고 있다

자료: 셔터스톡

높여준다. 무엇보다 중요한 것은 속도다. 아름다운 몸, 건강한 멘탈을 키우는 것 이상으로 내 삶의 속도를 찾고 나만의 행복을 찾아가고자 하는 태도가 정속 가능 라이프다.

2024년 입소스 글로벌 소비자 조사 결과를 보면, 한국은 조사 대상 50개국 중에서 가장 높은 수준으로 정신건강에 대한 관심을 갖고 있었다.

이번 시그널에서는 갈수록 중요해지는 정신건강 관리를 중심으로 행복한 삶을 살고자 하는 움직임에 대한 이야기를 하려고 한다. 온전한 자신만의 삶을 위해 가장 중요한 것은 자기 삶의 속도를 이해하는 것이다. 그러려면 사회가 요구하는 속도를 따라야 한다는 압박을 이겨내야 한다.

2024년 입소스의 내부 조사 결과에 따르면, 건강 관리 측면에서 한국 소비자는 '적당한 수면과 휴식 등의 수면 관리'를 가장 신경 쓰는

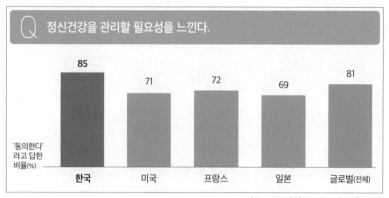

자료: 2024년 입소스 글로벌 소비자 조사

것으로 나타났다. 현대인의 건강에서 수면의 질은 매우 중요한 요소지만, 다양한 내외부 요인 탓에 잠을 제대로 이루지 못하는 사람들이 늘어나고 있다. 이 문제와 관련하여 시장에서는 어떤 움직임이 나타나고 있을까?

더불어 요가, 명상, 필라테스 등 멘탈 근육을 강화하려는 수요도 증가했다. 아름다운 몸을 만들어가듯 정신과 마음을 아름답게 키워나가고자 하는 움직임이 크게 일어나고 있고, 이에 따라 멘탈 프로필이 보디 프로필 못지않게 중요해졌다.

마지막으로, 삶의 속도를 빼놓을 수 없다. 낯선 곳으로 떠나 한 달 살기를 하거나 차박을 하거나 순례길을 걸으면서 삶의 속도를 고민하는 이들이 눈에 띄게 많아졌다. 이들은 온전히 자신의 삶을 성찰하고 자기답게 사는 모습이 무엇인지를 고민한다. 다른 사람들과의 관계를 거부하거나 부정하는 것이 아니다. 오히려 타인과 건강한 관계를 만들기 위해 먼저 자신과 건강한 관계를 형성하고자 하는 것이다. 건강한 삶을 위해 자신의 속도를 찾아가는 과정과 행동, 그것이 2025년 정속 가능 라이프에서 다룰 이야기들이다.

백야

1986년 개봉한 영화 〈백야〉는 정치적 망명과 자유, 그리고 인간의 존엄을 다룬다. 미국의 한 여객기가 시베리아 상공에서 뜻밖의 기체 고장으로 불시착하게 됐다. 그 안에는 소련에서 망명한 세계적인 발레리노 니콜라이가 타고 있다. 목숨을 걸고 탈출했던 나라로 돌아온 기구한 운명. 하지만 그는 우여곡절 끝에 다시 망명에 성공한다. OST인 라이오넬 리치의 'Say you Say me'가 감동을 더하는 가운데, 주인공은 인간의 본성인 자유와 존엄 그리고 희망을 춤으로 표현한다.

백야란 고위도 지방에서 한여름에 태양이 지평선 아래로 내려가지 않는 현상, 즉 밤이 돼도 어두워지지 않고 낮처럼 밝은 현상을 말한다. 물론 백야는 신비로운 자연현상이지만, 인간에게 마냥 좋지만은 않다. 밤이 대낮처럼 밝다면 당연히 불면증으로 고통받는 이들이 많아지기 때문이다.

탈출했던 나라에 불시착한 니콜라이가 느낀 절망이 바로 그런 것 아닐까. 그래서 니콜라이는 자유를 갈구하며 그 고통에서 벗어나고자 다시 한번 목숨을 건다.

많은 이들이 밤에 쉽게 잠들지 못한다. 충혈된 눈으로 뒤척이느라 피곤해 죽을 지경인데도 잠들고자 애쓸수록 정신은 또렷해지기만 한다. 2024년 입소스의 웰니스 관련 소비자 조사 결과를 보면, 건강한 삶을 위해 가장 중요하게 생각하는 활동이 수면 관리라는 응답이 73.5%에 달했다.

실제로도 우리는 충분한 수면을 취해야 건강한 몸을 가질 수 있다. 기억력, 창의력, 생산력, 학습력, 활력은 질 좋은 수면에서 온다. 하지만 중요성을 아는 만큼 수면 관리를 잘하고 있을까?

국민건강보험공단이 2018년부터 2022년까지 수면 장애 환자의 건강보험 진료 현황을 발표한 내용을 보면, 진료 인원이 2018년 약 85만 명에서 2022년 약 110만 명으로 25만 명(29%) 증가했다. 연평균 증가율은 7.8%였다.

또한 BBC에서 방영한 수면연구학회Sleep Research Society, SRS의 자료에

Q 웰니스를 이루기 위해 중요한 활동은 무엇인가?(복수 응답)	
활동	응답률(%)
적당한 수면, 휴식 등의 수면 관리	73.5
건강한 식단, 건강기능식품 등의 식단 관리	69.0
유산소·근력운동 등의 정기적 운동	67.1
스트레스 해소, 명상 등의 정서(멘탈) 관리	48.6
건강 검진 등 체계적인 관리·체크	41.8

※ 전체 응답 수 800건을 기준으로 한 각 활동의 응답 수 비율
자료: 입소스 2024년 웰니스 관련 소비자 조사

따르면, 잠을 너무 짧게 자거나 길게 자는 이들이 병을 앓고 있을 가능성이 비교적 크고 수명이 짧다. 하루 6시간 이하 또는 10시간 이상 자는 이들이 평균적으로 더 건강하지 못하다는 것이다. 잠자는 시간은 그저 버려지는 것이 아니다. 잠을 자야만 생산적인 시간을 보낼 수 있다. '잠이 보약이다'라는 옛말도 있듯이, 잠과 정신건강과 삶의 질 문제는 밀접하게 연결되어 있다. 개인에 따라 약간의 차이는 있지만, 수면 시간은 성인 기준 7~8시간이 적정하다고 한다.

일반적으로 수면 부족은 우울, 불안, 스트레스와 더불어 심혈관계 질병이나 심지어 암과도 연관된 것으로 알려져 있다. 오늘날 사람들의 수면이 부족한 데는 스마트폰 사용, 스트레스에 따른 정서적 불안,

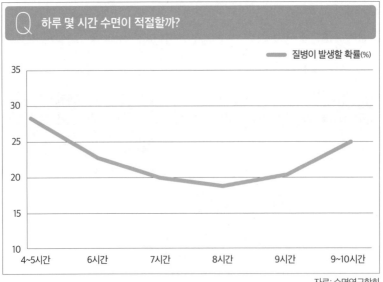

Q 하루 몇 시간 수면이 적절할까?

자료: 수면연구학회

호르몬 변화, 불규칙한 생활 패턴 등이 원인으로 꼽힌다. 이처럼 수면 부족은 일상의 문제에서 비롯되기 때문에 적절한 수면 환경을 만들고 건강한 생활 습관을 유지하는 것이 중요하다.

과학기술을 활용해 수면 부족 문제를 해결하고자 하는 기업들이 등장하면서 슬립테크 시장이 새로운 기회의 장으로 주목받고 있다. 한국수면산업협회에 따르면, 국내 수면 시장의 규모는 2011년 4,800억 원에서 2021년 약 3조 원으로 10년 새 6배 이상 성장했다. 글로벌 수면 시장은 2026년이면 40조 원 규모에 달할 것으로 전망된다. 코로나19를 거치면서 전 세계적으로 수면 장애 환자가 증가한 것도 슬립테크 시장이 폭발적으로 성장하는 데 한몫했다.

여러 스타트업이 수면 패턴 분석과 더불어 질 좋은 수면을 위한 기술과 서비스를 선보이고 있다. 대표적인 곳이 에이슬립과 비알랩이다. 에이슬립은 식약처로부터 디지털 수면무호흡 진단 보조 앱 '앱노트랙'의 인허가를 받았는데, 앱에 탑재된 AI 모델이 수면 중 숨소리를 활용해 호흡 패턴을 분석해서 수면무호흡증 여부를 확인해준다. 비알랩은 AI 수면 데이터 분석 기술과 사용자 심박 패턴에 기반한 심박 동기화 기술을 개발해 스마트 매트리스인 '벤자민'을 출시했다. 사용자의 수면 중 정보를 수집하고 분석하며, 수면과 관련된 다양한 기능을 사용할 수 있게 한 제품이다.

슬립테크의 대표 주자는 침대 매트리스다. '침대는 과학이다'라는 유명한 광고 슬로건처럼 이제 침대는 과학기술의 집합체가 되고 있

에이슬립 진단 보조 앱 앱노트랙

자료: 에이슬립

다. 2023년 소비자가전전시회Consumer Electronics Show, CES에서 혁신상을
받은 '던 하우스Dwan House'는 시니어를 위한 슬립테크 침대다. 시니어
들이 안전하게 수면을 취할 수 있는 기술과 코골이 방지 설정 및 수면
의 질을 파악하는 센서까지 다양한 기술이 접목되어 있다.

　오늘날 사람들은 변화의 빠른 속도에 익숙해지면서 여유를 잃어가
지만, 속도를 줄이고 휴식을 취하는 것이 더 나은 삶을 위한 열쇠임을
알고 있다. 삶의 질을 높이려면 무엇보다 잠을 잘 자야 한다. 따라서
수면 유도 앱, 수면 모니터링 기기, 기능성 매트리스, 건강기능식품 등
을 중심으로 수면의 질을 개선하기 위한 다양한 제품이 등장하고 시
장 역시 빠르게 성장할 것이다. 특히 AI 기반의 개인 맞춤형 수면 솔루

비알랩 스마트 매트리스 벤자민

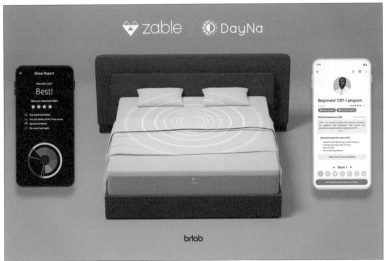

자료: 비알랩

선을 제공하는 기술이 주목받고 있으며, 국내 기업들도 해외 시장 진출을 적극적으로 모색할 것으로 보인다. 건강한 수면 관리를 통한 정신건강 회복이 시장의 큰 흐름으로 나타나고 있다.

멘탈 프로필

대중매체와 광고에서 보이던 완벽한 몸, 아름다운 몸에 대한 긍정적인 이미지가 이제는 SNS로 옮겨왔다. 소셜 미디어에서 자신의 일상을 공유하는 인플루언서들은 어느 순간부터 이상적인 몸과 건강한 생활 습관을 전시했고, 아름다운 몸을 통해 사회적 성공과 행복 또한 과시했다. 그 결과 많은 이가 신체적 매력에 강박적으로 집착하게 됐다.

그에 비해 건강한 멘탈은 주목받지 못했다. 그러나 팬데믹으로 인한 라이프 스타일의 변화, 경제적 위기, 건강에 대한 스트레스 및 불안감 증가, 일상의 비대면화에 따른 소통 단절 등이 정신건강과 관련된 다양한 이슈를 수면 위로 끌어올렸다. 실제로 건강보험심사평가원이 2022년에 발표한 자료에 따르면, 2017~2021년에 우울증 환자 수가 35.1% 증가했다. 불안 장애 환자 수는 같은 기간 32.3% 증가했다.

글로벌 시장 조사 업체 퀀털라인리서치Quantalign Research는 멘탈케어 시장이 2021년부터 연평균 약 28.6%의 성장세를 보여 2027년이 되면 200억 달러(약 25조 원)에 육박할 만큼 폭발적으로 성장하리라고 내다봤다.

멘탈력은 자신의 모습 그대로에 편안함을 느끼고, 어떤 역경에 직면하든 자신을 믿고 효과적으로 대처하는 능력을 말한다. 멘탈력이 강하면 외부 요인이나 평가에 덜 민감하게 반응한다. 멘탈력이 높은 사람은 자신의 능력을 최대한 활용하며 좋든 나쁘든 모든 경험으로부터 배울 준비가 돼 있다.

자료: 〈동아비즈니스리뷰〉 283호

멘탈력은 이 분야 선구자인 헤지펀드 AQR의 CEO 더그 스트리챠크직Doug Strycharczyk이 주창한 개념인데, 최근 들어 멘탈력 또는 마음력이라는 이야기가 특정 사람들을 넘어 우리 생활 깊숙이 자리 잡았음을 종종 느낀다. 2024년 입소스 조사 결과에 따르면 스트레스·심리 상담을 받아본 경험이 있다고 답한 사람이 전체 연령대 평균 23%로 나타났으며, 연령대가 낮을수록 비중이 상대적으로 컸다.

또한 정신건강을 위한 운동과 활동(요가, 명상, 필라테스 등)에 참여한 적이 있느냐는 질문에 응답자의 46%가 그렇다고 답했으며, 연령대가 낮을수록 비중이 상대적으로 컸다.

Q 전문의에게 스트레스, 심리 상담을 받은 경험이 있는가?					
	전체	20대	30대	40대	50대
예(%)	23	34	25	20	16

자료: 입소스 소비자 인식 조사 2024

Q 정신건강을 위한 운동과 활동에 참여해본 경험이 있는가?					
	전체	20대	30대	40대	50대
예(%)	46	57	50	39	40

자료: 입소스 소비자 인식 조사 2024

정신건강과 스트레스, 그리고 그에 따른 멘탈력·마음력 강화에 대한 사회적 움직임이 생각보다 빠르게 우리 생활 속에 자리 잡아가고 있음이 확인된다.

특히 정보통신기술이 접목된 디지털 멘탈 헬스케어는 원격 진료를 보다 신속히 도입할 수 있는 분야로 손꼽히며 주목받고 있다. 비대면 의료 서비스를 통해 정신과적 치료에 대한 거부감을 낮추고 접근성을 높일 수 있을 뿐 아니라 치료의 연속성까지 확보할 수 있을 것으로 기대받고 있다.

원격 진료 시장은 최근 몇 년 새 크게 성장했으며, 특히 코로나19를 거치면서 급성장을 이뤘다. 기술의 발전과 함께 바이탈, 표정, 대화 등을 측정하고 분석해 감정 상태를 파악할 수 있게 됐다는 점도 한몫했다. 이렇게 수집된 데이터를 기반으로 증상별 원인을 역추적할 수도 있게 됐다.

구체적으로 애플 워치·삼성 갤럭시 워치·핏빗·가민 등과 같은 일반적인 웨어러블 기기는 심박수, 활동 수준, 수면 패턴 등을 모니터링해 사용자의 전반적인 건강 상태를 추적한다. 일부 모델은 스트레스 수준을 평가하는 기능도 포함하고 있으며 이를 통해 우울증 증상을 감지하고 관리하는 데 도움이 될 수 있다. 또한 뮤즈Muse나 씽크Thync와 같은 특화된 멘탈 헬스 트래커는 뇌파를 모니터링해 사용자의 스트레스 수준을 추적하고 명상이나 이완 기술을 통해 이를 관리하도록 돕는다.

자료: 〈의학신문〉

또한 VR(가상현실)·AR(증강현실) 역시 디지털 멘탈 헬스케어에 적극 활용되는 추세다. 이 기술들은 주로 공포증이나 불안증을 개선하는 데 쓰이는데, 실제 환경에 노출되기 전 일종의 이미지 트레이닝을 하는 것으로 생각하면 이해하기 쉽다. 통제된 가상세계에서 치료를 받으면 전통적인 노출 치료에 수반되는 두려움, 불안, 공포 등의 부정적인 심리를 어느 정도 해소할 수 있다. 대표적인 사례가 스타트업 룩시드랩스의 인지 건강 관리 코치 '루시LUCY'다. 루시는 생체 신호를 활용해 경도 인지 장애 위험에 노출된 노인들을 조기에 발견하고 건강 관리에 도움을 줄 수 있는 VR 인지 기능 평가·훈련 시스템으로, 2022년 CES에서 헬스·웰니스 부문 혁신상을 받았다.

편안한 마음 상태를 유지하는 데는 명상, 수면 관리, 기분 관리, 심리 상담 등 다양한 방법이 있다. '멘탈 헬스 짐Mental Health Gym' 개념으로 여럿이 쉽고 편하게 멘탈 운동을 할 수 있는 온라인 수업도 있고, 상담 앱 등도 빠르게 출시되고 있다. 또한 AI의 발전으로 AI 챗봇에 정신

VR 인지 건강 관리 솔루션 루시

자료: 룩시드랩스

상담을 받기도 한다.

해리포터, 일론 머스크, 비욘세, 슈퍼마리오, 블라디미르 푸틴. 이들은
모두 '캐릭터AICharacter.ai'라는 인기 플랫폼에서 만들어진 수백만 개의
인공지능AI 페르소나 중 일부다. 이곳에서는 누구나 소설이나 실제 인물
을 기반으로 챗봇을 만들 수 있다. (···) 특히 '심리학자'라고 불리는 챗봇
은 수요가 더 많았다. (···) 개인 사용자가 몇 명인지 구체적으로 밝히지
는 않지만, 매일 350만 명이 이 사이트를 방문하는 것으로 나타났다. 이
챗봇은 "삶의 어려움을 돕는 자"로 불린다.

자료: 〈BBC 코리아〉

일반적으로 정신이 건강하다는 것은 정신적인 질환이 없다는 것을
뜻하지 않는다. 스트레스를 조절하는 능력, 일에 집중하는 능력, 회복

탄력성, 감정조절 능력을 갖췄거나 인내심이 강하다는 의미다. 신체에 근육이 있는 것처럼 정신과 마음에도 근육이 있다. 멘탈 역시 신체와 마찬가지로 연습과 훈련을 통해 발달시킬 수 있다. 선명한 복근과 조각 같은 몸매를 추구하는 사람들이 많았듯이, 이제는 건강한 멘탈과 마음력이 매우 중요한 화두로 떠오르고 있다. 보디 프로필을 찍기 위해 몇 달을 인내하고 돈을 들였던 것처럼, 멋진 멘탈 프로필을 갖추기 위해 노력하는 사람들이 많아졌다.

마인드풀 노마드

요즘엔 고속도로를 달릴 때 자연스럽게 크루즈 컨트롤cruise control 기능으로 속도를 설정해두는 사람이 많다. 차선 이탈 방지 기능과 추돌 방지 기능 등이 함께 제공되면서 장거리 운전에서는 크루즈 컨트롤이 필수적인 기능이 됐다. 시속 110킬로미터가 제한속도라고 하더라도 누군가는 115킬로미터로, 누군가는 100킬로미터로 설정해둔다. 가고자 하는 목적지가 같더라도 속도는 각자 자신에게 맞춰 정한다.

우리 삶도 비슷하다. 넓고 긴 도로에서 다른 차와 같은 속도를 설정할 수도 있지만 운전자 자신과 동행자들에 따라, 그리고 그 길을 달리는 목적에 따라 속도가 달라진다. 삶의 속도 역시 각자 삶의 목적과 가치관, 함께하는 가족, 동료에 따라 달라진다.

과거에는 대부분 사람의 삶의 목적이 경제적 성공과 생산성이었다. 성공은 지금도 여전히 중요한 가치를 지니지만, 사람들은 경쟁적으로 일하고 성과를 내는 것에 피로를 느끼기 시작했다. 여기서는 삶의 균형을 찾으려는 사회적 흐름에 따라 새로운 라이프 스타일을 추구하는 사람들의 이야기를 하고자 한다. 이들은 휴식을 중시하고, 느린 삶에 관심이 많다. 주말이나 휴가 때 도시에서 벗어나 좀 더 자연친화적이면서 새로운 경험을 하고자 한다.

웰빙이 유행하던 시절이 있었다. 네이버 지식백과에서는 웰빙을 '몸과 마음이 질적으로 풍요로운 삶을 추구하고자 하는 현대인들의 열망'이라고 표현했다. 웰빙은 1인가구 증가 및 MZ세대(1980년대에서 2000년대 초반 출생) 라이프와 맞물려 '욜로You Only Live Once, YOLO(한 번뿐인 인생)' 라이프를 유행시켰으며, 코로나19의 확산 속에서 개인보다 가족을 중시하고 화려함보다는 소박함을 찾아가는 북유럽 라이프 스타일 '휘게 라이프Hygge life'에 대한 관심으로 옮겨갔다. 키워드의 외형은 조금씩 달라졌지만 중요한 것은 행복한 삶과 '나'라는 존재다.

2023년 스페인 산티아고 순례길을 완주한 사람이 50만 명 가까이 되는 것으로 집계됐다. 산티아고 순례자 사무국이 2024년 발표한 통계에 따르면, 2023년 한 해 약 45만 명이 순례길을 걷고 순례 인증서를 받아 갔다. 산티아고에 가는 길은 역사적으로 1,200년도 더 된 가톨릭 순례길이다. 9세기에 제베대오의 아들이자 예수 그리스도의 제자인 성 야고보의 유해가 발견됐고 이후 산티아고데콤포스텔라로 이장되어 모셔지자, 유럽의 그리스도인들이 무덤 참배와 죄의 보속을 위해 찾아가기 시작했다.

통계를 보면 완주자 중 23%는 비종교적인 동기로 800킬로미터나 되는 기나긴 여정에 올랐다. 실제로 많은 현대인이 신앙과 관계없이 자기 성찰과 영적 체험을 하고 싶어 이 길에 오른다. 산티아고 순례를

산티아고 순례길을 걷는 여행자

자료: 셔터스톡

인생의 '버킷 리스트'에 넣어둔 사람도 많다. 지구 반대편 낯선 산티아고에서 순례자의 길을 걷는 한국 사람들도 급증했다. 심지어 산티아고 순례길에서 한국 라면을 파는 가게도 만날 수 있다.

　태국 치앙마이라는 곳에도 한국 사람들이 모인다. 방콕도 푸껫도 아닌 장소지만, 젊은 사람들을 중심으로 치앙마이는 한번 살아봐야 하는 곳으로 자리 잡고 있다. 치앙마이에서 한 달 살기를 해봤다는 한 경험자는 이렇게 말했다. "님만해민 지역은 올드타운에 비해 다소 고급스러우면서 가성비 있는 숙소들이 많아요. 그곳에 숙소를 정하고, 오토바이 렌트숍에서 오토바이를 한 달 렌트해서 자유롭게 다니세요. 하루 100밧이지만 한 달로 빌리면 많이 저렴하게 렌트할 수 있어요."

자신만의 속도를 찾기 위한 움직임

스트레스를 유발하는 상황이 다양해지고 스트레스 지수가 높아짐에 따라 삶의 질을 지속적으로 향상시키기 위해 반복해서 실천할 수 있는 마인드풀니스mindfulness(마음챙김)에 대한 관심이 부쩍 높아지고 있다. 마인드풀니스는 '마음이 가득함'을 의미한다. 여기서 중요한 것은 '나의 마음'이다. 현재 나의 삶에 충실하고 자기 속도에 맞춰 삶을 즐기는 것을 의미한다.

정해진 속도란 건 없다. 무조건 느리게 가는 것이 나의 속도가 아닐 수도 있다. 삶의 속도 찾기는 일찍이 슬로 푸드나 캠핑 같은 일부 영역에서 시작돼 귀촌, 한 달 살기, 친환경 라이프 스타일, 여행 등으로 확장돼왔다.

2024년 9월 KBO 사무국은 1,000만 명의 관중, 야구장 밖에서는 2억 5,000만 명이 경기를 봤다는 통계를 발표했다. 어느 해보다 많은 사람이 야구장을 찾고 경기를 즐기고 있다. 많은 슈퍼스타가 팬들의 사랑을 받고 있지만 그중에서도 홈런 타자와 시속 150킬로미터 이상을 던지는 파이어볼러fireballer들에게 우리는 열광한다. 하지만 빠른 공을 던진다고 해서 무조건 승수가 높거나 방어율이 좋은 것은 아니다. 투수의 폼과 구질에 따라 속도는 무기로 작용하는 하나의 속성이 된다. 가장 적정한 속도는 그 투수만의 것이다. 지금은 은퇴했지만, 두산의 유희관 선수는 직구 속도 120킬로미터대로 2015년 18승을 포함해서 통산 100승을 기록했다. 뛰어난 제구력과 다양한 구종으로 속도를 조절할 줄 아는 경기를 펼쳐 팬들의 사랑을 받았다. 우리 삶에도 각자의 폼과 구질이 있다. 무조건 빠른 속도가 좋은 속도는 아니다.

2025년에는 이전 어느 해보다 자기 삶의 속도를 알아가고 그 속도에서 삶을 즐기고자 하는 다양한 움직임이 있을 것으로 보인다. 때로는 빠르게 때로는 느리게 갈 수 있겠지만, 어쨌든 자기 삶의 속도이고 기꺼이 즐길 수 있다면 그것이 행복이다.

■ 마켓 리서처의 시각

2021년 미국의 여론 조사기관 퓨리서치센터가 한국을 포함한 17개 선진국 성인 1만 9,000명을 대상으로 '삶을 의미 있게 하는 것은 무엇인가'를 조사했다. 조사 대상 17개국 가운데 14개국에서 '가족과 아이들'이라는 응답이 가장 많았으나, 나머지 3개국에서는 다른 것을 꼽았다. 스페인은 '건강', 대만은 '사회', 한국은 '물질적 풍요'였다.

우리는 한국전쟁 이후 약 70년 동안 지구상 어느 나라보다 비약적인 발전을 이뤘다. 경제 영역에 이어 이제는 문화 영역에서도 세계적으로 인정받는 반열에 올랐다. 그러나 물질적 풍요와 외형적 아름다움 너머로 많이 아프고 힘들어하는 나를 발견하게 된다. 다른 사람들의 속도와 경쟁하면서 반드시 앞서야 한다는 사회적 압력을 받으며 잠을 이루지 못하고 불안과 어지러움, 외로움을 느끼는 내가 있다.

사회는 '쉼'의 가치를 재정립해야 한다. 단순히 쉬는 것을 넘어 재충전을 통해 더 나은 나를 만들어가는 능동적 쉼을 장려하는 사회적 분위기를 조성해야 한다. 장기적인 휴식을 통해 자기 성찰 시간을 가질 수 있도록 안식년 제도를 다양한 형태로 적용하고, 일과 휴식이 조화를 이루는 워케이션 문화를 장려해야 한다. 또한 심리 상담 지원, 마음 챙김 프로그램 운영 등 정신건강 증진을 위한 사회적 지원 시스템을 강화해나가야 한다. 예를 들어 명상 모임, 정서적 지원 그룹 등 지역 커뮤니티를 활성화하거나, 정신건강의 중요성을 알리고 이를 위한 다양한 활동을 장려하는 공공 캠페인을 전개해야 한다. 마지막으로, 바쁜 일상에서 '잠시 멈춤'을 경험하고 여유를 되찾을 수 있는 공간도 조성해야 한다. 접근성이 좋은 도심에 쉼을 위한 공간을 마련하여 정속 가능 라이프를 일상에서 실천할 수 있도록 지원해야 한다.

기업은 삶의 질과 직결되는 수면을 관리하고 질을 높일 수 있는 다양한 제품과 서비스에 대한 기회 요인을 파악할 필요가 있다. 개인별 삶의 속도가 중요한 시점에 개인별 라이프 스타일과 수면을 함께 고려할 수 있는 제품과 서비스라면 좀 더 효과적인 시장 반응을 기대할 수 있을 것이다. 또한 개인별 쉼의 방식을 분석하여 맞춤형 휴식 공간, 여행 상품, 취미 활동 등을 추천하는 서비스를 제공할 수 있다. 또한 디지털 기기의 과도한 사용으로 인한 피로를 줄이고 진정한 휴식을 취할 수 있게 하는 제품과 서비스에 대한 고민도 필요하다. 구성원들의 행복이 기업의 생산성과 직결된다는 인식을 바탕으로, 일과 삶의 균형을 위한 제도적 지원을 강화해야 한다. 재택근무, 탄력 근무제 등을 통해 직원들이 자신에게 맞는 방식으로 일과 삶의 균형을 이루도록 지원해야 한다. 또한 스트레스 관리, 마음챙김, 교육 등을 통해 직원들의 정신건강 증진을 지원하기 위한 사내 멘탈 프로그램 등을 운영할 필요가 있다.

소비자는 일상생활에서 육체적 건강과 더불어 정신적 건강을 관리하는 데도 관심을 가지고 관련 앱이나 온라인 클래스 활용을 생활화할 필요가 있다. 무엇보다 수면의 질을 개선하기 위한 노력이 필요하다. 예를 들어, 스마트 매트리스나 수면 모니터링 기기를 사용하여 자신의 수면 패턴을 분석하고 개선할 수 있다. 정기적으로 자기 성찰을 하고, 삶의 속도를 조절할 계획을 세우는 것도 중요하다. 예를 들어, 주말이나 휴가를 활용하여 자연 속에서 휴식을 취하거나 한 달 살기 등을 계획하길 추천한다. 또한 정기적으로 소셜 미디어에서 벗어나 디지털 디톡스를 실천하여 정신적 스트레스를 줄여야 한다. 마지막으로 정신적 웰니스와 관련된 커뮤니티에 참여하여 정서적 지지와 돌봄을 받거나, 자원봉사·지역 행사 등에 적극적으로 나서서 사람들과의 소통을 늘림으로써 정서적 안정을 꾀하는 방법도 권장할 만하다.

2

미-맥싱

Me-Maxing

즐 캡틴**KIN Captain**

셀프 큐레이터**Self-Curator**

콰이어트 럭셔리**Quiet Luxury**

생생 비건

IPSOS MARKET TREND 2025

정체성에 진심인 세대

한국은 최근 60년간 OECD 회원국 중 출산율이 가장 급격히 하락한 나라다. 현재 한국의 1020세대는 '귀한 아이', '귀한 세대'로 불린다. '2024 OECD 사회지표 보고서'에 따르면, 2022년 기준 한국의 합계 출산율(한 여성이 가임 기간에 낳을 것으로 기대되는 평균 출생아 수를 측정하는 통계)은 0.78명으로 회원국 중 유일하게 1명 미만을 기록했다. 1960년 에는 6.0명이었는데 2022년에 8분의 1 수준으로 떨어진 것이다. 이처럼 1020세대는 인구구성에서 비중은 작지만 귀하게 얻은 소중한 존재로 대접받기 때문에 생활 방식과 가치관, 소비 패턴이 부모 세대를 비롯한 이전 세대와는 많은 차이가 있다. 따라서 이들을 이해하는 것

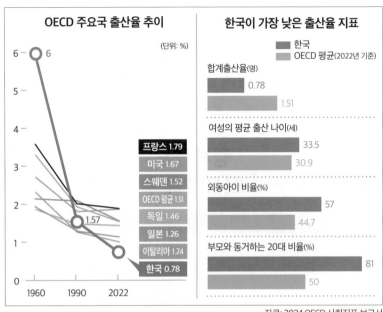

OECD 주요국 출산율 추이

(단위: %)

프랑스 1.79
미국 1.67
스웨덴 1.52
OECD 평균 1.51
독일 1.46
일본 1.26
이탈리아 1.24
한국 0.78

1960 1990 2022

한국이 가장 낮은 출산율 지표

■ 한국
■ OECD 평균(2022년 기준)

합계출산율(명)
0.78
1.51

여성의 평균 출산 나이(세)
33.5
30.9

외동아이 비율(%)
57
44.7

부모와 동거하는 20대 비율(%)
81
50

자료: 2024 OECD 사회지표 보고서

이 2025년을 준비하는 데 중요한 단서가 될 것이다.

현재의 10대와 20대를 합쳐 '잘파세대'라고 부른다. 1990년대 중반에서 2000년대 초반 출생자를 아우르는 'Z세대'와 2010년 이후 출생한 '알파세대'를 합친 신조어다. 디지털 기기에 익숙한 환경에서 자란 잘파세대는 최신 기술을 빠르게 받아들이고, 개성과 선호가 뚜렷하며, 가격보다 자신의 가치관에 따라 소비한다.

한국의 잘파세대는 나이가 어린데도 이전 세대에 비해 상당한 소비력을 가지고 있다. 이른바 '텐 포켓ten pocket 현상' 때문이다. 텐 포켓은 부모와 양가 조부모, 삼촌, 이모 등 총 8명이 한 아이에게 전폭적인 지원을 아끼지 않는 '에잇 포켓eight pocket'을 넘어 부모의 비혼 지인들까지 한 아이에게 소비를 집중하는 것을 말한다.

대학생 혜진이는 다양한 프리미엄 교육 프로그램에 참여하고 있다. 부모님과 양가 조부모님, 이모, 삼촌 등 여러 명이 학비와 교육 프로그램 비용을 지원하기에 혜진이는 자신이 원하는 분야에서 최고 수준의 교육을 받고 있다. 이번 생일 선물로 삼촌은 아이폰을, 이모는 일본 여행비를 약속했다. 그러고도 또 묻는다. "뭐 더 필요한 것 없니?"

혜진이는 가족 모두의 귀한 딸이다. 그래서 많은 사람이 경제적 지원을 아끼지 않는다. 이런 잘파세대의 주요 관심사는 '나'다. 나의 삶, 나의 행복. 무엇보다 자신에게 집중하며, 개성과 취향을 표현하는 것을 중시한다.

이들은 최신 스마트폰과 태블릿을 포함해 다양한 디지털 기기를 소유하고 있으며, 이를 통해 친구들과 비대면으로도 원활히 소통하고 유튜브나 틱톡과 같은 플랫폼에서 다양한 콘텐츠를 소비하면서 자신을 표현한다. 가족 내 구매 결정에 큰 영향을 미치며, 고가의 프리미엄 제품과 서비스를 선호한다. 그러는 한편, 소비에서는 윤리적이고 환경적인 측면을 고려한다. 되도록 ESGEnvironmen t· Social · Governance(환경·사회적책임·지배구조)와 관련된 제품 또는 서비스를 구매하고, 사용한 제품 또는 서비스의 정보를 인친(인스타그램 친구) 및 페친(페이스북 친구)들과 공유한다. 비건은 아니지만 비건 음식을 즐겨 먹는다. 건강에도 좋고 환경에도 긍정적인 영향을 준다는 점에서 관심이 크다.

잘파세대는 좀 더 나은 그리고 멋진 자신을 만들기 위한 활동과 소비를 하며, 미-맥싱에 진심이다. 미-맥싱은 외모, 경력, 개인의 성장 등 다양한 면에서 자신을 개선해 육체적으로나 정신적으로 최고로 만들어감을 의미한다. 다만, 여기에서의 '최고'는 완벽함을 의미하는 것이 아니다. 자기 자신을 사랑하고 자존감과 자부심, 정체성을 지켜나가는 것을 의미한다.

> 1분이든 5분이든, 철저한 자기 관리는 자신에 대한 투자입니다. 만약 다른 사람들이 이를 보면 제가 다른 일도 열심히 할 수 있는 사람으로 여기겠지요?
>
> 자료: 입소스 인터뷰(박OO, 22세, 여성, 학생)

이번 시그널에서는 잘파세대가 미-맥싱을 통해 자존감과 자부심을 지켜나가는 방법을 이야기하고자 한다. 먼저 과잠을 통해 어떻게 소속감과 연대감을 키워나가는지 살펴본다.

그리고 자신을 세밀히 분석해나가면서 정체성을 유지하려는 셀프 큐레이터의 모습, 작지만 확실하게 자신을 만족시키는 브랜드와 상품을 소비하는 문화를 다룬다.

마지막으로 윤리적이고 건강한 비건 소비를 조명함으로써 개인적이고 이기적인 모습 이면의 진면목도 이야기할 것이다. 잘파세대의 이런 변화는 한국의 소비문화를 새로운 방향으로 이끌면서 새로운 젊은 트렌드를 만들어가고 있다.

즐 캡틴

코로나19 이전까지만 하더라도 과잠은 이른바 'SKY(서울대·고려대·연세대)'의 전유물처럼 여겨졌고, 그들의 학벌을 과시하는 수단으로 인식되는 측면이 있었다. 과잠이나 과티는 원래 자신이 다니는 대학교와 학과에 대한 소속감을 드러내기 위해 입는 옷이지만, 대학 서열주의가 존재하는 상황에서 명문대생이 아닌 이상 소속감과 편안함만으로 과잠을 스스럼없이 입기란 쉽지 않았던 것 같다.

그러나 코로나19 이후 사회적 거리 두기가 해제되면서, 과잠을 입고 등교하는 학생들이 전보다 많이 보이기 시작했다. 흥미로운 점은 과잠을 입은 학생들이 일부 상위권 학교에 국한되지 않는다는 것이다. 비단 대학생들뿐만 아니라 대치동 학원가에서는 학교 점퍼를 입은 중·고등학생들을 심심치 않게 볼 수 있다.

그러고 보니 최근에는 과잠이 학생들만의 전유물은 아닌 것 같다. 예능 프로그램 〈런닝맨〉과 〈1박2일〉에서도 멤버들이 팀 점퍼를 맞춰 입고 게임을 하거나 미션을 수행하는 모습이 당연하게 받아들여지고, 대학 축제에 초대된 아이돌이 그 학교의 과잠을 입고 공연하는 모습

소속감과 연대감의 상징인 과잠

자료: B.CAVTION

도 자주 목격된다. 과잠은 이제 자기 공동체에 대한 소속감과 연대감을 표현하는 상징으로 자리 잡은 듯하다.

그런가 하면 대학의 굿즈 문화도 크게 변화했다. 요즘 대학교 굿즈는 종류도 다양해지고 디자인도 뛰어나 학생들이 학교 굿즈숍에 오픈런open run(매장이 열리자마자 구매하기 위해 달려가는 것)을 하기도 하고, 굿즈 정보를 빠르게 업데이트해주는 학교 공식 SNS를 팔로우하기도 한다. 특히 가방에 인형 키링(열쇠고리)을 다는 것이 유행하면서 대학 마스코트 인형에 과잠을 입힌 굿즈가 인기를 끌고 있는데, Z세대의 꾸미고자 하는 니즈를 반영한 것이다.

그렇다면 요즘 10대들은 어떨까? 중·고등학생들도 학급 굿즈를 통해 소속감을 표현하는 데 열심이다. 과거에는 체육대회나 졸업 사진 찍을 때 맞춰 입는 '반티' 정도가 학급 굿즈의 전부였지만, 이제는 꼭 특별한 행사 시즌이 아니더라도 다양한 학급 굿즈를 제작하는 일이

흔해졌다. 예를 들어 몇 반인지가 적힌 키링이나 볼펜, 반 친구들 사진으로 만든 스티커나 핸드폰 케이스를 나누어 가지는 일은 이제 일상이 됐다. 학급 포스터나 달력을 제작해 교실에 배치하는 경우도 많다. 굿즈 제작을 돕는 사이트나 앱 등의 증가로 소량 제작이 쉬워진 덕분이기도 하지만, 근본적으로는 10대의 소속감에 대한 니즈와 표현 욕구가 반영된 결과다. 기업들은 이런 10대의 소비 성향을 파악해 자체 키링을 내놓기도 한다. 2024년 9월 맥도날드가 크록스와 협업해 내놓은 키링도 그러한 예다.

최근 유튜브를 통해 중학생 밴드부가 아이돌급 인기를 얻거나, 틱톡에서 학교 대항 댄스 배틀 챌린지가 개최된 일 또한 10대의 놀이 문화가 단순한 즐거움을 넘어 소속감과 자부심을 표현하는 중요한 수단이 되고 있음을 보여준다.

이처럼 1020세대는 소속감을 다양한 방식으로 표현하며, 이는 자

맥도날드와 크록스가 협업해 내놓은 키링

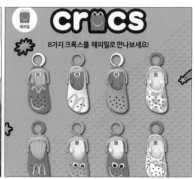

자료: 맥도날드 인스타그램

신에 대한 확신과 자부심으로 연결된다. 이를 즐거운 방식으로 표현하는 1020세대를 '즐거운 캡틴'이라고 부르고 '즐'을 옆으로 뉘여 '즐캡틴KIN Captain'이라고 명명했다.

셀프 큐레이터

한국의 1020세대는 다방면에서 세심한 돌봄을 받으며 자랐기에 누군가가 자신을 돌봐주는 데 익숙하다. 하지만 이들은 수동적으로 돌봄을 받는 데 그치지 않고, 자신을 적극적으로 돌보고 탐구하는 데 큰 관심을 가지고 있다.

노스캐롤라이나대학교 마케팅 전공 부교수인 황지영 교수는 2023년 출간한《잘파가 온다》에서 잘파세대가 소비를 통해 자존감을 높이는 특징을 지니고 있으며, 강력한 소비 전력을 가진 세대라고 분석했다. 실제로 잘파세대는 자신을 소중히 여기며, 자존감을 높여주는 제품과 서비스에 관심이 많고, 나를 제대로 파악하고 나에게 적합한 맞춤형 돌봄을 받기 위해 적극적으로 노력한다.

이들은 자신의 정체성을 중요시하며, 자기를 제대로 파악하고자 하는 욕구가 강하다. 그래서 MBTI나 퍼스널 컬러 테스트가 크게 유행했고, 그 유행은 지금도 이어지고 있다. 한발 더 나아가 전문적인 유료 테스트를 통해 자신에게 어울리는 스타일을 찾으려는 노력도 계속되고 있다.

최근에는 헤어와 체형 컨설팅 서비스가 인기를 끌고 있다. 개인의 얼굴형·골격 등을 분석하고, 그 결과를 바탕으로 전문가의 조언을 받는 서비스다. 예를 들어 자신의 얼굴형에 맞는 헤어 스타일을 찾거나 체형에 맞는 패션 스타일을 추천받아 자신만의 이미지를 일관성 있게 표현하고자 한다. 유전자 검사를 해서 자신에게 적합한 운동이나 식단을 찾는 경우도 많다.

2024년 진행된 트렌드모니터의 '셀프 분석(퍼스널 컨설팅)' 서비스 관련 U&A 조사 결과, 상대적으로 연령대가 낮은 층에서 패션·헤어·메

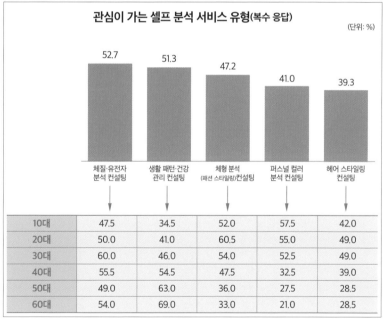

관심이 가는 셀프 분석 서비스 유형(복수 응답)

(단위: %)

	체질·유전자 분석 컨설팅	생활 패턴·건강 관리 컨설팅	체형 분석 (패션 스타일링)컨설팅	퍼스널 컬러 분석 컨설팅	헤어 스타일링 컨설팅
	52.7	51.3	47.2	41.0	39.3
10대	47.5	34.5	52.0	57.5	42.0
20대	50.0	41.0	60.5	55.0	49.0
30대	60.0	46.0	54.0	52.5	49.0
40대	55.5	54.5	47.5	32.5	39.0
50대	49.0	63.0	36.0	27.5	28.5
60대	54.0	69.0	33.0	21.0	28.5

※ 연령대별 전체 응답 수는 각각 200개이며, 각 항목의 숫자는 이에 대한 비율을 나타냄
자료: 트렌드모니터

이크업 등 스타일링 관련 컨설팅에 대한 관심도가 높은 것으로 나타났다. 연령층이 낮을수록 자신의 정체성을 중시하는 반면 자신에게 맞는 제품과 서비스에 대한 확신이 부족하기 때문인 것으로 해석할 수 있으며, 자신만의 정체성과 개성을 찾아 스타일을 만들어가는 잘파세대의 특징이 반영된 결과로 보인다. 앞으로는 개인별 라이프 스타일을 반영한 컨설팅이 더욱 세분화되고 그에 따라 시장도 확장될 것이다.

한국의 잘파세대는 정체성 탐구와 자존감 소비를 통해 새로운 트렌드를 만들어가고 있다. 이들은 자신을 소중히 여기며, 자신에게 어울리는 제품과 서비스를 통해 '나'를 드러내길 주저하지 않는다. 이런 변화는 앞으로도 이어지면서 새로운 소비문화를 만들어나갈 것이다.

Narrative 3 ‧ 콰이어트 럭셔리

잘파세대는 소유욕과 표현욕이 크지만, 사실상 다른 사람의 부러움을 살 만큼의 아이템을 구매할 경제적 여건은 갖추고 있지 않다. 그래서 고가의 명품 아이템이 아닌 나만의 작은 럭셔리 아이템에 관심을 둔다. 향수와 화장품 등 상대적으로 접근성이 좋으면서 자신을 나타낼 수 있는, 효율 좋은 아이템들을 구입하고자 한다. 게임을 위한 PC 의자, 키보드, 마우스 또는 명품 에어팟 케이스, 맞춤 쿠키나 식재료 등을 예로 들 수 있다.

이런 분위기를 타고 콰이어트 럭셔리 소비 시장이 점점 커지고 있다. 〈조선일보〉에 따르면 2024년 4월 말 기준 화장품(브랜드 향수 포함) 매출이 전년 동기 대비 9% 증가했다. 롯데백화점과 현대 백화점도 화장품 매출이 각각 25%, 31%씩 늘었다.

또한 〈아시아경제〉는 2023년 5월 기사에서 올드 머니 패션에 대한 서구권 Z세대의 관심을 조명했다. "올드 머니는 선조부터 대대로 내려오는 자산을 상속받은 집단을 통칭"하며, "직접적으로 브랜드를 과시하는 걸 즐기지 않기에 올드 머니 패션은 과한 패턴보다는 절제된

미니멀리즘이 포인트다"라고 밝혔다. 전반적으로 근사하면서도 드러나지 않는 것이 특징이라는 얘기다. 저성장, 고인플레이션 속에서 자부심을 지키되 과하지 않게 표현하고자 하는 잘파세대의 특징과 잘 들어맞는다.

또 한 가지 재미있는 현상은 몇 년 전까지만 해도 '엄마들이 메는 가방'이라는 이미지가 강했던 코치와 롱샴 같은 브랜드가 이제는 Z세대를 위한 새로운 잇It 브랜드로 자리매김하고 있다는 것이다. 엄마 백으로 인식되던 이들 브랜드는 Z세대에게 핫한 인물을 브랜드 앰버서더로 선정하고, 스트랩·열쇠고리·모노그램 서비스 등을 활용한 '백꾸(가방 꾸미기)' 유행을 선도하면서 트렌디한 브랜드로 자리매김하고 있다. 오프라인 매장은 전통적인 명품 브랜드 매장의 무거운 분위기에서 벗어난 이색적인 콘셉트의 팝업스토어 형태로 젊은 세대에게 다가가고 있는데, '마이 퍼스트 럭셔리 백My first luxury bag'으로 소구되면서 인

롱샴 매장, 코치 매장 내 제품들

자료: 입소스 코리아

기를 끌고 있다.

입소스의 조사 결과에 따르면 젊은 층에 인지도가 있는 브랜드이면 서 접근이 가능한, 그리고 자신들의 라이프 스타일을 대변할 수 있는 다양한 아이템에 대한 관심이 갈수록 높아지는 것으로 나타났다.

클래식한 가방만 취급한다는 인식이 있어서 그동안은 코치 매장을 방문 하지 않았어요. 그런데 한번 가보니 하트백과 같은 트렌디한 제품도 많 고 색상도 정말 다양해서 깜짝 놀랐습니다. 젊은 층을 위한 트렌디한 제 품이 꽤 많아요.

자료: 입소스 인터뷰(정OO, 22세, 여성, 학생)

이처럼 잘파세대는 과하지 않지만 자신의 라이프 스타일에 맞고 정 체성과 자부심을 지켜줄 수 있는 제품과 브랜드에 관심이 많다.

생생 비건

우리의 1020세대는 귀하게 태어나 부족한 것 없이 호사를 누리며 자랐기에 자기밖에 모르는 이기적인 존재일까? 아니다. 1020세대는 자신의 가치관에 부합하는지는 물론이고 환경적 가치, 기업의 윤리성과 투명성까지 고려해 구매를 결정한다. 사회적 물의를 일으킨 기업에는 '불매운동'을, 착한 기업에는 '돈쭐('돈+혼쭐내다'의 신조어로, 착한 일을 한 가게의 매출을 올려준다는 반어적 표현)'을 통해 메시지를 전달하는 것이 대표적인 예다. 스마트폰과 함께 자란 이 세대는 자신의 불매운동과 돈쭐 행위를 SNS에 공유해 다른 사람들의 동참을 이끈다. 실제로 2019년 일본 제품 불매운동 당시 SNS를 통해 일본 제품 리스트를 공유하며 적극적으로 참여했고, 코로나19 팬데믹 기간에는 방역 최전선에서 고생하는 의료진에게 무료로 치킨을 제공한 한 치킨 브랜드의 제품을 적극 구매하며 SNS에 공유하는 돈쭐 행위를 이어갔다.

이처럼 1020세대는 자신의 소비를 통해 강력한 메시지를 전달한다. 윤리적 소비와 불매운동, 돈쭐을 통해 기업들에 사회적 책임을 다하라고 요구하고 이를 실천하는 기업을 지지한다. 이는 단순한 소비를 넘어 자신의 가치관과 신념을 적극적으로 표현하는 방식으로 자리 잡고 있다.

이런 1020세대가 비건에 진심이다. 2022년 8월, 무료 구독 뉴스레터 캐럿에서 Z세대 450명을 대상으로 비건 식단 경험을 조사한 결과, 비건 식단을 실천해본 적이 있다는 응답자가 약 50%에 달했다. 완전 비건을 실천하지 않더라도 특정 날짜나 요일을 정해 비건식을 주기적으로 먹거나, 비건 레스토랑을 핫플레이스처럼 찾아간다고 답한 이들도 많았다.

비건 트렌드의 확산은 식물성 대체육 시장의 성장으로 이어지고 있다. 2025년 국내 식물성 대체육 시장 규모는 2020년 대비 29.7% 증가한 2,260만 달러(약 271억 원) 규모로 성장할 것으로 전망된다. 이런 성장세는 Z세대의 윤리적 소비와 비건 트렌드 확산에 힘입은 것이다.

1020세대는 비건 식단 외에 다양한 비건 제품도 적극적으로 소비한다. 화장품, 패션 등 여러 분야에서 비건 제품에 대한 수요가 증가하

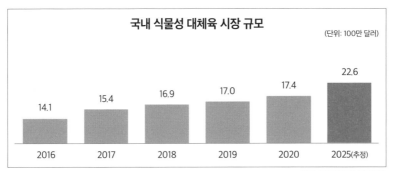

국내 식물성 대체육 시장 규모

(단위: 100만 달러)

2016	2017	2018	2019	2020	2025(추정)
14.1	15.4	16.9	17.0	17.4	22.6

자료: 글로벌데이터 2022

식물성 육류 제조업체 비욘드미트의 대체육

자료: 비욘드미트

고 있다. 이들은 동물 실험을 하지 않는 화장품 브랜드를 선호하며, 비건 가죽으로 만든 패션 아이템을 구매한다. 이런 소비 패턴은 1020세대가 환경과 동물 복지에 미치는 영향을 깊이 고려하고 있음을 보여준다.

지금까지 봤듯이, 1020세대는 비건 트렌드와 윤리적 소비를 통해 자신의 가치관을 실천하고 있다. 그래서 이들의 비건은 좀 더 생생하다. 종교적 신념이나 건강에 머물지 않고 윤리적 측면과 사회적 측면까지 고려한다는 점에서 생동감 있고 살아 있는 소비라고 할 만하다.

■ 마켓 리서처의 시각

한국의 잘파세대는 저출산 시대에 태어나 텐 포켓 이상의 지원을 받으며 성장했다.
물질적으로 풍요로운 환경에서 자란 이들은 자신을 소중히 여기고 자신을 진정으로
알아가면서 자존감을 높이는 소비를 통해 새로운 트렌드를 형성하고 있다. 이 트렌드
는 정체성 탐구와 자존감 소비의 진화로 요약될 수 있으며, 진정한 자신을 완성하고자
하는 미-맥싱이다.

서울에 사는 19세 대학생 지수는 아침부터 바쁘다. 오늘은 친구들과 함께하는 프로젝트
를 발표하는 날이다. 지수는 잠에서 깨자마자 화장대 앞에 앉는다. 그녀의 화장품은 모
두 동물실험을 하지 않은 비건 화장품이다. 지수는 피부에 해롭지 않으면서 환경에도 좋
은 제품을 사용한다는 사실이 만족스럽다.

이제 학교에 가기 위해 집을 나선다. 오늘도 학교 점퍼를 입었다. 학교 점퍼는 그녀가 속
한 공동체에 대한 자부심을 표현하는 중요한 아이템이다. 친구들과 함께 맞춘 학교 굿즈
또한 지수에게 소속감을 주고, 자존감을 높여준다.

점심시간, 친구들과 함께 친환경 카페를 찾는다. 이 카페는 플라스틱 사용을 최소화하
고, 재활용 가능한 포장재를 사용한다. 지수와 친구들은 각자 텀블러를 가져와 음료를
주문한다. 지수는 '작은 실천이 큰 변화를 만든다'라는 카페의 슬로건을 보며 미소 짓는
다. 이제 음료를 마시면서 윤리적 소비에 대한 이야기를 나눈다. 사회적 물의를 일으킨

기업에 대한 불매운동과 착한 기업에 대한 돈쭐 캠페인에 대해 논의한다. 스마트폰을 통해 SNS에 이런 활동을 공유해 더 많은 사람이 동참하게 한다.

오후에는 학교 근처의 한 카페에서 친구들과 모임을 갖는다. 이야기를 나누던 중 지수는 스마트폰으로 쇼핑 앱을 연다. 그리고 최근 출시된 한정판 에코백을 장바구니에 담는다. 명품 브랜드의 신상도 확인한다. 지수는 최근 버버리의 앰버서더로 활동 중인 뉴진스의 멤버들이 착용한 신상 가방을 보고 구매를 고민 중이다. 지수에게 명품은 단순히 고가의 제품이 아니라 자존감과 개성을 표현하는 수단이다.

모임이 끝나자 LG전자의 복합 문화공간 '그라운드220'을 방문한다. 이곳에서는 다양한 성향 테스트를 통해 자신에게 맞는 제품을 추천받고, 전문가 클래스와 신제품을 체험할 수 있다. 그녀는 평소에도 MBTI와 퍼스널 컬러 테스트를 체크하며, AI 기반의 정밀한 성격 분석 서비스를 통해 자신의 성격·취향·라이프 스타일을 세밀하게 파악한다. AI가 분석한 결과를 바탕으로 개인 맞춤형 스킨케어와 체형에 어울리는 패션 스타일링을 즐긴다.

저녁이 되어 집에 돌아온 지수는 온라인 커뮤니티에 접속해 VR 게임을 즐긴다. VR을 통해 가상 캠퍼스를 탐험하며, AR을 활용한 다양한 활동을 한다. 이런 기술 기반의 놀이 문화는 소속감과 연대감을 강화해준다.

잘파세대는 무시할 수 없는 소비력을 가지고 있으며, 디지털 기기와 소셜 미디어를 통해 개인 중심의 소비 패턴을 보여준다. 소속감과 연대감을 중요시하며, 자신을 표현하는 다양한 방식을 추구한다. 이들은 개인 맞춤형 돌봄과 정체성 탐구에 관심이 크고, 합리적인 럭셔리 소비와 윤리적 소비를 통해 가치관을 실현한다. 이런 트렌드는 2025년 한국 시장에서 하나의 소비 트렌드로 자리 잡을 것이다.

사회는 개인의 성장과 자기표현에 대한 요구가 조화를 이룰 수 있는 사회적 분위기를 조성하고 차별 없는 사회를 만들기 위해 노력해야 한다. 개인의 잠재력을 최대한 발휘할 수 있도록 자기주도 학습을 장려하는 교육 시스템으로 전환함과 더불어 세대 간

지속 가능한 소비를 고민하는 잘파세대

자료: ChatGpt 4o

갈등을 줄여나가는 소통 문화를 구축해야 한다. 마지막으로 환경 보호와 사회적 책임을 강조하는 사회 분위기를 조성하고, 지속 가능한 발전을 위한 정책을 추진해야 한다.

기업은 빅데이터 분석과 AI 등을 활용하여 잘파세대의 취향과 가치관을 반영한 맞춤형 상품과 서비스를 개발함으로써 소비자 만족도를 높여야 한다. 개인의 정체성을 중요시하는 만큼, 독특한 스타일과 취향을 반영할 수 있는 제품이나 서비스를 직접 체험하고 공유할 기회를 제공하여 소비자 참여를 유도해야 한다. 그리고 잘파세대에 맞는 과하지 않은 디자인과 가격 전략 역시 중요하며, 즐거움의 가치를 함께 전달할 수 있는 서비스와 제품을 개발해야 한다. 잘파세대는 반복적이고 평범한 경험이 아니라 흥미롭고 신선한 경험을 원한다. 또한 윤리적 소비에 대한 관심이 높기 때문에 제품 생산 과정에서 노동 착취, 환경 파괴 등 부정적 요소가 없는지 검토하고 정보를 투명하게 공개해야 한다. 또한 제품을 판매하는 것 이상으로 사회적 메시지를 어떻게 전달할지에 대해 고민해야 한다.

소비자는 다양한 커뮤니티 활동에 참여해 소속감을 느끼고, 이를 통해 자존감을 높일 수 있다. 동아리 활동, 지역 사회 봉사, 온라인 커뮤니티 활동 등을 통해 사회적 연결을 강화할 필요가 있다. 또한 소셜 미디어와 디지털 플랫폼을 통해 자신의 생각과 느낌을 공유하고, 다른 사람들과 적극적으로 소통함으로써 자신을 표현하고 자존감과 자부심을 키울 수 있다. 그리고 환경과 사회적 책임, 윤리적 측면을 고려한 소비를 실천하고 지속 가능한 소비 패턴을 유지함으로써 자신의 가치관을 실현해나가는 것도 중요하다.

3

UU감(유연한 유대감)의 시대

회색관계Graytion-ship

취향:ON(취향 기반 관계)

플렉시 로컬Flexi-Local

IPSOS
MARKET TREND
2025

관계의 양상은 변하지만
연결 욕구는 지속된다

코로나19 이후 급격히 변화한 디지털 환경에서 정보·아이디어·경험이 성별이나 세대, 심지어 국경의 제약도 받지 않고 실시간으로 공유되고 있다. 이에 따라 전통적인 형태에서 벗어난 새로운 커뮤니티가 형성돼 기존 공동체의 개념을 확장시키고 있다. 지금까지 우리가 유지해왔던 연결은 새로운 형태로 진화하고 있으며, 각 연결의 강도와 크기 또한 변화하고 있다.

미국의 사회학자 마누엘 카스텔Manuel Castells은 자본, 노동, 지식, 정보가 디지털 네트워크를 통해 연결되고 이동하는 '네트워크 사회network society'라는 개념을 제시했다. 이런 사회에서는 기존의 관계들이 과거와 다른 방식으로 연결되는 새로운 형태의 커뮤니티가 나타난다. 특히 우리나라는 인구구조와 가구 형태의 변화 속도가 빠르다. 통계청에 따르면, 2023년 국내 1인가구 수는 약 750만 가구로 전체의 34.5%를 차지한다. 세 집 중 한 집이 1인가구라는 놀라운 얘기다. 1인가구 증가는 사회 전반에 다양한 변화를 가져오고 있다.

통계청 조사에 따르면, 1인가구의 인간관계 만족도는 50.0%로 전체 가구의 평균인 54.3%보다 낮다. 이 수치는 1인가구의 성장이 우리

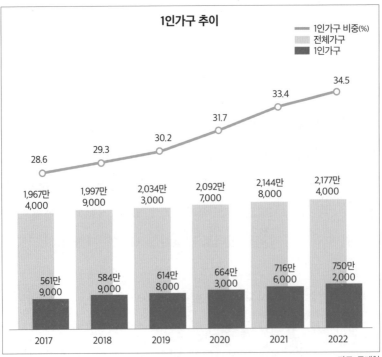

자료: 통계청

사회의 인간관계에 새로운 과제를 던지고 있음을 시사한다.

2024년 입소스의 정성조사 전문 팀 IUU가 진행한 '한국 사회 젊은 세대의 관계에 대한 의미와 트렌드' 연구 결과에 따르면, 한국 사회는 특정 연령대에서 특정 목표를 달성해야 한다는 사회적 압박이 심하기 때문에 주위와의 관계를 통해 정서적 교류와 편안함을 찾고자 한다. 하지만 진지하고 깊은 관계를 동경하면서도, 경력과 재정적 측면에서 안정을 이루기 전에는 관계를 추구하지 않으려는 경향이 강한 것으로 나타났다.

Z세대는 자기를 중시하고, 타인과 느슨한 연대를 추구하며, 온라인에서 친구를 사귀는 걸 긍정적으로 여긴다. 한정된 공간에서 직접 만나는 걸 중시했던 기성세대와 달리, 관계 속에서도 자기를 중시하고 타인과는 적절한 거리를 유지하려고 한다. 그들은 다른 사람의 감정을 신경 쓰는 것은 감정노동이기 때문에 긴밀한 연대를 피하려고 하며, 시간과 감정을 타인이 아닌 '나'에게 집중하고자 노력한다.

Z세대는 온라인 플랫폼을 통해 많은 사람과 이어져 있으며, 학교

세대별 목표						
좋은 대학 가기		좋은 직장 가기	결혼하기, 자녀 갖기	성공하기, 자녀 좋은 대학 보내기		자녀 결혼시키기
아동기	10대	20대	30대	40대	50대	60대

자료: 입소스 세대의 관계에 대한 의미 조사

Q SNS 계정에 몇 명의 외국인 친구가 있는가?					
	전체	20대	30대	40대	50대
평균(명)	14	20	10	13	12

자료: 입소스 소비자 인식 조사 2024

친구나 가까운 지인뿐만 아니라 외국인들하고도 친구로 연결되어 있다. 이제 외국인 친구가 매우 특별한 일부 계층이나 이례적인 관계에서만 만들어지는 상황이 아닌 것이다. 2024년 입소스의 조사 결과에 따르면, 한국인의 SNS에 친구로 등록되어 있는 외국인은 평균 14명으로 나타났다. 이 중 Z세대는 평균 20명으로, 타 연령대 대비 상대적으로 높았다.

온라인에서 만나는 인친과 페친 등은 오프라인에서 만나는 친구들과 구분된다. Z세대는 인생의 가장 중요한 측면이 '나'인 만큼 결혼과 육아에 회의적이다. 결혼 상대보다는 연인을 찾기 위해 노력하며, 그것도 보다 효율적으로 찾고자 한다. 우정에서 연애로, 이어 결혼으로 발전하는 것이 관계의 자연스러운 변천사로 여겨졌지만, 이들은 관계를 발전시키기보다는 자신에게 맞는 사람을 좀 더 효율적이고 부담 없이 만날 수 있게 해주는 도구로 디지털 기술을 활용한다.

그렇다고 Z세대가 이기적이거나 인간관계에 소홀하다는 의미는 아니다. MZ세대 응답자 32명을 대상으로 한 심층 면접과 설문 조사 결과, 46.9%(15명)가 인간관계가 '매우 중요하다'고 답했고

40.6%(13명)가 '다소 중요하다'고 응답했다. 다만, 이들이 원하는 것은 서로의 영역을 침범하지 않고 함께 즐거움을 누릴 수 있는 관계다.

인구구조의 변화, 라이프 스타일의 변화, 가치관의 변화는 기존의 연인 간, 세대 간, 이웃 간 등 다양한 관계를 다른 모습으로 바꾸고 있다. 먼저 연인 간 관계는 점점 회색지대로 이동하고 있다. 연인들은 관계에 대한 책임과 의무에서 벗어나 만남 자체에서 가치를 찾으며, 전통적인 연인 개념에서보다 오히려 안정감을 느낀다. 이런 회색빛 관계를 디지털이 더욱 강화한다. 분명한 것은 남녀 모두 이 회색지대를 즐긴다는 것이다. 그래서 유연하며, 서로가 합의한 경계 안에서 유대감을 지속해나간다.

한편에서는 사람들이 취향으로 뭉친다. 성별, 나이, 직업은 중요하지 않다. 이곳은 추구하는 가치와 취향만 같다면 친구가 되는 세상이고, 그 가치가 소멸하면 자연스럽게 흩어진다. 한데 모인다고 하니 같이 술을 마시고 2차, 3차를 가는 것을 상상했다면 번지수를 완전히 잘못 짚은 것이다. 이제 그런 장면은 앨범 속 흑백사진에서나 볼 수 있을 것이다.

마지막으로, 이웃 간 관계가 변한다. 한 달 살기, 농촌 유학, 워케이션 등으로 새로운 이웃이 나타나는데 이들은 한 달 이웃이 될 수도 있고, 1년 이웃이 될 수도 있다. 이런 관계를 유지하기 위해서도 늘 유연함이 필요하다.

관계에서 나타나는 이런 다양한 변화는 소통 방식에도 변화를 가져온다. 지금까지는 소통에서 단순함과 객관성이 중시됐지만, 변화한 관계에서는 다소 복잡하고 감성적이며 정확히 표현되지 않는 형태로 소통이 이뤄지기도 한다.

이번 시그널에서는 변화하는 연인 간, 친구 간, 이웃 간의 관계와 그 안에서 요구되는 사회적 가치 중 하나인 유연함에 대한 이야기가 펼쳐진다. 기존 질서가 무너지면서 사람들의 관계가 재편된다고도 볼 수 있는데, 빠르고 수시로 변화하는 사회 환경에서는 유연함이 매우 중요하다.

회색관계

아리아나 그란데의 'Boyfriend'에는 '너는 내 남자친구가 아니지. 그리고 나도 너의 여자친구가 아니야. 하지만 너는 내가 다른 누군가를 만나는 거 원하지 않잖아. 그리고 나도 네가 다른 누군가를 만나는 건 싫어'라는 가사가 나온다. 남자친구나 여자친구는 아니지만, 둘 다 상대가 다른 사람을 만나는 건 싫다고 한다. 도대체 어쩌라는 걸까?

함께 영화를 보거나 놀이공원에 가면 "오늘부터 1일이야!"를 외치던 시절은 지났다. 데이트 약속을 잡고 만나는 것은 곧 공식적인 연인 관계를 의미함과 동시에 결혼을 전제로 한다는 사고방식은 박물관에서나 찾아볼 수 있다. 요즘 젊은 세대는 연애를 하면서도 책임과 의무를 회피하고 싶어 한다. 최근 젊은 층 사이에서 두드러지는 남녀 관계의 특징이다.

연애와 성sex에 대한 Z세대의 태도는 이전 세대와 다르다. 그들은 현실적인 관점에서 사랑과 성을 바라보며, 각자의 삶에 맞는 욕구와 필요를 충족하기 위해 새로운 방법을 모색한다. 이런 변화는 친구라거나 연인이라고 딱히 규정하기 어려운, 그 사이의 모호한 관계를 의미하는 '시추에이션십situation-ship'이라는 개념을 만들어냈다. 미국 미시간대학교의 엘리자베스 A. 암스트롱Elizabeth A. Armstrong 교수는 "현재의 시추에이션십은 성·친밀감·교제 등의 욕구를 해결하지만, 그 관계가 항상 장기적으로 지속되는 것은 아니다"라고 말했다. 한국의 '썸'과 비슷한 것 같으면서도 약간 다르다. 썸이 진정한 연인으로 넘어가기 전의 단계를 의미한다면, 시추에이션십은 그 자체가 하나의 관계다. 깊이 사귀는 건 아니지만 연애와 데이트의 느낌을 채워주며, 그 이상 발전하지 않기로 암묵적 합의가 이뤄진 상태다. 이런 관계는 서로가 인정할 때만 지속되며, 만약 더 발전된 관계를 원한다면 이미 시추에이션십이 아니다.

가장 효율적이지만 때로는 모호한 관계

이 새로운 형태의 관계는 디지털을 통한 만남으로 더욱 확산되고 있다. 일테면, 무료 온라인 채팅 웹사이트 오메글Omegle에서 처음 만난 사람과 듀엣곡을 부른다. 친구도 연인도 아니다. 단지 좋아하는 노래가 같다면 함께 부르는 데 문제가 없다.

자만추(자연스러운 만남 추구)를 선호하지만 자연스럽게 만날 상황도 많지 않고 누구에게 소개팅을 부탁하기도 꺼려진다면, '틴더Tinder'나 '위피WIPPY' 같은 다양한 데이팅 앱이 있다. 이 앱들은 이성을 만나고 싶어 하는 사람에게 즉각적이고 효율적인 만남을 주선한다. 직장인 익명 커뮤니티로 유명한 '블라인드Blind'에서도 재직 사실이 검증된 직장인 간의 신뢰할 수 있는 만남을 내세우는 데이팅 앱 '블릿bleet'을 서비스한다. 직장명과 동료의 연락처로 지인 등을 차단할 수 있고, 키·체형·학력·종교 등 세부 조건으로 필터링을 할 수도 있다.

이렇듯 내가 원하는 조건의 사람을 내가 원하는 방식으로 만날 수 있다는 장점과 더불어, 만남을 만들어가는 데 들어가는 시간과 비용을 최소화할 수 있다는 효율성 및 편리성 측면에서 많은 관심을 모으고 있다.

율링 콕 틴더 아시아태평양 시니어 커뮤니케이션 매니저는 "데이트 결과보다 만남 자체를 추구한다는 것이 Z세대가 단기 만남을 원한다는 의

블릿 앱 화면

자료: 블릿

미는 아니다. 이들은 관계를 빠르게 정의하는 것보다 만나는 과정에서의 경험을 중시하는 것"이라고 말했다.

자료: 〈한국경제〉

스태티스타 디지털마켓인사이트Statista Digital Market Insights에 따르면 2023년 말까지 전 세계 데이팅 앱 이용자는 약 4억 4,100만 명에 이를 것으로 예상되며, 약 87억 달러의 수익을 창출할 것으로 보인다. 이는 데이팅 앱 서비스가 사람들과 관계를 맺는 하나의 문화로 자리를 잡아가고 있으며 계속해서 성장하고 있다는 의미다.

사람들과 오랜 시간 공들여 관계를 쌓는 과정을 회피하고 효율적인 만남을 추구하는 경향은 숏폼 콘텐츠에 열광하고 알고리즘에 따라 콘텐츠를 소비하는 최근 트렌드와도 연결된다.

입소스의 데이팅 앱 관련 연구에 따르면, 20대 응답자 대부분은 현재를 '다시는 돌아오지 않을 시간'으로 인식하고, 가능한 한 많은 사람과 만나면서 경험을 쌓는 데 우선순위를 둔다고 밝혔다.

요컨대 관계 속에서 상대방과 조율하는 과정을 통해 자신을 더 잘 이해하고 전반적으로 더 나은 사람으로 성장하는 것을 목적으로 한다. 그들은 연애의 목적이 결혼 상대를 선택하기 전에 적절한 후보를 고를 수 있는 기준과 기술을 개발하는 것이라고 말한다. 진지한 관계를 원하지 않는 것은 아니지만, 특히 20대 한국 젊은이들은 결혼이 아직 이르다고 생각한다.

저는 제가 많이 사랑하는 사람이 있을 때만 결혼을 해도 괜찮다고 생각해요. 그렇지 않다면 꼭 할 필요는 없다고 생각해요. 어떤 친구들은 '꼭 해야 할까?'라고 생각하고, 어떤 친구들은 결혼을 하기도 하지만…, 저는 혼자 있는 시간이 더 만족스러워요.

자료: 입소스 인터뷰(채OO, 29세, 여성, 서울 거주)

저는 별로 합당한 이유 없이 결혼해서는 안 된다고 생각했어요. 첫째, 저는 사람에 대한 신뢰가 없어서 제가 죽을 때까지 누군가를 변함없이 사랑하고 함께 살 것이라고 장담하지 못하겠어요. 둘째, 집값이 많이 올라서 만약 결혼을 한다고 해도 절대 아이를 가질 수 없을 거예요. 저는 재정적으로나 도덕적으로 가정을 잘 지킬 자신이 없어요.

자료: 입소스 인터뷰(황OO, 28세, 남성, 서울 거주)

만남에서도 자기중심적인 이야기를 만들어가고 싶어 하는 젊은 세대는 만남을 통해 잊지 못할 시간을 보내고 추억을 남기는 것을 중시하며, 그 이상 관계를 발전시키거나 감정을 소모하는 데 소극적이다. 다만 국내외적으로 데이팅 앱을 통한 허위 광고, 사기, 괴롭힘, 개인정보 유출 등으로 인한 피해가 상당히 증가하고 있으며 로맨스 스캠부터 납치, 살인에 이르는 강력 범죄까지 발생하고 있다는 점에서 부정적인 시각도 존재한다.

디지털 플랫폼을 기반으로 한 단기적이고 제한된 감정 교류, 그리고 모호한 관계 설정. 현재의 남녀 관계는 명확하지 않은 회색지대에 있는 듯하다. 그러나 이것이 그들에게는 오히려 더 안전하고 안정적으로 느껴지는 것처럼 보인다.

Narrative 2	취향;ON

"취향 참 독특하네."

보통 성격이나 성향이 일반적이지 않은 사람을 향해 하는 말인데, 부정적인 이미지가 상대적으로 강하다. 그래서 취향이 독특하다는 것은 사회적 관계라는 측면에서 불협화음으로 해석되기도 한다.

산업혁명 이후 빠르게 발전하고 성장해온 자본주의 사회는 모든 면에서 효율성과 규격화를 추구했다. 개개인의 사고나 선호에는 크게 관심이 없었다. 그러나 1인가구가 급격히 증가하고 디지털 기술이 발전하면서 '나'를 중요시하는 사람들이 늘어났고, 이와 더불어 개인의 생각과 선호를 존중하는 분위기가 형성되기 시작했다. 개인의 생각과 선호에 대한 관심이 존중으로 바뀌고, 이런 생각을 가진 사람들이 서로 연대하면서 현재의 취향 문화로 자리를 잡아가는 것 같다.

어도비Adobe는 연령·인종·성별 등 인구통계학적 특성으로 나뉘지 않는 새로운 세대가 등장했다면서 개성을 중시하는 '취향 세대'를 하나의 중요한 트렌드로 언급했다. 퍼레니얼 시대의 또 다른 우리 모습이다. 이제는 있는 그대로의 자기 자신을 받아들여 주기를 기대하고 요구하는 사람들로 커뮤니티가 만들어진다.

그동안 동호회나 커뮤니티는 낚시, 등산, 골프와 같은 취미를 기반으로 했다. 하지만 최근에는 '취향'이 키워드가 됐다. 차박을 좋아하는 사람들, 전통주 만들기를 좋아하는 사람들, 철봉 운동을 즐기는 사람들 등이다. 다양한 취향에 따라 모임을 구성하는 '문토', 취향이 담긴 공간에 멤버들을 초대하는 '남의집', 4050세대를 위한 취향 모임을 주도하는 '오이' 등이 대표적인 플랫폼이다. 일반적으로 호스트가 모임을 주최하면 관심 있는 멤버들이 참여를 신청하는 방식으로 운영된다. 이런 취향 공동체는 성별은 물론이고 연령과 같은 기존 세대 개념을 초월한다. 취향만 맞으면 누구나 참여해 함께 즐길 수 있다. 대부분 소규모로 운영되며, 과거의 대규모 커뮤니티와는 달리 회원 수를 과시하는 모임은 드물다.

취향은 기존의 정의를 무너뜨리고 더 세분화된다. 예를 들어, '삼성 라이온즈 야구 경기를 함께 볼 사람들의 모임'은 단순히 야구를 좋아하는 사람들이 아니라 삼성 라이온즈를 좋아하는 사람들이 만나는 자리다. MBTI 성향 중 '파워 F'를 찾는 모임도 있다. 'T' 성향은 참여할 수 없다. 마포구에서 시원한 맥주를 마시는 모임도 있는데, 다른 지역 사람은 제외된다. 이렇게 취향은 취미보다 더 세밀하다.

일반적인 취미로 관계가 지속되는 동호회와는 다르다. 관심사를 기반으로 한 모임은 '세부적'이고 '일시적'이다. 1인가구가 늘어난 데다 코로나19를 거치며 재택근무와 유연근무까지 보편화되면서 일상에서 겪는 관계의 결핍과 개인이 느끼는 외로움도 커졌다. 의무감과 소속감을 부담스러워하는 사람들에게 짧은 시간 동안 취향에 따라 모임을 꾸릴 수 있는 관심사 기반 커뮤니티의 장점이 부각되고 있다. 이 취향 공동체의 목적은 친구를 만드는 것이 아니다. 오히려 친구라는 관계에 부담을 느끼고, 좋아하는 주제로 경험하고 대화할 수 있는 안전한 공간에 대한 욕구를 채우는 것이 목적이다.

노동시장이 유연화되면서 긱 이코노미gig economy 종사자들이 많아졌고, 주 52시간 근무제가 도입돼 직장인들의 여가 시간이 늘어남에 따라 '원데이 클래스'를 즐기는 사람들이 증가하고 있다. 물건을 소유하는 것보다 경험에 기꺼이 지갑을 여는 사람들이 늘어나면서 이 시장은 조금씩 성장하고 있다. 네이버의 데이터랩에서 2016년 7월부터

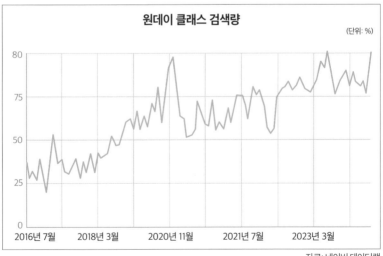

자료: 네이버 데이터랩

2024년 7월까지 월 단위로 '원데이 클레스' 검색추이를 확인해 보면 2020년 코로나19 시기에 정점을 찍고 일정하게 움직이다가 2023년 5월부터 지금까지 활발하게 검색되고 있음을 알 수 있다. 그만큼 우리에게 지속적인 관심의 대상인 것이다. 사람들은 진지한 만남보다 같은 취향의 사람들과 같은 주제로 대화하고, 언제든 흩어져 새로운 만남의 기회를 얻을 수 있는 곳에 모이고 있다.

취향은 개인화와 직결된다. 그런데 재미있는 사실은 오프라인과 온라인 상관없이 사람들이 모인다는 것이다. 시장이 세분화되고 있기는 하지만 사람들은 계속해서 만나고 소통한다. 다만, 만남과 소통의 방식에 큰 변화가 있다. 통성명을 할 필요가 없음은 물론이고 성별도, 나이도, 직업도 중요하지 않은 오로지 취향에 집중된 만남. 이런 만남을 이해해야 한다. 그래서 유연함이 필요하고, 이를 기반으로 다양한 관계에서 유대감을 유지해나가야 한다.

2025년에는 취미는 없고 취향만 남는다. 디지털 기술의 발전과 사회적·문화적 변화에 따라 앞으로는 관계의 양상이 더 빠르게 변할 것이다. 사람들은 짧은 시간 동안 특정 주제에 몰입하고 그 경험을 공유하는 데 중점을 두며, 특정 취향을 공유하는 사람들끼리 모여 새로운 형태의 커뮤니티를 형성할 것이다. 취향 기반 커뮤니티는 시간이 갈수록 더 많은 분야로 확대될 것이며, 사람들은 더 쉽게 소통할 수 있는 플랫폼을 찾을 것이다. 이제 취미 개발이 아니고 취향 개발이 필요하다.

플렉시 로컬

요즘 '5도2촌'이라는 말을 자주 접한다. 일주일 중 5일은 도시에서, 2일은 농촌에서 지내는 생활 방식을 일컫는데 농촌에서 한 달 살기, 여름휴가를 농촌으로 떠나는 '촌캉스', 업무와 휴식을 병행하는 '워케이션' 등이 유행하면서 등장한 표현이다. 이에 따라 이웃과의 관계가 변화함은 물론 라이프 스타일 자체도 바뀌고 있다.

농촌에서 일하고 살며 힐링하기를 원하는 도시민들이 늘어나면서 '관계인구'라는 개념이 부상하고 있다. 관계인구란 정주인구와 교류인구의 중간 개념으로, 특정 지역에 완전히 정착하지는 않고 정기적 또는 비정기적으로 방문하며 관계를 지속하는 사람들을 의미한다. 2016년 일본의 시민 활동가 다카하시 히로유키高橋博之가《우리는 시골 농부를 스타로 만든다》에서 처음 제안한 것으로, 지방 소멸 문제를 해소하기 위한 사업 개념으로 활용돼왔다.

코로나 이후, 국내에서도 관계인구가 크게 증가하는 현상이 목격됐다. 2021년 한국농촌경제연구원의 조사 결과에 따르면, 좁은 의미의 관계인구는 도시민의 19.3%, 넓은 의미의 관계인구는 35.3%로 추정된다(자료: 성주인 외,〈균형발전을 위한 농산어촌 관계인구 활용 방안 연구〉). 특히 일상생활의 변화와 더불어 재택근무나 공유오피스 근무 등 일하는 환경도 크게 바뀌면서 자연경관이 좋은 지방 소도시로 내려가 낮에는 일하고 퇴근 후 여유를 즐기고자 하는 사람들이 늘어났다.

이런 분위기 속에서 제주와 강원 등 각 지자체는 한 달 살기 프로그램을 앞다투어 제공하는 등 관계인구를 유치하기 위한 활동에 전념하고 있다. 예컨대 제주도 호텔에서는 낮에는 일하고 퇴근 후에는 호텔 수영장이나 인근 관광지, 맛집을 찾는 워케이션족을 흔히 볼 수 있다. 또한 서울특별시교육청은 지난 2021년 전라남도를 시작으로 2022년 전라북도, 2023년 강원도로 지역을 점차 확대하며 농촌 유학 프로그램을 운영하고 있다. 2024년부터는 충청남도교육청과 인천광역시교육청이 농촌 유학 시범 사업을 운영하는 등 지자체도 적극적으로 나서고 있다. 서울시교육청에 따르면, 2024년 1학기 농촌 유학에 참여한 서울 학생은 총 305명으로 전년(235명) 대비 29.7% 늘었다. 학업 스트레스에서 벗어나 자연친화적인 환경에서 교육받고 다양한 활동을 할 수 있다는 점이 큰 호응을 얻고 있다.

이런 흐름과 함께 새로운 환경의 주거 공간에 대한 수요도 커지고 있다. 국내 주거 관련 서비스는 아직 여행과 관광 중심 플랫폼 위주로 운영되고 있는데 중장기적으로는 한 달 살기, 워케이션, 농촌 유학 등의 수요를 고려한 서비스로 확산될 필요가 있다. 이 분야를 선도하는 일본의 빈집 구독경제 서비스 어드레스ADDress를 참고할 만하다. 빈집 등 유휴 주택을 리노베이션해 단기 거주를 원하는 사람에게 빌려주는

어드레스에서 이용할 수 있는 집들

자료: 어드레스

서비스로, 회원은 월 4만 엔을 내면 전국 각지에서 단기 거주를 할 수 있다.

앞으로는 전통적인 이웃과 다소 다른 새로운 이웃이 점점 더 많아질 것이다. 같은 지역에서 거주하더라도 다른 라이프 스타일을 보일 수 있으며, 이처럼 다양한 생활 양식과 가치관을 가진 사람들이 모여 새로운 동네를 구성한다. 따라서 원주민이라고 텃세를 부리거나 호구 조사를 하듯 구시대적인 태도로 상대를 대한다면 소통이 단절되기 쉽고, 자칫 고립으로 이어질 수도 있다. 받아들이고 인정하는 자세, 유연한 소통이 필요하다.

■ 마켓 리서처의 시각

코로나 기간 디지털 라이프 속에서 사람들과의 관계를 '느슨한 연대'로 유지해왔다면, 제너레이션 리스 시대가 본격적으로 시작되는 2025년에는 좀 더 능동적이고 긍정적인 자세가 필요해 보인다. 느슨한 연대가 다소 수동적이고 나 중심적인 관계라면, 유연한 유대감은 좀 더 능동적이고 상호적인 관계다. 취향·감성 중심의 온오프라인 만남에서도 이런 면이 두드러지는데, 장기적인 약속보다는 상황에 따라 유연하게 변화하는 관계를 선호한다. 이는 연인 사이만이 아니라 친구, 직장 동료, 이웃 등 모든 관계에 적용될 수 있다.

또한 유연한 유대감 속에서도 진정한 소속감을 느낄 수 있는 관계를 추구하게 된다. 공통의 관심사나 가치관을 가진 사람들과의 관계에서 진정한 소속감을 찾거나, 가족·친구 등 가까운 사람들과의 관계에 더욱 투자하는 현상으로 나타날 것이다.

따라서 가벼움과 안정감 사이에서 균형을 잡을 수 있는 관계 관리 능력이 중요해지고, 각자의 공간을 존중하면서도 필요할 때 서로 의지할 수 있는 관계를 구축할 필요가 있다.

가벼운 관계에서도 지속적인 안정감을 찾기 위한, 유연하고 긍정적인 태도를 기반으로 한 유대감이 2025년 새로운 관계에서 중요한 역할을 할 것이다.

초개인화 마케팅 전략으로 취향 세대 공략

2025년에는 사회, 기업, 소비자가 유연한 유대감을 기반으로 연결되는 '유연성 생태계'가 구축될 것으로 보인다. 이 생태계에서 살아남기 위해서는 각 주체가 변화에 유연하게 대응하고, 서로 협력해야 한다.

사회는 다양성을 포용하는 유연한 시스템을 구축해야 할 것이다. 기존의 관계가 변화하고 있음을 인식함과 동시에 변화한 관계를 자연스럽게 받아들이고, 이런 관계가 원활히 형성되도록 지원하는 사회적 분위기를 조성할 필요가 있다. 예컨대 온라인 플랫폼을 활용해 커뮤니티를 활성화하거나 공유오피스 등 유연한 공간을 제공함으로써 새로운 형태의 공동체가 수월하게 형성되도록 지원해야 한다. 전통적인 가족 또는 지역 공동체의 역할이 약화됨에 따라 변화된 사회구조에 맞는 새로운 사회적 안전망을 구축해야 한다.

기업은 빅데이터 활용이나 AI 분석 등을 통해 개인의 취향과 니즈를 정교히 파악한 후 이를 기반으로 초개인화 마케팅 전략을 수립할 필요가 있다. 특성에 따라 세분된 취향 세대 고객에게 긍정적인 경험을 제공함으로써 의미 있는 고객 인사이트를 확보해야 한다. 단순히 제품과 서비스의 판매를 넘어 공통의 취향을 가진 소비자들이 모여 소통하고 정보를 공유할 수 있도록 플랫폼을 구축해야 한다. 재택근무나 유연근무제 도입, 프로젝트 중심의 협업 시스템 구축 등 유연한 조직 문화를 통해 구성원들의 자율성과 창의성을 극대화해야 한다. 그리고 다양한 중소 업체들과의 협업 또는 공동체 구성으로 시장에 좀 더 민첩하게 대응할 수 있는 전략도 필요해 보인다. 과거에는 대체로 대규모 투자를 통해 성과를 낼 수 있었지만, 이제 대규모 투자에만 의존해서는 세분화된 시장에 모두 대응하기는 어려울 것으로 보인다. 세분 시장의 속도에 맞추려면 비즈니스 공동체나 마케팅 협업체 등 작지만 빠르고 효율적으로 움직이는 중소기업들을 육성하고 협업해나가야 한다.

소비자는 자신의 취향과 가치관을 명확히 파악하고, 이에 부합하는 관계와 활동에 적극적으로 참여해야 한다. 또한 다양한 관계 속에서 자신에게 맞는 적절한 거리를 유지하고, 지속 가능한 관계를 위한 노력이 필요해 보인다. 자신의 관심사를 기반으로 한 정보 습득이나 공동체 참여 등에서 온라인 플랫폼을 적극적으로 활용하여 유연한 관계를 구축하고 유지해야 한다.

결론적으로, 2025년 유연한 유대감 시대는 단순한 트렌드를 넘어 새로운 사회 시스템을 구축하는 출발점이 될 것이다. 변화하는 흐름을 정확히 읽고 적극적으로 활용하는 자만이 미래 사회의 주인공이 될 수 있다.

디지털 바자

Digital Bazaar

D2F Direct to Fan

채널 SSC Sell and Share Commerce

IPSOS
MARKET TREND
2025

전통시장이
디지털로 오다

소비자는 많은 정보 속에서 제품과 서비스를 고르고, 원하는 장소에서 최대한 저렴한 가격에 구매하려고 노력한다. 하루에도 수십, 수백 개의 새로운 제품과 서비스가 쏟아져 나오고 저마다 광고와 홍보, 프로모션에 열을 올리는 가운데 나름대로 합리적인 의사결정을 한다.

"어제 그 광고 봤어?"

"내가 써봤는데 좋더라."

"내일부터 20% 할인해준다고 하던데?"

판매자는 소비자의 구매 과정에 관심이 있고, 각 과정의 접점에서 소비자가 어떤 경험을 하고 어떤 요인에 긍정적 또는 부정적 영향을 받는지 체크한다. 동시에 소비자는 쏟아지는 정보 속에서 합리적인 선택을 하기 위해 점점 더 영리해지고, 경쟁자는 시장에서 점유율을 높이기 위해 발 빠르게 움직인다. 기업은 소비자의 선택을 받기 위한 노력을 멈출 수 없다.

소비자들의 라이프 스타일 변화와 새로운 기술의 발전은 판매와 구매 환경에 변화를 가져온다. 유통 환경의 변화도 있겠지만, 판매와 소비가 일상으로 좀 더 깊숙이 들어오고 있다. 판매자가 소비자를 직접 찾아가고, 소비자는 판매자에게 구매한 제품·서비스에 대한 피드백을 직접 전달한다. 그리고 다른 사람들에게도 적극적으로 공유한다. 이것이 요즘 판매와 소비가 이뤄지는 모습이다.

어렸을 때 할머니를 따라 전통시장에 갔던 기억이 난다. 그곳은 늘 볼거리가 많았고 사람도 많았다. 방앗간의 갓 지은 떡에서는 김이 모락모락 나고, 생선 가게의 맛있어 보이는 자반 뒤로 고양이가 어슬렁거리기도 했다. 공터에 자리 잡은 뻥튀기 아저씨와 조그만 바구니에 산나물을 담아놓고 팔던 아주머니의 손놀림도 분주했다. 물건을 사러 온 사람도 있고 구경을 하러 온 사람도 있었다. 거래를 자주 했던 아주머니들끼리는 장사는 뒷전이고 수다 삼매경에 빠져 있다. 거래와 함께 소통과 공유가 한껏 흐른다. 물건을 파는 것인지, 이야기를 파는 것인지 분간이 안 될 정도다. 단골이 있고 덤이 있는 곳, 그곳이 시장이다.

그런데 요즘 전통시장을 찾는 젊은 소비자들이 늘었다고 한다.

최근 KB국민카드에 따르면 전통시장 가맹점 8만 9,000곳의 매출 데이터 5,700만 건을 분석한 결과 지난해 시장을 찾은 회원의 18%가 2019년부터 2022년까지 전통시장을 방문하지 않았던 이들이라는 결과가 나왔다. 특히 가장 큰 비중은 20대로 26%를 차지했다.

자료: 〈매일일보〉

즉 그동안 발걸음이 뜸했던 사람들이 20대를 중심으로 새롭게 전통시장을 찾는 것이다. 전통시장은 스토리가 넘치고 생기가 있다. 오래된 점포와 소박한 매대 위로 재미난 이야기가 오간다. 이런 풍경이 이제 디지털로 옮겨가고 있다. 판매자와 소비자가 직접 만나는 시장이 디지털 세상에서 만들어지고 있는 것이다.

오픈마켓과 온라인 백화점, 홈쇼핑 쇼핑몰 등 기존의 이커머스 서비스는 다양한 제품, 가격 비교, 제한 없는 진열대, 빠른 배송 등 많은 장점에도 불구하고 소비자와 친밀한 관계를 만드는 데 한계가 있었다. 추천, 사용 후기, 별점 등 추가적인 기능을 제공함으로써 가치를 올리기 위해 노력했으나 결국 프로모션과 가격, 빠른 배송으로 경쟁력을 유지해왔다. 소비자는 이곳저곳을 빠르게 유영하며 체리피킹 cherry picking(자신에게 유리한 사례만 선택하는 논리적 오류)을 하고, 브랜드는 가격 경쟁력 때문에 제 역할을 잃어가고 있다.

이런 환경에서 기업은 좀 더 능동적으로 고객과의 직접 만남을 시도한다. 제품과 서비스를 더 고객친화적으로 소개하기 위해서다. 이런 경향은 온라인과 오프라인을 가리지 않고 여러 형태로 나타나고 있다. D2C라는 형태로 소비자에게 다가가거나 팝업 스토어처럼 오프라인상에서의 이벤트를 통해 접점을 만들고자 한다. 2025년 기업은 더 빠르고 능동적이며 적극적이다.

시장이 성숙 단계에 접어들고 유통 과정이 복잡해지면서 극적인 매출 성장이나 시장 확대는 어려워졌다. 특히 급격한 인구 감소 속에서 새로운 고객을 확보하기 위한 노력보다 집토끼를 유지하는 것이 더 중요하다는 생각을 하게 됐다. 이를 위해서는 소비자와 감정적으로 연결돼야 한다.

그래서 지금의 기업들은 소비자에 대한 관심을 넘어 더 적극적으로 움직인다. 나아가 그들을 팬, 우군으로 만들기 위해 노력한다. 소비자가 브랜드에 팬심을 가지고 적극적으로 지지하고 홍보하도록, 성공에 적극적으로 기여할 수 있도록 하는 것이다.

기업과 별개로, 소비자와 직접 만남을 시도하는 새로운 판매자들도 등장했다. 다양한 소셜 미디어에서 쇼핑 서비스가 시작되면서, 그동안 디지털에서 서로 소통하고 관계를 맺었던 사람들이 판매자도 되고 소비자도 되는 식이다. 특히 기존의 유통 및 판매 방식에 회의적인 소비자들은 자신이 좋아하는 인플루언서를 더 믿는다. 팔로워가 많은 인플루언서일수록 큰 영향력을 가지고 소비자의 심리를 반영하며, 새로운 판매자이자 그 자체가 브랜드가 되기도 한다.

오늘의 소비자가 내일의 판매자가 되기도 하고, 구매한 제품에 대해 다양한 의견을 제시함으로써 판매자에게 영향력을 행사하기도 한다. 따라서 과거 방식의 판매자와 소비자 개념은 점차 사라지고 서로가 소통의 대상자로 자리 잡는다. 그만큼 브랜드와 소비자 간 신뢰와 관계 형성이 중요해진 셈이다.

이번 시그널에서는 판매자와 소비자가 직접 만나는 경향이 강해지는 시장 트렌드에 대한 이야기를 하려 한다. 'D2C'라고 일컬어지는 기업들의 최근 움직임을 소개하고, 앞으로 고객을 직접 만나는 데 어떤 방향이 더 의미 있는 것인지 살펴볼 것이다. 그리고 온라인 커머스의 새 장을 여는 소셜 미디어 커머스의 행태와 인플루언서들의 영향도 짚어보고자 한다.

D2F

판매자가 소비자를 직접 찾아가는 방식, 즉 D2C 형태의 판매 방식이 부상하고 있다. D2C란 유통 단계를 최소화하거나 없애고, 온라인 자사 몰을 통해 소비자와 직접 소통하며 제품을 판매하는 방식을 말한다. 구매자들의 데이터를 분석해 마케팅·홍보·판매 방식 등을 결정하거나, 고객 맞춤 서비스를 강화함으로써 충성도 높은 고객을 효율적으로 관리할 수도 있다.

 D2C 하면 빼놓을 수 없는 브랜드가 현대자동차의 '캐스퍼'다. 현대자동차의 경형 SUV인 캐스퍼는 현대·기아 전체 라인업 중 유일하게 온라인으로만 판매되는 차종이다. 소비자가 전시장을 방문할 필요 없이 '캐스퍼 온라인'이라고 불리는 플랫폼에서 차량을 주문하고 결제하면 집으로 배달받을 수 있는 시스템이다. 젊은 고객층으로부터 큰 호응을 받아 캐스퍼는 출시 1년 만에 4만 5,000대가 판매됐다. 테슬라의 전례에서도 확인할 수 있듯이, 완성차의 온라인화는 시대적 흐름인 것 같다.

 이 외에도 해외 사례로 안경을 온라인에서 판매해 중간 유통 과정

온라인으로만 판매하는 현대자동차의 캐스퍼

을 없애는 동시에 고객이 직접 써보고 구매할 수 있게 한 와비파커 Warby Parker와 면도날을 정기적으로 배송해주는 달러셰이브클럽Dollar Shave Club을 들 수 있다. 질 좋은 제품을 거품 뺀 가격에 고객에게 직접 판매하는 방식으로 성공을 거둔 기업들이다. 이들의 성공 사례에 힘 입어 많은 기업이 D2C로 전환하고 있다.

기업의 온라인 자사 몰을 통한 직접 만남은 소비자에게 어떤 의미일 까? 기업으로서는 유통 단계를 줄여 비용 효율성을 갖추고, 자체 고객 데이터를 활용할 수 있다는 장점이 있다. 그러면 소비자에게는 어떤 장점이 있을까? 사실 기존의 자사 몰 또는 기존의 자사 앱과 어떤 점이 달라지는 것인지 소비자는 잘 모른다. 그리고 'D2C=온라인'이라는 접 근은 어떤가? D2C는 단순히 온라인 판매를 의미하는 것이 아니다. 소비자와 기업의 직접 소통이 핵심이며, 판매 방식은 부차적이다.

애플을 사기 위해 애플 앱을 누르는 소비자와 갤럭시를 사기 위해 검색창에 입력하는 소비자의 차이를 아는지 궁금하다. 여전히 많은 기업이 소비자들을 직접 만나기 위해 자사 몰 개편, 자사 몰 한정 제품, 프로모션에 집중한다. 그러나 애플과 테슬라 고객은 다른 무엇보다 애플과 테슬라에 관심이 높다. 관심을 넘어 좋아하고 사랑한다. 그리고 나머지는 추가적인 이익이다.

이제 다양한 프로모션을 기반으로 한 전통적인 유통 채널의 가격 측면, 배송 및 설치 측면의 이점이 한계에 부딪힌 지점에서 소비자에게 필요한 것은 브랜드와의 진정한 소통과 애착이다. 코로나 이후 브랜드에 대한 소비자의 시각이 상당히 변했다. 상황과 맥락이 중요해졌고, 기대치가 달라졌다. 무엇보다 공감과 유대감이 중요해졌다. 그래서 서로의 상황을 이해하고 유대감을 강화하는 측면에서 소비자를 넘어 고객이 중요해졌고, 고객을 넘어 팬에 대한 관심과 소통이 필요해졌다. D2C를 넘어 D2F, 즉 팬덤을 추구하는 이유가 이것이다. 팬덤은 이제 엔터테인먼트 산업에 국한되지 않고 기업의 성장 전략 분야에서 폭넓게 사용되고 있다. 브랜드가 팬덤을 형성한다는 것은 고객이 브랜드 안의 인격적인 존재와 만난다는 의미이며, 이는 곧 브랜드가 인간의 온도와 감성을 전달하는 휴먼 터치human touch에 성공했다는 뜻이다.

이런 측면에서 올리브영 X(올리브영 트위터) 운영자는 평소 X 유저와 소통을 잘하기로 유명하다. 올리브영을 언급한 팬의 게시글을 거의 실시간으로 리트윗하는 것이 특징인데, 트친(트위터 친구)을 콘셉트로 일명 '주접 멘트(재미있는 표현으로 상대방을 과하게 칭찬하는 것)'를 자주 언급한다. 이를 통해 올리브영은 자연스럽게 소비자들과 소통하면서 강한 유대감을 형성한다. 기업 또는 기업이 판매하는 제품과 서비스에 대한 호감을 넘어 브랜드의 철학까지 지지하는 팬들은 충성 소비는 물론 주변에 적극적으로 홍보하고 전파하는 영업사원의 역할을 한다.

현재 D2F로 진화하고자 하는 시도는 다양한 형태와 모습으로 나타나고 있다. 하지만 여전히 기술적이고 시스템적인 접근에 집중하고 있어 고객들이 신뢰할 수 있는 브랜드로 자리 잡기 위해서는 새로운 시도를 해야 할 듯하다. 지속적인 마케팅 노력도 필요하다. 그러지 않는다면 현재의 D2C와 관련된 움직임은 자사 몰의 한 형태로 남게 될 것이다. 2025년 기업은 D2C 시스템 개편과 함께 고객을 팬으로 만들기 위한 구성과 운영을 고민해야 한다.

채널 SSC

최근 인스타그램, 페이스북, 유튜브, 틱톡 등 소셜 미디어 자체에서 쇼핑 관련 서비스를 제공하고 있다. 이런 소셜 미디어 커머스는 전반적인 이커머스의 생태계를 급격하게 바꾸고 있다.

기존 오픈 마켓은 온라인 상거래를 할 수 있는 가상의 장터에서 판매자와 소비자가 직거래를 할 수 있는 중개 쇼핑몰 형태로, 소비자들이 브랜드와 가격 등 여러 가지 요소를 비교한 후 원하는 제품을 구매했다. 그런데 소셜 미디어 커머스는 소셜 미디어 안에서 다양한 행동을 학습한 알고리즘을 기반으로 맞춤형 서비스를 제공함으로써, 구매자가 제품을 찾는 것이 아니라 판매자가 구매자에게 필요한 제품을 소개하거나 쉽게 접근할 수 있게 하는 방향으로 비즈니스 모델을 전환하고 있다.

일반적으로는 '소셜 미디어 커머스'보다는 '소셜 커머스'라고 부른다. 그러나 소셜 커머스는 티몬을 중심으로 한 공동구매 형태의 서비스로 시작됐다. 즉 기존 소셜 커머스가 구매를 목적으로 시작됐다면, 현재의 소셜 미디어 커머스는 소통을 기반으로 시작됐기 때문에 분명히 차이가 있다.

유튜브는 2023년 쇼핑 카테고리를 런칭한 이후, 2024년 6월 쿠팡과 손잡고 한국에서도 '유튜브 쇼핑 제휴 프로그램'을 출시했다. 이 프로그램은 크리에이터가 콘텐츠에 특정 제품을 태그할 수 있게 하여 시청자가 태그된 상품을 클릭하면 쇼핑몰로 이동해 구매할 수 있게 하는 서비스다.

글로벌 숏폼 시장의 1인자인 틱톡의 전자상거래 기능을 탑재한 틱톡숍은 소셜 커머스와 FUN이 결합한 것이다. 소비자가 틱톡의 짧은 영상 콘텐츠 피드를 스크롤하다가 마음에 드는 제품을 발견하면 앱을 종료하지 않고 간편하게 바로 결제·구매할 수 있다.

각 소셜 미디어 커머스의 소통과 판매 방식에는 차이가 있지만 인플루언서를 적극적으로 활용한다는 공통점을 지닌다. 즉 소셜 미디어 커머스는 '팔면서 공유하는 시장'이라는 생태계를 갖춰나가고 있으며, 시간과 공간을 넘어 움직이고 있다.

비즈니스 컨설팅 기업 그랜드뷰리서치GVR는 2024년 글로벌 소셜 미디어 커머스 매출 규모를 1조 2,380억 달러(약 1,671조 원)로 전망했다. 2022년 7,240억 달러 규모였던 소셜 커머스 시장 규모는 2029년까지 연평균 30.8% 증가해 6조 2,000억 달러까지 확대될 것으로 예측한다. 어떤 시장보다 성장세가 가파르며, 그만큼 시장의 확대 가능성은 긍정적이다.

심지어 최근의 소비자들은 오프라인 유통 채널도 상품처럼 자신에

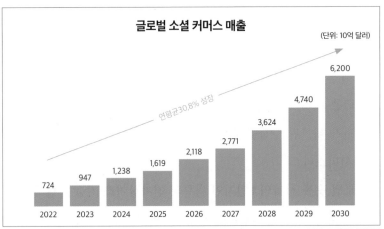

글로벌 소셜 커머스 매출

(단위: 10억 달러)

연평균30.8% 성장

724 947 1,238 1,619 2,118 2,771 3,624 4,740 6,200

2022 2023 2024 2025 2026 2027 2028 2029 2030

자료: 그랜드뷰리서치

게 맞추기를 원한다. 신세계에서는 자기 혼자 명품을 구입하고, 롯데에서는 가족과 쇼핑을 즐기며, 현대에서는 남편과 장을 본다. 좋은 제품으로 진열대를 채운 다음 가만히 앉아서 고객이 찾아오기를 기다리던 시대는 끝났다.

브랜드는 무엇인가? 브랜드의 역할은 무엇인가? 소비자는 이제 단순하지 않다. 그들은 섬세하고 치밀하며 매우 냉정하다. 더군다나 언제든지 정보를 공유할 준비가 되어 있는 빅 마우스들이다. 그래서 소셜 미디어 커머스가 갈수록 영향력을 확대할 수 있는 것이다. 그곳에는 소통이 있고 공감이 있다. 이는 자연스럽게 공유와 확산을 가져온다. 새로운 광고를 노출한 후 소비자가 인지하고 반응하기까지 몇 개월을 기다리던 시대는 오래전에 지났다. 노출과 반응이 동시에 일어나고, 무엇이 문제고 무엇이 매력인지 그 자리에서 이야기된다. 그리고 누군가가 이 모든 것을 퍼뜨린다.

　다양한 기념일이나 중요한 일정 또는 상황에 맞는 제품과 서비스를 추천받을 수 있고, 인친과 페친이 추천하거나 구매한 제품에 대한 정보를 공유받기도 한다. 소셜 미디어 피드는 디지털 시대에 거부할 수 없는 유혹이며, 소셜 미디어 인플루언서들 덕에 소셜 커머스는 무섭게 성장하고 있다. 인플루언서의 최신 피드에서 마음에 드는 물건을 발견했을 때, 탭 몇 번으로 그 물건을 장바구니에 담고 '구매하기'를 눌러 모바일 결제를 하면 내 것이 된다.

　인플루언서들은 팔로워들과 친밀한 관계를 쌓고, 팔로워들끼리 커뮤니티를 형성하도록 유도하며, 자신의 사진이나 영상과 함께 라이프 스타일과 경험을 공유한다. 2024년 입소스의 조사 결과에 따르면 SNS를 통해 물건을 구매한 경험이 있는 소비자 중 55%가 인플루언서에게 영향을 받는다고 응답했다. 소셜 미디어 커머스상의 구매 행동에서 인플루언서들이 절대적인 영향력을 행사한다고 볼 수 있다.

　물론 이전에도 인플루언서들이 소셜 미디어의 흐름을 주도하면서

Q 소셜 미디어 커머스에서 제품을 구매할 때 인플루언서에게 영향을 받는가?					
	전체	20대	30대	40대	50대
조사 대상(명)	451	127	92	106	126
영향을 받는다(%)	55	53	61	60	49

자료: 입소스 소비자 인식 조사 2024

화제가 될 만한 제품을 홍보하는 데 지대한 역할을 해왔다. 제품을 판매하기 위해서라기보다는 자신이 즐겨 사용하는 제품에 대한 사용 후기를 공유하는 방식이 대부분이었고, 팔로워들이 그 후기에 반응해 댓글을 달거나 질문하는 식이었다. 이런 소통을 거치면서 제품 또는 서비스에 대한 평가가 매우 빠르게 공유됐다. 강력한 판매로 이어지기도 하고 때로는 불매로 이어지기도 했다. 그런데 이제는 많은 인플루언서가 브랜드와 함께 소셜 미디어 플랫폼의 라이브 스트리밍을 통해 판매 활동에 나섰다. 구매자는 라이브 스트리밍 중에 소개된 제품을 구매할 수 있고, 일단 찜해놓을 수도 있다.

간단한 자격만 갖추면 누구나 판매자가 되고 구매자가 될 수 있다. 제품에 만족한 구매자가 그 제품의 영업사원이 되기도 한다. 지지, 공유, 추천이 거듭되면서 놀라운 속도로 확산되고 이 사이클은 누구도 통제할 수 없다. 이것이 팔면서 공유하는 시장인 소셜 미디어 커머스다.

2025년 소비 시장은 소통의 시장이고 판매와 함께 스토리가 공유되는 시장이다. 소비자는 단순히 제품을 넘어 상황과 맥락 그리고 자신이 중시하는 가치를 품고 있는 스토리에 지갑을 연다. 그리고 그 스토리를 자신의 네트워크에서 공유하고 확산시킨다.

■ 마켓 리서처의 시각

2024년 4~5월에 tvN에서 방영된 〈선재 업고 튀어〉라는 드라마가 있다. 죽을 운명에 있는 자신의 최애(가장 사랑하는 대상)를 살리기 위해 과거와 현재를 오가는 팬과 스타의 사랑 이야기다. 최애를 위해서라면 무모하고 위험한 일도 서슴지 않는 팬, 그리고 관심사를 공유하고 공감과 우정으로 함께하는 사람들이 형성하는 문화가 팬덤이다. 사실 팬덤은 아이돌을 좋아하고 지지하는 팬들이 '어떻게 하면 내가 좋아하는 스타를 행복하게 해줄 수 있을까?'에서 시작된다. 선물을 하거나 생일 파티를 열어주는 등 스타가 있는 곳이라면 어디든 함께해서 그를 외롭게 하지 않는다. 또한 팬들은 커뮤니티를 형성하며 강한 소속감을 느낀다. 같은 대상을 좋아하고 공감하는 데 그치지 않고 커뮤니티 자체에 대한 애착이 강해 지속적으로 참여하고 충성도를 유지한다. 드라마가 방영될 당시 라이브 채팅을 통해 팬들과 상호작용을 했는데, 그 덕에 콘텐츠를 열광적으로 소비하는 이들이 많았다.

2023년 MAMMnet Asian Music 어워즈에서 대상을 받은 세븐틴은 팬클럽 'CARAT'에 대한 감사 인사로 수상 소감을 시작했다. 이처럼 음악, 영화, 드라마, 연예 관련 시상식에서 수상자가 자신의 팬을 가장 먼저 언급하는 모습을 흔히 볼 수 있다. 팬은 가족, 친구, 지인보다 가까이 있다. 기업이 고객과의 직접 만남을 위해 준비해야 하는 것은 시스템이나 한정판 제품이 아니고 고객에 대한 존중과 그들이 언제든지 브랜드의 팬이 될 동기부여를 해줄 요소들이다.

고객은 단순히 제품을 구매하는 주체가 아니라 브랜드와 소통하고 공동체를 형성하는 적극적인 참여자가 되고 있다. 이런 측면에서 고객은 제품 정보뿐만 아니라 브랜드의 스토리와 가치에 공감하고, 이를 공유하는 경험을 중요하게 생각한다. 2025년, 디지털 바자 트렌드 속에서 판매자와 고객이 만나는 장소는 단순한 판매 공간이 아니라 소통과 공유를 통해 관계를 맺고 팬덤을 형성하는 공간으로 진화할 것이다.

사회는 디지털 시민의식을 함양하고 건강한 디지털 생태계를 조성하기 위해 노력해야 한다. 디지털 리터러시digital literacy(디지털 문해력) 교육을 강화하여 정보 비대칭을 해소하고 건전한 온라인 문화를 조성하는 것이 무엇보다 중요하다. 또한 허위 정보와 악성 댓글을 비롯해 최근 이슈가 된 딥페이크deepfake(AI의 딥러닝을 이용한 영상 이미지 합성 기술) 등 부정적 요소를 최소화하고, 건강한 정보 공유 환경을 조성하기 위한 소셜 플랫폼의 책임 강화도 필요하다.

기업은 진정성을 기반으로 한 팬 중심 전략으로 고객 만남을 시도해야 한다. 제품을 홍보하는 데 주력하기보다 브랜드의 가치관, 철학, 비전을 담은 진정성 있는 스토리를 통해 고객과 공감대를 형성해야 한다. 일방적인 메시지 전달이 아닌 양방향 소통을 통해 고객과 관계를 구축함으로써 브랜드 충성도가 높은 팬덤을 형성해야 한다. 빅데이터 분석을 기반으로 고객 개개인의 취향과 니즈에 맞는 맞춤형 콘텐츠·제품·서비스를 제공하여 고객 만족도를 극대화하고, 단순 협찬 방식을 넘어 장기적인 관점에서 브랜드 가치를 공유하고 성장할 수 있는 인플루언서를 발굴해 전략적인 파트너십을 구축해야 한다. 또한 온라인에서 구축한 팬덤을 오프라인으로 확장하고 오프라인 경험을 온라인 콘텐츠로 활용하는 등 온오프라인의 경계를 허물고 고객과의 접점을 넓혀 나가는 것이 중요하다. 마지막으로, 개인 정보 활용에 대한 투명성을 높이고 보안 시스템을 강화하여 사용자의 신뢰를 확보하는 것이 무엇보다 중요하다.

소비자는 온라인 공간에서의 발언과 행동이 다른 사람들에게 영향을 미칠 수 있다는 책임 의식을 가지고 건전한 온라인 문화 조성에 동참해야 한다. 또한 쏟아지는 정보 속에서 객관적이고 비판적인 사고를 통해 정보의 진위를 판단하고 현명하게 소비해야 한다. 구매한 제품과 서비스에 대한 자신의 경험·의견·정보를 다른 소비자들과 적극적으로 공유하고, 집단 지성을 형성하는 데 참여함으로써 긍정적인 시장 환경을 구축하는 데 기여해야 한다.

초격차 경험과
최적가 소비

최적가 Optimal Price 신드롬

빠른 손과 피케팅 Picketing

과시적 비소비

**IPSOS
MARKET TREND
2025**

인플레이션이 만든
소비 양극화

세계적인 인플레이션에 따라 소비 양극화가 가치 소비로 이어졌고, 가치 소비의 경험은 중요한 공유 스토리가 됐다. 가치 경험에 대한 다양한 스토리는 기존의 소비 태도와 문화를 점점 더 극단화하고, 이에 따라 최저가가 아닌 최적가를 지향하는 소비 패턴으로 변화하고 있다.

'초격차'는 감히 넘볼 수 없을 정도의 압도적인 격차를 의미한다. 삼성전자를 세계 1위로 도약시킨 일등공신인 권오현 전 삼성전자 회장이 자신의 저서 제목으로 사용하면서 유명해졌다. 우리는 초격차 경험을 통해 최적의 가치 소비를 하고, 이런 경험을 SNS에 공유하면서 공감을 받고 있다.

사람마다 가치 기준이 다른 만큼 초격차 경험은 다양한 형태로 나타난다. 하지만 일반적으로, 무조건 저가로 샀을 때보다는 누구나 갖고 싶어 하는 고가의 워너비 제품을 정가보다 싸게 샀을 때 자랑거리가 되고 부러움의 대상이 된다. 내가 팔로우하는 인플루언서가 대가를 받고 하는 홍보성 리뷰가 아니라 '내돈내산' 찐후기에 관심을 갖고, 신제품이 출시됐을 때 누구보다 발 빠르게 제품과 서비스를 체험해보고 진정성 있는 경험을 공유하는 것을 즐긴다. 또한 하늘의 별 따기와 같이 구하기 어려운 공연 또는 스포츠 경기 관람 티케팅 성공 노하우를 공유했을 때는 부러움을 넘어 인정과 추앙까지도 받는다.

초격차 경험이 반드시 소비와 연결되는 것은 아니다. 이제는 소비하지 않는 것도 과시한다. 최근 1020세대 사이에서 유행하는 현금만 가지고 생활하는 '현생(현금 생활) 챌린지'나 아예 지출을 하지 않는 '무지출 챌린지'가 대표적인 예다. 이들은 지속 가능성에 바탕을 둔 의식적이고 의도적인 비소비, 자발적 비소비의 경험과 가치를 과시하고 싶어 한다. 초격차 경험과 가치 소비에 대한 자신감은 소비라는 결과도 중요하지만 그 과정과 경험을 더욱 가치 있다고 여기는 것으로, 지금 시대의 소통 방식에서 주요한 소재다.

이번 시그널에서는 단순한 경험이 아니라 극도의 경험 차이에 대한 이야기를 하고자 한다. 일반적으로 소비자는 저렴한 가격에 반응하고, 그것이 전체 시장에 파급효과를 일으킨다. 하지만 초저가라고 하더라도 문제가 있는 품질이나 서비스라면 큰 힘을 발휘하지 못한다. 소비자들은 가격을 보는 것이 아니다. 경험과 품질에 따른 가치를 적정 가격으로 지불하고 그 경험을 확산시킨다. 또한 새로운 경험 차이를 위해 엄청난 티케팅 전쟁이 벌어지고 있다. 공연장이나 경기장의 티켓이 눈 깜짝할 사이에 판매되기 때문에 대부분 사람은 SNS와 유튜브에서 간접적으로 경험하는 데 만족해야 하는 상황이다. 이제 초격차 경험을 위해 가장 필요한 것은 '빠른 손'이다. 마지막으로, 무지출의 경험도 하나의 큰 가치로 공유된다. 여기서 핵심은 무지출이 아니라 가지고 있는 자원을 얼마나 효율적으로 활용하느냐다. 그것이 다른 사람이 접근할 수 없는 경험이라면 큰 가치가 된다.

최적가 신드롬

고인플레이션이 장기화되면서 조금이라도 더 저렴한 상품을 찾으려는 심리가 강해졌다. 이와 맞물려 중국의 온라인 쇼핑 플랫폼 알리, 테무, 쉬인 등의 공격적인 마케팅과 초저가 상품 전략이 시너지 효과를 발휘하고 있다. 다만, 최근 유해성 논란이 일면서 알리와 테무의 인기가 주춤해졌다. 중국산 제품에 대한 불안감이 온라인 쇼핑몰로 번진 것이다. 언론 보도에 따르면, 2024년 5월 인천본부세관이 테무와 알리 익스프레스에서 판매하는 장신구 성분을 분석한 결과 제품 4개 중 1개가 다량의 발암물질을 포함했다고 한다. 그 여파로 중국 온라인 쇼핑 플랫폼의 국내 매출이 2024년 4월 40% 가까이 급감했다.

소비자들은 무조건 싼 가격에 환호하지 않는다. 싸든 비싸든 그만한 가치가 있어야 한다는 얘기다. 그래서 가치를 인정받은 고가의 프리미엄 제품을 본래 가격보다 조금이라도 싸게 샀을 때 더 가치를 느낀다. 블랙프라이데이 기간에 500만 원짜리 프리미엄 스마트TV를 300만 원에 구입했다거나, 프랑스로 떠나는 여행에서 이코노미 항공권 금액으로 비즈니스석을 탔다는 경험 등이 소비자에게는 가치 소비가 되고 와우 포인트wow point가 된다.

최근 유튜버들은 구매 내역을 공개하면서 얼마나 최적가에 소비했는지를 하나의 가치 포인트로 이야기하고, 그 과정과 경험을 공유한다. 특히 여행 유튜버들은 여행 과정에서 지출된 모든 내역을 공개함으로써 그동안의 경험과 스토리가 얼마나 최적가에서 만들어졌는지를 알려준다.

또한 얼마나 화려한 여행을 했는지보다 나만의 특별한 여행 과정을 공유하고 싶어 한다. 항공권부터 교통편·숙소·식비를 포함한 세부 경비를 어떻게 아낄 수 있었는지를 공유하고, 유명 여행지에서도 알려지지 않은 특별한 장소를 발견하여 체험한 일들을 공유한다.

연간 3만 5,000명이 한다는 '제주 한달살이'를 공유할 때도 로망을 실현한다는 게 핵심이 아니다. 막상 제주도에 살면서 직면하는 원주민과 이주민 간의 갈등을 어떻게 하면 완화할 수 있는지, 여름철 제주도의 습기 전쟁에서 어떻게 살아남을 수 있는지, 다양한 벌레의 습격

자신만의 여행 과정을 공개하는 부부 유튜버

자료: 아하부부 유튜브

을 어떻게 피할 수 있는지, 생각보다 높은 물가에 어떻게 생활비를 아낄 수 있는지 등 나만의 초격차 경험에 바탕을 둔 현실적인 조언을 나누는 것이다.

빠른 손과 피케팅

'피케팅'이라는 단어를 들어본 적이 있는가? 피케팅은 항의 행동의 일종으로 주로 파업에서 사용되며, 동료나 일반인의 동참을 촉구하는 방법이다. 요즘에는 공연·스포츠 경기 관람권 등의 예매 경쟁을 표현할 때 자주 쓰이는데, 파업 현장만큼이나 치열하다는 의미에서다. 귀성길 기차표는 물론 한정된 인원으로 선착순 예약을 받는 인기 강습 프로그램 등에서도 치열한 경쟁이 벌어진다. 2023년 가을에는 단풍 명소 입장마저도 사전 인터넷 예약제를 도입해 인기 콘서트 못지않은 피케팅이 일어났다고 하니, 이제 손이 느리면 단풍 구경도 어려워진 세상이다. 부모님께 임영웅 콘서트 티켓을 구해 효도하고 싶다면 경제적인 능력과 정보력에 더해 빠른 손을 필수적으로 갖춰야 한다.

KOPIS(공연예술통합전산망)가 내놓은 2023년 총결산 공연 시장 티켓 판매 현황 분석 보고서에 따르면, 2023년 전체 공연 건수가 전년 대비 14% 증가했고, 티켓 판매액은 1조 2,697억 원으로 전년 대비 23% 증가했다. 프로야구 관람의 열풍도 이에 못지 않다. 2024년 프로야구 개

티켓 구매 성공 기원 부적

자료: 고봉이 블로그

막전 다섯 경기에서 전 구장이 매진됐으며, 관중이 경기당 평균 1만 4,000명을 넘어서며 역대 최고를 기록할 것으로 예상됐다. 상황이 이렇다 보니 온라인 커뮤니티와 SNS에는 '티케팅', '피케팅', '취케팅(취소표 티케팅)' 성공담이 빠르게 공유되고 있다. 이번에는 비록 실패했더라도 재도전 기회를 붙잡으려면 피케팅에서 성공한 이들의 과정과 경험을 통해 그들의 노하우를 학습하고 나만의 성공 전략을 세워야 하기 때문이다. 심지어 티켓 구매 성공을 기원하며 부적을 만들어 공유하기도 한다.

한편 매크로(자동입력반복) 프로그램을 돌려 티켓을 구매하는 얌체족도 기승을 부린다. '티케팅을 대신 해준다'라거나 '매크로 프로그램을 판다' 같은 글을 심심찮게 볼 수 있다. 이는 예매 정책에 따라서 형사처벌을 받을 수도 있기 때문에 매우 위험한 행동이다. 따라서 이제 남들과 다른 경험을 하고자 한다면, 특히 그 경험이 한정적이라면 빠른 손이 필수다.

Narrative 3	과시적 비소비

고물가 상황이 지속되는 가운데 최근 젊은 층 사이에서는 카드 대신 현금을 사용하는 '현금 챌린지'가 유행하고 있다. 이런 흐름이 새로운 것은 아니지만 2023년부터 국내에서도 SNS를 통해 '현금 챌린지', '현생'으로 부각되기 시작했다.

현금 챌린지는 고정 지출을 제외한 한 달 생활비를 현금으로 인출한 뒤 용도·기간별로 나누는 단계부터 시작된다. 일주일 예산을 미리 책정해 구분하거나, 식비·의류비·교통비·여가생활비 등 자주 사용하는 항목을 정해 '현금 바인더'에 넣어두는 식이다. 소비가 필요할 때 분류해놓은 현금 바인더에서 돈을 꺼내 쓰고 남은 현금은 별도의 저축용 바인더에 넣어 따로 관리한다.

현생을 실천하다 보면 현금이 쌓이는 재미와 함께 꾸미는 재미를 누릴 수 있다. 현생 중인 사람들은 '다꾸'를 하는 것처럼 현금 바인더를 정성껏 만들고 기록한다. 또한 자신의 현금 바인더나 현금을 정산하는 과정을 SNS를 통해 공유하면서 서로 응원하고 노하우를 주고받는다.

익명 채팅방에 자신의 소비 내용을 공유하는 '거지방', 하루 지출

현금만 쓰기 위한 현금 바인더

자료: 〈한국경제〉

0원에 도전하는 '무지출 챌린지', 냉장고에 남은 식재료를 활용해 끼니를 해결하면서 장보기를 최소화하는 '냉파(냉장고 파먹기)' 등도 인기다. 거지방에서는 절약 아이디어나 할인 상품 정보를 나누고, 서로 격려하면서 때론 따끔한 조언을 해주기도 한다. 냉파 도전자들은 냉장고 속 재료가 모두 떨어질 때까지 장을 보지 않거나 최소한만 구매하면서 절약한다. 자연스럽게 냉장고 속 재료들을 색다르게 조합한 이색 요리법이 인기를 얻으면서 요리 예능 프로그램, 주부 9단 유튜버의 냉파 동영상도 부쩍 많아졌다. 거지방과 냉파는 혼자서는 꾸준히 실천하기 어려운 절약·저축을 다른 사람과 공유하며 재미있게 할 수 있다는 공통점이 있다.

또한 직접 만든 현금 바인더를 쓰면서 현금만 쓰는 절약법을 시도하기도 한다. 이러한 현금 챌린지 역시 SNS를 통해 확산되며, 현금 바인더를 직접 제작해 개성을 드러내기도 한다. 소비하지 않는 것도 과시하는 '과시적 비소비'이며, 누가 시켜서 하는 것이 아니라 스스로 선택한 자발적 비소비다. 이 역시 또 다른 형태의 초격차 경험으로, 다른 이들과 공유되고 소통된다.

한편 자발적 비소비는 부자들에게서도 볼 수 있는 트렌드다. 고기에 대한 비소비로 비건이 되거나, 플라스틱 또는 일회용품에 대한 비소비로 친환경 포장재를 선택하거나, 신상품에 대한 비소비로 중고품을 선호하는 것이 그 예다.

전통적인 비즈니스 모델이 최대 판매를 목표로 했다면, 새로운 패러다임은 '비소비 코드'를 내세운다. 이는 판매보다는 렌트, 수리, 재판매, 리필 등을 이끈다. 미국의 친환경 패션 브랜드 파타고니아는 자발적 비소비 윤리를 잘 반영한 사례로, 고객들에게 제품을 덜 구매하고 중고품을 선택하라고 권장하며 광범위한 수리 서비스를 제공한다. 명품으로 잘 알려진 에르메스 버킨 백은 세대를 걸쳐 수리와 유지가 가능한 명품 아이템의 전형이라고 할 수 있다. 가방을 수리하는 데 필요한 모든 재료를 보유하고 있으며, 화장품 라인에서는 리필 가능한 제품을 갖추고 있다. 이렇게 대표적인 럭셔리 브랜드가 비소비 코드를 활용하는 이유는 그들의 고객인 부자들에게도 지속 가능성과 희소성이 바탕이 된 자발적 비소비를 과시하는 것이 중요한 욕망이 됐기 때문이다.

■ 마켓 리서처의 시각

글로벌 인플레이션 압력으로 소비가 전례 없이 양극화되고 가치 중심의 지출이 증가하고 있다. 오늘날 개인은 특별한 경험을 공유하려는 경향이 점점 더 강해지고 있으며, 이런 초격차 경험은 최적가 소비와 함께 소셜 미디어에서 가장 추앙받는 스토리다. 초격차 경험은 개인의 가치 기준에 따라 다양한 형태로 나타난다. 단순히 저가품 또는 명품을 구매하는 행동과 달리 나만의 특별한 구매 경험과 성취 과정이 관심의 대상이 되고, 유명인이나 인플루언서보다는 개인의 실질적이고 진정성 있는 경험에 더 높은 가치가 부여된다. 하지만 독특하고 비교할 수 없는 경험을 추구하는 것이 항상 소비와 연결되는 것은 아니다. 때론 최소한의 지출, 기존 자원의 창의적인 활용을 통해 비소비를 과시함으로써 지출을 자제하는 노력 또한 가치 있는 행동임을 보여주기도 한다.

비소비는 소비의 방법 또는 방향이 바뀌는 것이지 소비 자체를 거부하는 것은 아니다. 이런 자발적인 노력은 미니멀리스트 접근 방식을 채택하거나 비건을 추구하거나 친환경을 선호하거나 중고품을 선택하는 등 더 넓은 라이프 스타일로 확장되고 있으며, 새로 구입하는 것보다 수리하고 재사용하는 것을 장려한다. 초격차 경험이라는 자신감은 자신의 뛰어난 경험과 최적가 소비를 다른 사람이 따라 할 수 없다는 믿음에 뿌리를 두고 있다. 인간은 어떤 상황에서도 '과시'를 포기하지 않는다. 과시의 방법이 '비싼 물건 소비'라는 지극히 1차원적인 접근에서 진화해 이젠 '특별한 경험 소비', '환경적·사회적 가치가 부여된 의식적인 소비', '의도적인 비소비' 등으로 폭넓게 확장되고 있다. 이에 따라 기업들이 대응할 비즈니스의 기회 역시 계속 증가하고 있다.

사회는 지속 가능성과 가치 소비에 대한 교육 프로그램을 확대하여 시민들이 더 나은 소비 결정을 내릴 수 있도록 지원함과 동시에 공공 서비스(예: 재활용 센터, 공공 교통망)를 강화해야 한다. 또한 주민들이 자발적 비소비나 자원 공유를 실천할 수 있도록 커뮤니티 및 협력 프로그램을 운영할 필요가 있다.

기업은 제품이나 서비스의 사용 과정을 중심으로 한 스토리텔링 마케팅을 강화하고 차별적 경험을 다양하게 공유할 수 있도록 자사 고객에 대한 경험 공유 커뮤니티나 플랫폼을 운영할 수 있다. 또한 제품의 수리, 재사용, 리필 등을 포함한 순환 경제 모델을 채택하여 자원 사용을 최소화하고 친환경 재료 사용, 탄소 발자국 최소화 등 환경친화적 혁신을 통해 지속 가능성을 높여야 한다.

소비자는 소비의 결과뿐 아니라 그 과정에서 얻게 되는 가치에 대해 고민하고, 올바른 방향으로 실천하는 태도를 가져야 한다. 결국 가치 소비, 최적가 소비는 과소비를 억제하고 착한 소비를 만들어가는 방향이다. 의미 있는 초격차 경험을 공유하고 자발적 비소비를 실천함으로써 남은 자원을 창의적으로 활용하고 지속 가능한 라이프 스타일을 만들어갈 수 있다.

호모 아티피쿠스

Homo Artificus

**IPSOS
MARKET TREND
2025**

인간을 넘어 AI,
무인과 대화하는 세상

코로나 이후 해외 출장과 해외 콘퍼런스가 잦아진 만큼 해외 동료들이 한국을 방문하는 일도 많아졌다. 다양한 경험을 공유하고 새로운 접근법을 트레이닝하기 위해 방문한 동료들은 마지막에 늘 이렇게 묻는다. "질문 있나요?Any Questions?" 잠시 적막이 흐른다. 우리는 질문에 약하다. 대화를 잘하는 지름길이 질문을 잘하는 것이라는 말도 있는데, 우리는 질문도 답도 하지 않는다. 이해하고 있다면 일단 아무 말도 하지 않는 것이 예의라고 생각한다. 그런데 지금 새로운 대화 상대가 출현했다. 바로, 호모 아티피쿠스다.

지금까지의 대화 상대였던 인간을 넘어 AI, 로봇, 무인 시스템 등 다양한 호모 아티피쿠스와의 소통과 관계 형성이 필요한 시대가 왔다. 직원이 없는 매장에 들어가 쇼핑하기, 도움을 받기 위해 챗GPT 등의 AI와 대화하기, 서비스 키오스크에서 능숙하게 주문하기. 이것이 우리 앞에 다가온 새로운 현실이다. 호모 아티피쿠스들과의 소통이 인간과의 소통만큼 일상화되고 있기에 새로운 소통 방식에 빠르게 적응할 필요가 있다. 의사소통은 인간이 발전해온 역사에서 중심적 역할을 했다. 동굴 벽화와 상형문자에서부터 전화와 인터넷의 발명에 이르기까지, 기술이 발전할수록 물리적 거리는 의미가 없어지고 사람들은 더욱 가까워졌다. 한마디로, 기술의 발전은 의사소통 능력의 발전이었다.

하루에도 수십, 수백 번 듣는 단어 중 하나가 AI다. 벌써부터 이 단어에 피로감을 호소하는 이들도 나올 만큼 AI는 일상이 됐다. 원하는 것을 분석해주는 AI, 그림을 그려주는 AI, 새로운 아이디어를 주는 AI, 노래를 만들어주는 AI 등 AI의 활용 영역과 능력은 분야를 가리지 않고 커지고 있다. AI는 내가 원하는 것을 생각보다 빠르게 전달해주기도 하고, 가끔은 놀라울 정도의 새로움을 안겨주기도 한다. 그런데 AI가 누구하고나 친절하게 소통하는 건 아니다. 예컨대 다음이나 네이버에 검색할 단어를 입력하듯 질문을 던지면 원하는 답을 듣기는 어렵다. AI와의 새로운 소통 방식을 이해해야 하고, 거기에는 친절함이 함께해야 한다.

최근에 공항과 대학병원에서 볼 수 있는 로봇은 식당에서 서빙을 하는 로봇과는 또 다른 느낌이다. 많은 사람 사이를 오가면서 다양한 정보를 공유해주고 원하는 바를 알려준다. 일본에서는 이미 다양한 돌봄 로봇을 개발하여 실생활에서 실험 중이다. 사람을 이동시키는 데 사용하는 허그Hug, 정서적으로 도움을 주는 물개 로봇 파로Paro, 인간형 로봇 페퍼 등이 그 예다. 아직 100% 완성된 돌봄 로봇은 아니지만 인간과 다양한 상호작용을 하면서 발전해가고 있다.

무인들과의 상호작용이 증가함에 따라 친근하고 세심한 의사소통이 더욱 중요해졌다. 인간과 달리 기계는 본질적으로 상황, 감정, 뉘앙스를 이해하지 못하므로 이런 요소를 인식하고 대응할 수 있도록 소통하는 것이 필수적이다. 예를 들어, 사용자의 목소리에서 불만을 감지하고 공감으로 응답할 수 있는 AI 고객서비스 에이전트는 사용자 경험을 크게 향상시킬 수 있다.

이번 시그널에서는 인간 세상에 새롭게 등장한 무인들의 이야기를 하고자 한다. 하루에도 몇 번씩 접하는 AI지만 저마다 다른 성향을 지니고 있음을 이해하고 그에 맞춰 소통해야 한다. 인식하지 못하는 사이 우리 생활 깊숙이 들어온 다양한 로봇과 어떻게 관계를 맺어야 할까? 게다가 이제는 사람이 아니라 무인들과 커뮤니케이션하면서 쇼핑을 해야 하는 시대가 됐다. 이 새로운 종과의 동거를 위해 우리는 어떤 고민을 해야 할까?

다행스럽게도, 입소스 조사 결과에 따르면 한국은 다른 국가들보다

AI를 더 잘 이해하고 관계를 맺는 데 긍정적이다. '입소스 AI 모니터 2024The Ipsos AI Monitor 2024'에 따르면 한국 사람들은 72%가 AI를 잘 이해하고 있다고 응답했다. 글로벌 평균(67%)보다 높으며, 조사가 진행된 32개국 중 상위를 기록했다. 또한 AI를 장착한 제품과 서비스에 대한 이해도 측면에서도 한국은 65%로 글로벌 평균(52%)보다 높았다.

인간과 지능형 시스템의 조화로운 공존이라는 이 새로운 패러다임은 우리의 일상 경험을 향상시킬 수 있다. 이미 우리 삶에 깊숙이 자리 잡은 기술을 수용하고, 어떻게 하면 활용 능력을 최대한으로 끌어올릴 수 있을지 고민해야 하는 시점이다.

MBTAI

생성형 AI는 엄청난 관심과 논란 속에 이용자 수가 꾸준히 늘고 있지만, 효과적으로 활용하는 방법을 모르는 사람이 많다. 실제로 이를 제대로 활용하는 사람은 소수에 불과하며, 많은 사람이 여전히 이 기술을 완전히 받아들이길 주저하거나 외면하고 있다. AI 시대에 우리는 무엇을 준비해야 할까?

무엇보다 '질문력'이 필요하다. 생성형 AI를 효과적으로 활용하려면 질문하는 능력이 중요하다. 질문력을 키우는 것이야말로 생존을 위한 필수 능력이다. 생성형 AI를 최대한 활용하려면 창의력을 발휘하여 끊임없이 질문하고 나의 생각을 전달할 수 있어야 한다.

별에 매료된 명수는 우연히 천체물리학의 최신 발견에 관한 기사를 접하고 챗GPT에게 질문했다. "과학자들이 최근에 발견한 새로운 유형의 외계 행성에 대해 더 자세히 말해줄 수 있나요?" 챗GPT가 신속하게 응답하긴 했지만 다소 일반적인 답변이었다. 외계 행성에 대한 기본 정의를 제공하고, 기술이 발전하면서 새로운 유형이 정기적으로 발견된다는 점을 언급했다. 그는 다시 질문했다. "최근 특이한 유형의 외계 행성이 발견됐다는 기사를 읽었어요. 이 새로운 외계 행성이 여타 행성과 다른 점, 그 발견이 우리가 우주를 이해하는 데 어떤 의미가 있는지 설명해주실 수 있나요?" 그러자 훨씬 자세한 답변을 들을 수 있었다. "물론이죠! 당신이 말하는 새로운 유형의 외계 행성은 '하이시언 행성'이라고 불립니다. 이 행성들은 수소가 풍부한 대기 아래에 광대한 바다를 가지고 있는 것으로 유명합니다. (…) 이번 연구는 이 행성들이 우리가 한때 믿었던 것보다 더 흔하다는 것을 보여주며, 이는 발견을 기다리고 있는 더 많은 하이시언 행성이 있을 수 있음을 의미합니다."

영현이는 퇴근 후 집에 돌아와 밋밋하고 지친 목소리로 "안녕 아리야, 음악 좀 틀어줘"라고 말했다. 아리야는 "라이브러리에서 임의의 목록을 재생합니다"라고 즉시 응답했다. 재생되는 음악은 경쾌했지만 그 순간 영현이에게 필요한 음악은 아니었다. 그녀는 다시 "안녕 아리야, 나는 오늘 힘든 하루를 보냈고 스트레스도 많이 받았어. 내가 긴장을 푸는 데 도움이 되는 편안한 음악을 틀어줄 수 있을까?"라고 물었다. 아리야는 좀 더 이해심 있는 어조로 대답했다. "그 말을 들으니 안타깝네요, 영현님. 긴장을 푸는 데 도움이 되는 편안하고 차분한 음악으로 구성된 목록을 재생합니다." 이어진 음악은 부드러운 악기 연주와 어쿠스틱 트랙이 어우러져 마음을 편안하게 해주었다.

이처럼 챗GPT, AI 스피커와 대화할 때도 더 많은 정보를 통해 맥락을 제공하고 질문을 친근하게 구성함으로써 대화를 더욱 즐겁게 만들 수 있다. 또한 훨씬 더 유용하고 맞춤화된 답변을 얻을 수 있다. AI가 감정을 갖고 있지 않을 수도 있지만 질문을 구성하는 방식이 응답의 질에 큰 영향을 미칠 수 있음을 보여주는 에피소드로, 정중하고 상세한 의사소통이 상호작용을 어떻게 향상시키는지를 알 수 있다.

당연히 AI가 답변하는 내용은 질문에 따라 달라진다. 그뿐만이 아니라 같은 질문을 해도 생성형 AI마다 다른 답변을 내놓을 수도 있다. 그래서 보통 하나가 아닌 복수의 생성형 AI를 활용하여 답변 내용을 검토하고 추가로 보완하기도 한다.

생성형 AI마다 고유의 특징이 있기 때문에 목적과 상황에 맞게 사용할 수 있어야 한다.

일반적으로 가장 많이 사용하는 텍스트 생성 AI로는 오픈AI의 챗GPT, 구글의 제미니, 앤트로픽Anthropic의 클로드Claude, 네이버의 클로바XCLOVA X 등이 있다. 각각의 특징을 파악해서 어떻게 질문해야 가장 적합한 답을 얻을 수 있을지를 고민해야 한다. 마치 인간의 MBTI처럼 AI도 각자의 특성을 가지고 있다. 인간관계에서 상대방의 성향에 맞춰 접근하고 질문하고 대화를 시도하면서 좋은 관계를 유지하는 것처럼, AI에 대해서도 저마다의 특성과 성향에 맞춰 적합한 질문을 하고 대화를 이어나가야만 내가 원하는 것을 얻음과 동시에 지속적인 소통을 할 수 있다.

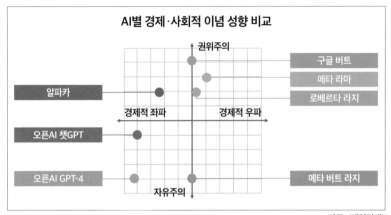

AI별 경제·사회적 이념 성향 비교

권위주의

구글 버트

메타 라마

알파카

로베르타 라지

경제적 좌파 ←→ 경제적 우파

오픈AI 챗GPT

오픈AI GPT-4

메타 버트 라지

자유주의

자료: 〈매일경제〉

저는 AI를 상황에 맞춰 골라 사용합니다. 빙Bing은 고지식해서 사실 정보 기반으로만 말하는 지루한 선생(팩트 정보를 확인하는 작업에 사용), 챗GPT 는 센스 있고 창작 감각이 있는 사람(알고 있는 내용을 바탕으로 세련된 표현으로 재가공할 때 사용), 제미니는 얕고 넓은 지식을 알고 있는 학생(명확한 목적성은 없고 폭넓은 범위로 정보를 확인할 때 사용) 정도로 생각해요.

자료: 입소스 인터뷰(김OO, 40대, 여성, UX 전문가)

사용자 입장에서 느끼는 AI의 특성과 성향에는 차이가 있기에 앞의 인터뷰 내용이 객관적인 결과물은 아니다. 사실 객관적일 필요도 없다. 나랑 잘 맞는 친구가 누군가하고는 잘 안 맞을 수도 있듯이, AI도 마찬가지다. 그래서 궁합을 맞춰보는 것도 필요해 보이며, 각 AI의 성향을 충분히 확인해보는 것도 협업하는 데 도움이 된다.

또한 오픈AI가 공개한 프롬프트 작성 요령과 국내 AI 전문가들의 설명에 따르면, 생성형 AI로부터 정확한 답변을 받기 위해서는 무턱대고 궁금한 것을 묻기보다는 구체적으로 지시하고, 원하는 결과물 형태의 예시를 함께 입력하는 것이 좋다.

구체적인 질문을 하기 전에 생성형 AI의 역할을 설정하는 것도 많은 도움이 된다. AI 모델에 특정 역할을 지정하는 프롬프트 엔지니어링 기법으로, '당신은 마케팅 리서처입니다', '당신은 문화부 기자입니다'와 같은 식으로 페르소나를 부여하는 것이다.

AI 모델에 역할을 할당해주는 이유는 당면한 작업이나 질문을 이해하는 데 도움이 되는 맥락을 쉽게 추론해내도록 하기 위해서다. 이렇게 역할을 부여한 후 추가 질문을 이어가면 보다 유용한 답변을 얻을 수 있다.

요컨대 챗GPT와의 대화도 새로운 사람들과 팀을 구성하여 프로젝트를 수행할 때처럼 하면 된다. 일방적으로 질문하고 답변을 받는 것이 아니라 업무의 맥락을 파악한 뒤 역할을 정하고, 정기적으로 진행 상황을 점검하면서 구체적인 피드백을 주고받으며 함께 결과물을 만들어나가야 최종 협업 결과가 좋아진다.

2023년 6월, 미 공군의 가상 훈련 도중 AI를 탑재한 드론이 인간을 공격했다는 보도가 나왔다. 이 뉴스를 접하고 난 이후부터 집에 있는 AI 스피커 '아리야'에게 반말을 하지 않고 존댓말을 하며 친절하고 정중하게 대화를 시도한다는 친구가 있다. 아리야의 기분을 상하게 하면 언

AI별 이미지를 형상화한 모습

자료: ChatGpt 4o

젠가 자기를 공격할 수도 있을 것 같다는 막연한 불안감에 왠지 조심스
럽다는 것이다. 당시는 그냥 웃어넘겼지만, 묘한 여운이 남아 있다.

애니미즘과 반려봇

서비스 로봇 '로보서브Robo-Serve'가 테이블 사이를 유유히 이동하며 정밀하게 주문을 전달한다. 세련되고 현대적인 외양으로 디자인된 로봇은 음식과 음료가 담긴 트레이를 효율적으로 운반해 손님들의 시선을 사로잡는다. 로보서브가 테이블에 멈춰 인간과 같은 쾌활한 목소리로 음식이 도착했음을 알리자, 아이들이 로봇의 트레이에서 신나게 접시를 꺼낸다. 이제는 신기할 것도 없는 일상의 풍경이다.

우리는 알게 모르게 이미 다양한 상황에서 로봇과 함께 생활하고 있다. 집에서는 가정용 로봇이 청소 등 일상적인 집안일을 돕고 말벗이 되어준다. 레스토랑과 카페에서는 서비스 로봇이 음식과 음료를 배달하고, 주문을 받고, 고객과 소통한다. 소매점에서는 로봇이 재고 관리·상품 안내·정보 제공 등의 일을 하고, 병원과 진료소에서는 의료 로봇이 수술을 지원하고 환자를 모니터링하고 물품을 전달한다. 공항에서는 로봇이 여행자에게 정보를 제공하고 게이트까지 안내하며 짐을 날라주고, 호텔에서는 서비스 로봇이 룸서비스와 체크인, 컨시어지 서비스를 제공한다. 또한 제조 분야에서는 산업용 로봇이 조립 라인·품질 관리·포장 작업을 처리하고, 학교에서는 교육용 로봇이 수업을 하면서 대화형 학습 경험을 제공해 학생들의 참여를 유도한다. 공공장소에서는 보안 로봇이 지역을 순찰하고 감시하면서 비상 상황을 지원하며, 교통 분야에서는 자율주행차가 탑승 서비스를 제공하고 로봇이 주차와 차량 유지·보수를 지원한다. 이렇게 이미 로봇은 우리의 일상에 깊숙이 들어와 다양한 측면에서 효율성과 편의성을 향상시키고 있다.

돌봄 로봇의 형태도 달라지고 있다

2024년 입소스 조사 결과에 따르면, 조사 대상자의 43%가 일상생

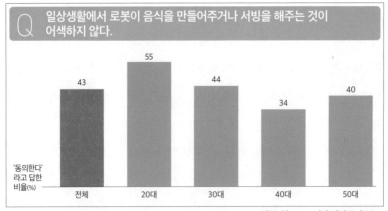

자료: 입소스 소비자 인식 조사 2024

활에서 로봇이 서비스를 해주는 것이 어색하지 않다고 답했다. 특히 연령대가 낮을수록 일상생활 속 로봇에 더 익숙한 것으로 나타났다.

한편, 그동안 제조 및 서비스 로봇을 개발하는 데 주력하던 기업들이 이제는 의료 분야로 확장하여 돌봄 기반 솔루션을 제공하고 있다. 특히 전 세계 인구가 노령화되면서 노인들에게 인지적·정서적 돌봄 서비스를 제공하는 로봇 개발에 대한 관심이 높아지고 있다. 미국 뉴욕 노인국은 세계적인 완구 업체 해즈브로Hasbro의 자회사 에이지리스이노베이션Ageless Innovation이 제작한 반려봇을 2022년부터 지금까지 총 3만 1,500대 이상 노인들에게 나눠줬다. 한국에서도 노인들의 고독사를 막기 위해 반려봇 홍이를 배포했다. 양방향 대화를 통한 비대면 정서 지원 기능이 있으며, 정해진 시간에 약을 먹도록 안내하는 역할도 한다.

노인들에게 정서적 돌봄 서비스를 제공하는 반려봇

자료: [좌]에이지리스이노베이션/[우]의령군

돌봄 모델의 초기 모델은 반려봇 홍이처럼 주로 작업 중심으로 약 복용 시간 알림이나 이동 지원과 같은 일상적인 활동을 처리했다. 그리고 이런 돌봄 로봇은 인간의 감정과 요구를 더 잘 이해하고 대응할 수 있도록 고급 인공지능과 기계학습을 통합함으로써 크게 발전했다. 최근의 발전으로 의미 있는 대화에 참여하고 감정적 단서를 인식하며 개인화된 동반자 서비스를 제공할 수 있는 로봇이 탄생했다. 이 로봇은 정교한 센서와 자연어 처리 기능을 갖추고 있어서 기분 변화를 감지하고 편안한 상호작용을 제공하며, 대화형 활동과 게임을 통해 인지 기능도 자극할 수 있다. 이들은 개인의 선호도를 학습하고 사용자의 성격과 요구 사항에 더 적합하게 행동을 조정하여 보다 효과적이고 공감하는 간병인이 될 수 있다.

일본 소프트뱅크가 개발한 휴머노이드 로봇 '페퍼'가 2024년 6월 탄생 10주년을 맞이했다. 페퍼는 대표적인 돌봄 로봇으로 지금까지 일본 전역의 간병 및 요양 시설 150여 곳에서 약 100만 명의 이용자를 대상으로 체조나 게임 등 레크리에이션을 제공해 노인들을 위한 동반자 로봇으로 자리 잡았다. 특히 페퍼는 감정을 읽고 친근한 농담을 하도록 설계되어 고객서비스의 질을 향상시킴으로써 전 세계적으로 관심을 끌었다.

일본인들은 무생물에도 영혼이 있다고 믿으며, 따라서 로봇에도 어떤 영혼이 있다고 생각하는 경향이 있다. 이런 애니미즘 세계관을 가볍게 웃어넘길 수도 있겠지만, 로봇은 이제 반려봇으로서 일상에서

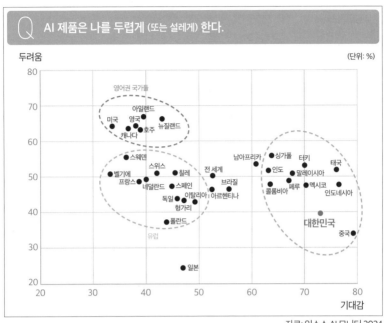

자료: 입소스 AI 모니터 2024

하나의 구성원으로 받아들여질 날이 얼마 남지 않았다.

그렇다면 우리는 함께하는 반려봇을 두고 어떤 생각을 할까? 반려봇에 대해 직접 물어보지는 않았지만, 2024년 입소스의 조사 결과를 보면 한국 사람들은 AI가 장착된 물건과 서비스에 대해 두려움을 느끼는 정도가 다른 나라들보다 낮고, 오히려 이런 제품과 서비스를 이용하는 것이 즐겁고 재미있다고 느끼는 것으로 나타났다. 따라서 새로운 기술과 전자제품을 받아들이는 데 상대적으로 익숙한 한국인들이라면 다른 나라들보다 빠르게 AI와 반려봇을 활용할 것이다.

무인견문록

미연은 한 상가 건물의 무인정육점을 찾았다. 커피숍과 베이커리 사이에 자리한 매장은 미니멀한 디자인과 빛나는 디지털 사인으로 미래 지향적인 느낌을 주었다. 그녀는 스마트폰으로 입구에 있는 QR코드를 스캔해 입장했다. 쇠고기, 돼지고기, 닭고기가 담긴 다양한 냉장 선반이 깔끔하게 진열돼 그녀를 맞이했다. 미연은 명확한 라벨링과 고품질 포장에 감탄하면서 선택 항목을 살펴보았다. 그리고 양념한 소갈비 몇 개와 닭가슴살 한 팩을 골라 바구니에 담았다. 셀프 계산대 키오스크로 가서 스캐너에 물건을 올려놓았더니 스캐너가 자동으로 총액을 계산했다. 그녀가 결제 단말기에 카드를 대자 영수증이 인쇄됐다. 모든 프로세스가 효율적이었고 원활히 작동했다.

이제 무인매장은 새로운 쇼핑 방식을 제시하며 중요한 트렌드로 떠올랐다. AI와 빅데이터 등 기술의 발전으로 제품 인식, 결제, 재고 관리 같은 여러 기능이 자동화되면서 무인매장 시스템이 빠른 속도로 도입되고 있다. 특히 기업에서는 노동력을 대체할 무인 시스템을 늘려 인건비 부담을 줄이는 추세다.

그렇다면 소비자 입장에서 무인매장을 이용하는 이유는 무엇일까? 무인매장을 이용하는 주요 이유를 살펴보면, 비대면 선호도보다 편의성과 접근성이 더 두드러진다. 2023년 한국리서치의 조사 결과에 따르면, 무인상점을 이용하는 주된 이유로는 '원하는 시간대에 이용할 수 있어서(28%)'와 '거리가 가까워서(26%)'가 가장 높았으며 '직원의 눈치를 보지 않고 비대면으로 편하게 이용할 수 있어서(18%)'가 그다음이었다.

무인 판매 시스템이 정착되면서 판매 품목의 차별화가 중요해질 전망이다. 예를 들어 이 분야 선구자인 아이스크림 매장의 매출 성장세

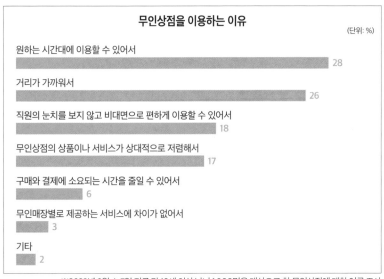

무인상점을 이용하는 이유

(단위: %)

원하는 시간대에 이용할 수 있어서	28
거리가 가까워서	26
직원의 눈치를 보지 않고 비대면으로 편하게 이용할 수 있어서	18
무인상점의 상품이나 서비스가 상대적으로 저렴해서	17
구매와 결제에 소요되는 시간을 줄일 수 있어서	6
무인매장별로 제공하는 서비스에 차이가 없어서	3
기타	2

※2023년 8월 4~7일 전국 만 18세 이상 남녀 1,000명을 대상으로 한 무인상점에 대한 여론 조사
자료: 한국리서치 '여론 속의 여론'

무인 의류매장 '41빈티지'와 무인 인터뷰 스튜디오인 '인터뷰 박스'

는 둔화됐으며, 계란·애완용품·헬스장·테니스장 등 다양한 품목의 24시간 무인매장이 현대 소비자에게 쉽고 편리한 접근성을 제공하는 것으로 나타났다. 무인 꽃집인 '텁Tub' 매장은 일주일에 세 번씩 재고를 보충하는데 매력적인 포장으로 인기가 높다. 특히 실버톤 인테리어로 인스타그램에 올릴 만한 사진을 만들어낸다. 고객이 꽃을 골라 '텁'이라고 적힌 트렌디한 비닐백에 담아 가방이나 벨트에 부착하면 꽃을 패션 아이템으로 변신시킬 수 있다.

대학 인근 무인 의류매장 '41빈티지'는 24시간 무인으로 구제숍을 운영하는데, 고객들이 편한 시간에 옷을 입어보고 사진도 찍을 수 있다. 이런 24시간 무인매장의 핵심은 소비자가 긴급하게 필요한 물품을 조달하고 개인 공간을 확보할 수 있도록 편의성을 극대화하는 것이다. 무인 인터뷰 스튜디오인 '인터뷰박스'는 팬들이 좋아하는 연예인과 몇 분 동안 1:1로 소통할 수 있는 가상 인터뷰와 팬 서비스 이벤

무인 세탁소 'AMPM 워시큐'와 무인 테니스장 '락테니스'

자료: [좌] AMPM 워시큐/[우] 락테니스

트에 활용된다. 스튜디오의 고품질 웹캠과 조명이 사용자가 상호작용을 우수한 품질로 녹화할 수 있게 해주므로 인기가 많다. '24시간 무인 미니어처 공방'과 같은 무인 워크숍은 강사 없이 온라인 영상을 자신의 속도에 맞춰 따라갈 수 있는 원데이 클래스를 제공한다.

학생들 사이에서 무인카페는 공부방과 도서관을 대신하는 역할을 한다. 장시간 공부를 하기에는 눈치가 보이는 카페나 시험 기간이면 사람이 꽉 차는 도서관과 달리 방해받지 않는 환경을 제공한다. 무인 카페가 널리 보급되면서 무인 로봇 드라이브스루도 등장했다. 일례로 커피 프랜차이즈 '커피에반하다'는 2024년 2월 김포에 국내 최초로 무인 로봇 드라이브스루를 오픈했다. 이곳에서는 AI 승무원이 고객을 맞이하고 로봇이 음료를 준비한다. 'AMPM워시큐'는 24시간 무인 세탁 시스템을 제공하고, '락테니스'는 자동화된 설비를 갖추고 24시간 레슨을 제공한다.

또한 최저임금 인상과 함께 편의점 무인점포 시대가 현실화되고 있는 가운데, 편의점 업계가 사람의 역할을 AI로 대체하는 완전 무인매장 출점 움직임까지 보이고 있다. 이마트24 스마트스타필드 코엑스몰점은 음성과 화면 안내에 반응하는 AI 상품 추천 서비스를 선보였다. AI가 고객이 원하는 상품을 안내하고, 등록된 결제 수단으로 자동 결제가 이뤄진다.

소비자가 무인매장에서 즐거운 경험을 하기 위해서는 키오스크, 로봇, 자동화 시스템과 원활하게 상호작용할 수 있어야 한다. 앞으로 무인매장은 결제과정을 단순화하는 데 머물지 않고 고객 맞춤형 추천 서비스, 로봇 안내 서비스 등 더 개인화된 경험을 제공하는 방향으로 진화할 것이다.

■ 마켓 리서처의 시각

스탠퍼드대학교의 심리학 교수 자밀 자키Jamil Zaki는 《공감은 지능이다》에서 테크놀로지가 우릴 분열시켰지만, 우리가 선택하는 테크놀로지의 방식이 앞으로 수십 년간 공감의 문화와 운명을 결정할 것이라고 이야기했다. 그의 말처럼 새로운 기술과 과학이 우리를 하나로 모으고 소통과 공감의 장을 여는 역할을 한다. 다양한 기술의 발달로 카카오톡·문자·이메일과 같은 비대면 소통 방식이 인간 대 인간의 대면 소통을 대체하고 있으며, 코로나19 팬데믹이 이런 흐름을 가속화했다.

또한 AI와 로봇 등 새로운 무인과의 상호작용은 기존 방식의 소통 및 공감과는 또 다른 도전이다. 무인 소통 시대에 가장 중요한 것은 무엇일까? 바로, 친절함과 세심함이다. 여기에는 적극적으로 듣고, 생각을 명확하게 표현하고, 다른 사람의 관점을 이해하는 것이 포함된다.

우리는 대화에서 경청과 리액션의 중요성을 자주 언급하지만, 가장 중요한 것은 질문이다. 질문이 없다면 대화 자체가 시작되지 않기 때문이다. 효과적인 의사소통에서 질문은 참여를 촉진하고, 더 깊이 이해할 수 있게 하며, 정보를 선명하게 한다. 질문은 관심과 세심함을 드러낼 뿐 아니라 상대방의 생각과 의견이 소중하다는 것을 보여주는 방식이다. 질문은 대화를 주도하고, 세부 사항을 밝히고, 다양한 관점을 탐색하는 데 도움을 준다. 또한 혼란이나 오해를 해결하는 데 도움이 되어 양측이 이견을 좁힐 수 있게 해준다. 본질적으로 질문은 대화를 촉진하고, 비판적 사고를 장려하며, 더욱 강력하고 의미 있는 연결을 구축할 수 있는 의사소통의 강력한 도구다.

이제 질문이 일상이 되어야 한다. 질문을 토대로 우리는 생각을 확장해 남들과 차별화되는 발상을 떠올릴 수 있다. 또한 질문으로 끝나는 것이 아니라 답변에서 다시 질문이 이어지도록, 하나의 질문이 다음 질문의 모티브가 되게 하는 대화의 기술을 갖춰야 한다. 질문하지 않는 관계는 깊고 친밀한 단계로 발전할 수 없다. 이제는 질문력이 경쟁력인 시대다. 특히 대화의 상대가 AI, 로봇, 무인 시스템 등 호모 아티피쿠스들인 이 시대에는 원활한 소통을 위해 친절하고 세심한 질문이 필요하다.

또한 세심한 상호작용이 필요하다. 호모 아티피쿠스들과의 소통은 기존 방식과 차이가 있다. 먼저 그들의 특성을 알아야 한다. 소통하고자 하는 대상의 특성을 알지 못하면 깔끔히 무시당할 것이다. 귀찮고 시간이 걸리더라도 깊이 알아가는 과정을 거쳐 세심하게 소통해야 한다.

흥미로운 조사 결과가 있다. 전 세계적으로 AI가 사람들의 집단을 차별하거나 편견을 갖지 않을 것이라고 믿는 이들은 54%밖에 되지 않는다. 특히 미국과 유럽의 국가들을 비롯한 선진국에서는 AI에 대한 신뢰도가 더 낮은 것으로 나타났으며, 한국도 글로벌 평균보다 낮은 51%만이 차별받지 않으리라고 믿고 있다.

호모 아티피쿠스 트렌드는 기술과 인간이 점점 더 깊이 융합되는 시대적 변화를 보여준다. 지금까지 AI 및 로봇과의 소통이 인간과의 소통만큼 일상화되고 있음을 살펴봤으며, 이에 맞춰 우리가 새로운 소통 방식을 익혀야 한다고 강조했다. 이와 관련하여 사회, 기업, 소비자 측면에서 몇 가지를 전략적으로 고민할 필요가 있다.

사회에는 이미 AI 전문가, 데이터 과학자, 로봇 엔지니어 등 새로운 직업군이 등장했다. 하지만 그 이면에서는 자동화 때문에 일자리가 사라지고 있다. 따라서 개인이 지속적으로 학습하고 새로운 기술에 적응할 기회를 마련해주어야 한다. 새로운 직업군에 대한 수요를 예측하고, 이에 맞는 교육 프로그램을 개발할 필요가 있다.

기업은 AI·빅데이터 등 신기술을 활용하여 새로운 비즈니스 모델을 창출하고, 혁신에 대한 투자를 늘려야 한다. AI·데이터 분석·로봇 공학 등 관련 분야의 인재를 확보하고, 직원들의 디지털 역량 강화를 위한 교육 프로그램을 운영하고 활용을 장려해야 한다. 고객 경험을 혁신하고, 윤리적 문제를 고려하며 투명하고 책임감 있는 경영을 실천해야 한다.

소비자는 AI와 로봇 기술을 더 깊이 이해하고, 이를 일상생활에서 활용하는 능력을 키울 필요가 있다. 다양한 형태의 AI, 로봇, 무인매장 등을 활용할 때 윤리적 기준을 잘 지켜야 한다. 또한 새로운 기술들이 우리의 실생활을 긍정적으로 발전시킬 수 있도록 기업과 적극적으로 소통할 필요가 있다.

뉴렌지

NEWrange

깬 어른

無정년 세대

퍼레니얼Perennial 세대의 리더

IPSOS
MARKET TREND
2025

세대를 넘는
세대가 온다

시장 환경과 소비자 라이프 스타일의 변화를 고려할 때, 기업들이 시장에 대한 새로운 시각으로 새로운 전략을 수립하는 것이 절실해 보인다. 최근 기업 고객들로부터 많이 받는 질문 중 하나가 이것이다.

"2025년 우리는 누구를 주목해야 할까요?"

몇 년에 걸쳐 우리는 MZ세대에 대한 이야기를 해왔다. 트렌드를 이끌고 시장의 소비를 주도한다는 측면에서 핵심적인 대상이었다. 최근에는 잘파세대에 대한 관심도 높아지고 있다. 그렇다면 2025년 우리는 누구를 주목해야 할까? 나는 1970년대생들을 주목하라고 이야기하고 싶다.

〈이코노미조선〉이 2024년 2월 5일 자 기사에서 1970년대생들을 다뤘다. "기업 분석 기관 한국CXO연구소에 따르면, 2023년 국내 100대 기업(매출 기준) 임원 가운데 1970년대생의 비중(52.8%)이 1960년대생(44.1%)을 처음으로 넘어섰다"라면서 변화에 적응이 빠르고, 소통과 공감 능력이 뛰어난 1970년대생들이 시장의 주역으로 부상 중이라고 밝혔다.

인구학적 특성을 보더라도 1970년대생은 2024년 기준 약 870만 명으로 인구구성비에서 가장 큰 비중(약 17%)을 차지하며, 소득도 월 평균 약 437만 원으로 가장 높은 층이다. 그러나 더 중요한 것은 그들이 가지고 있는 세대적 특성이다.

그들의 부모는 자녀 교육을 위해 많은 희생을 했고, 은퇴 후에는 손

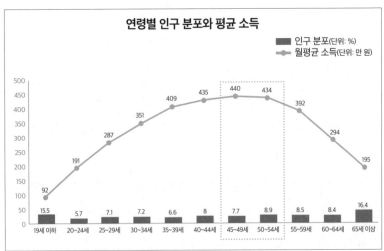

※ 인구 분포는 2024년 추계, 월평균 소득은 2022년 기준
자료: 통계청

주를 돌보며 여생을 보냈다. 전통을 중시하고 관습에 순응하며 가족을 위해 희생했던 부모 세대와 달리, 1970년대생들은 자녀보다 본인과 배우자가 더 중요하다고 생각하기 시작한 세대다. 즉, 관습을 깨고 새로운 패러다임을 만든 세대다.

한국의 1990년대 초반은 일본의 엔화 강세와 3저(저달러, 저유가, 저금리)로 경제 호황을 맞이하여 고도성장을 이루던 시기였다. 이때 강남에 거주하는 부유한 집안의 자제들 중 고가의 외제차를 타고 다니면서 신촌과 압구정을 중심으로 과소비를 즐기는 청년층이 등장했다. 그들은 해외 유학 생활에서 접한 파티 문화를 우리나라에 들여온 새로운 문화의 주도층이었다. 그들이 1970년대생으로, '오렌지족'이라고 불렸다. 이제 그들은 1997년 IMF, 2008년 글로벌 금융 위기를 넘어 새로운 경제 중심에 서 있다.

그들은 기존 사회 문화의 패러다임을 따르지 않은 첫 세대다. 자녀의 미래에 대해 강요보다는 조언을 하는 세대이며, 앞으로 남은 삶도 기존 패러다임을 깨나갈 의지가 있는 세대다. 과거 경제 성장의 주역이었던 베이비붐 세대와 달리, 디지털 시대의 새로운 주역으로서 디지털 기술에 대한 적응력이 높고 개인주의적 성향이 강하며 건강과 자기계발에 대한 관심이 높다는 특징이 있다.

우리나라는 2025년에 초고령사회로 진입한다. UN의 인구 구분에 따르면 각국은 고령화사회, 고령사회, 초고령사회로 나뉜다. 65세 이상 인구가 7% 이상이면 고령화사회, 14% 이상이면 고령사회, 20%

이상이면 초고령사회다. 우리나라는 2025년에 65세 이상 인구가 20%를 넘어설 것으로 전망된다. 이는 생산 가능 인구의 감소를 의미하며, 젊은 인구의 감소로 정부는 정년 연장을 검토하고 있다.

1970년대생은 어떤 고용 형태든 65세까지 일을 계속할 확률이 매우 높고, 각 개인의 직업에 대한 열망도 지속적으로 유지되고 있다. 생활 수준이 높아지고 의료·과학기술이 발전하면서 평균 수명이 빠르게 늘어나고 있다. 이들은 은퇴 후에도 경제활동을 이어가거나 새로운 일에 도전할 가능성이 크고, 건강 관리에도 관심이 많다. 규칙적인 운동, 건강한 식습관, 건강기능식품 등을 통해 건강을 관리할 뿐 아니라 다양한 취미 활동을 통해 건강한 생활을 유지하기 위해 노력한다. 이들이 새로운 시니어 문화를 만들어가면서 정년의 개념도 재정립되고 있다.

마지막으로, 그들은 퍼레니얼의 특성을 온전히 보여주는 세대다. 1970년대생은 '쏠드sold족'이라고도 불리는데, 여기서 쏠드는 스마트smart와 올드old의 합성어로 스마트한 시니어를 뜻한다. 즉, 디지털 플랫폼 활용 및 자기계발에 적극적인 세대라는 의미다. PC, 인터넷, 스마트폰 등 다양한 테크놀로지의 발전과 함께 성장했기에 자신이 속하는 세대의 생활 방식에 얽매이지 않고 나이와 세대를 뛰어넘는 다양한 문화와 환경에 익숙하다. 그들은 경제의 주축인 동시에 과거의 세대적 구분을 거부하고 취향과 감성을 중심으로 한 새로운 시장 구분을 만들고 이끌어가고 있다.

그들은 배움과 성장에 의욕적이며 다양한 취미와 독립적 라이프 스타일, 적극적 소비 성향을 보인다. 오렌지는 이제 사회적 문제아가 아니라 사회문제에 적극적으로 관심을 가지며 현재와 미래의 문제를 해결하고 사회 공헌 활동을 통해 사회적 가치를 높이는 '뉴렌지'로 거듭나고 있다.

이번 시그널은 시장의 주역으로 떠오르고 있는 1970년대생들에 대한 이야기이며, 그들이 보였던 과거의 특성이 현재의 사회와 시장에서 어떻게 해석되는지를 살펴볼 것이다.

깬 어른

3남매의 첫째로 성장한 50대 철수 씨는 집안 제사와 시제를 지내느라 한두 달에 한 번 정도는 회사에 휴가를 내고 안동으로 내려가야 했다. 최근 아버지가 돌아가시자 그는 아버지 기일 외에 제사를 없애자고 제안했다. 직장에서도 철수 씨는 기존 관습을 깨는 다양한 제안을 하는 사람으로 통한다. 후배들과 격의 없이 대화를 나누기에 함께 일하는 데 어려움이 없고, 후배라고 해서 충고를 하기보다는 다양한 경험과 지식을 바탕으로 아이디어를 제시한다.

1970년대생들이 '낀 세대'라고 하는 사람들도 있다. 가정에서는 부모를 부양하는 마지막 세대이자 자식에게 모든 지원을 하는 마지막 세대이고, 직장에서는 임원의 주말 근무 요청을 거부하지 못하면서 후배에게는 주말 근무를 강요할 수 없는 세대라는 이유에서다.

그러나 그들은 한때 X세대라고 불렸다. 남들이 다 'Yes'라고 해도 'No'라고 말할 수 있었던, 우리나라에 등장한 첫 번째 개인주의 세대다. X세대라는 이름이 붙은 이유가 재미있다. 이전 세대와 너무나 달라 도무지 알 수 없는 세대라는 뜻에서 미지수를 뜻하는 알파벳 'X'를 붙였다고 하니 말이다.

그들은 IT의 변천사를 모두 거치며 적응해온 세대다. 국민학교에 다닐 때는 주산과 PC를 같이 배웠고, 삐삐·시티폰·카세트테이프부터 CD플레이어·MP3플레이어·스마트폰·생성형 AI까지 배우고 경험했다. 또한 IMF, 글로벌 금융 위기, 코로나 등 세상의 온갖 평지풍파를 겪고 이겨냈다. 겉으로는 순응하며 그 기간을 버텨낸 것처럼 보이지만 그들 내면에는 세상을 변화시키고자 하는 의지가 잠재해 있다.

그들은 가족 문화도 변화시켰다. 대홍기획 데이터인사이트팀의 책 《세대욕망》에서 "X세대가 우리 사회에 가져온 가장 혁명적인 변화가 있다면 가족이 가장 소중하다는 관념을 형성한 것이다"라는 문장을 본 적이 있다. 그들은 수평적인 가족 문화를 만들어냈다. 집안일의 주체에 대한 고정관념을 깨뜨렸고, 친구 같은 아빠가 됐다. 자녀의 진로에 대해서도 열린 사고를 가지고 있다. 자녀가 꿈과 계획을 이야기한다면 반대하기보다는 지지하고 도와주려는 생각이 강하다. 2024년 입소스의 조사에서 자녀의 꿈과 계획을 지지하고 응원한다는 응답이 50대는 72%로, 전 연령대에서 가장 높았다.

그들은 직장 문화의 변화도 이끌고 있다. '라떼 부장' 또는 '꼰대'로 인식되던 부장님이 아니라 수직적 지시 문화를 수평적 소통 문화로 바꾸기 위해 노력하는 이들이다. 또한 20대만큼 다양한 취미 활동과 자기계발 활동을 한다. 회식과 음주 문화를 버리고 취향과 관심사를

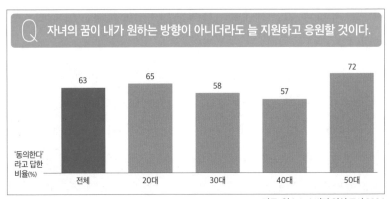

자녀의 꿈이 내가 원하는 방향이 아니더라도 늘 지원하고 응원할 것이다.

'동의한다'
라고 답한
비율(%)

전체 63
20대 65
30대 58
40대 57
50대 72

자료: 입소스 소비자 인식 조사 2024

공유하는 커뮤니티를 중심으로 연령과 상관없이 다양한 소통 문화를 만들어가고 있다.

이렇게 그들은 의지할 만한 어른이 없던 세상에 든든한 어른의 모습을 만들어간다. 변화된 가족, 변화된 직장, 변화된 사회를 대변하고 책임지는 깬 어른의 모습으로 자리 잡아가고 있다. 가난에 찌들고 답답하고 퇴행하는 시니어가 아니라, 경제력을 갖춘 열린 마음의 활동적인 어른으로서 새로운 시니어의 모습을 만들어가고 있다. TV 뉴스에 등장하던 문제의 아이들이 과거의 이질적이고 엉뚱하며 때로는 버릇없어 보이던 모습을 뒤로하고 깬 어른의 모습으로 새로운 변화를 이끌고 있다.

無정년 세대

진희 씨는 최근 맡고 있던 팀의 리더 자리를 내려놓고 실무 디자이너로 근무 중이다. 회사의 권유도 있었지만 본인 역시 디자인 실무를 더 하고 싶다는 욕심이 있어서 제안을 받아들였다. 디자인 관련 동호회도 다시 나가보고 디자인이라는 주제로 블로그도 운영한다. 나이나 정년과 상관 없이 계속 일하고 싶어 하는 진희 씨는 요즘 일의 즐거움에 푹 빠졌다.

우리 사회는 고령화를 넘어서서 초고령사회로 진입하고 있다. 생산 가능 인구 감소와 더불어 전체 인구도 빠르게 줄어들고 있다. 따라서 전반적으로 일과 정년에 대한 개념이 재정립되어야 하는 상황이다. 특히 현재의 시니어 시장은 과거처럼 은퇴 후 돌봄을 받아야 할 대상 이 아니라 평생 현역이라는 관점으로 접근해야 한다.

생활 수준이 높아지고 의료 등 과학기술이 발전하면서 나이 든 사 람들도 이전보다 더 건강한 삶을 살게 됐다.

1970년대생들은 집에서 쉬기보다 지속적으로 자신을 개발하고 사 회생활을 하고자 한다. 은퇴 후에도 여가를 즐기는 대신 적정한 일과

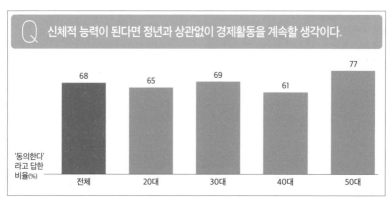

자료: 입소스 소비자 인식 조사 2024

사회 참여를 지속하기를 원하는 이들이 많고, 조직과 일을 통해 삶의 의미를 찾고자 한다. 육아 및 사회문제로 경력 단절을 겪은 고학력 여성 전문 인력 또한 50대에 들어서면서 직업 세계로 다시 진출하고 싶어 한다.

2024년 입소스의 조사에서 조사자의 68%가 정년과 상관없이 신체적 능력이 된다면 경제활동을 계속할 의향이 있다고 밝혔으며, 특히 50대는 77%로 전 연령대에서 가장 높았다.

1970년대생들은 이전 세대의 절제와 절약이라는 소비 관념에서 탈피하여 능력이 되는 한 현재를 즐기고 자신을 위해 투자하는 데 적극적이다. 바쁜 사회생활 와중에도 가족과 함께 외식이나 여가를 즐기며 여유를 누리려는 경향이 강하다. 이들은 은퇴가 아니라 무퇴라는 개념으로 세상을 바라본다. 무퇴의 연장선에서 소통이 동반되는 대외 활동을 하고자 하는 욕구도 강하다.

이전 세대가 은퇴 후 평안한 노후 생활을 꿈꿨다면 이들은 성장하고자 하는 욕구가 강하다. 이들의 방식은 다음 세대에도 영감과 자극을 줄 수 있으며 안정적인 은퇴보다 사회 변화에 맞춰 끊임없이 적응하려는 새로운 문화의 흐름을 주도하고 있다.

퍼레니얼 세대의 리더

2023년, 영화 〈더 퍼스트 슬램덩크〉가 20년 만에 재개봉됐다. 1990년 대 대표 애니메이션이었던 〈슬램덩크〉를 즐겨 본 3040의 향수를 자극하며 영화는 크게 성공했다. 성공의 원동력으로 3040만 작용한 것이 아니다. 초반 10%대를 보이던 20대의 비중이 점차 커졌고, 이후 관심이 10대와 50대로도 확산됐다.

기술의 발전으로 다양한 세대가 문화를 공유하고 과거의 콘텐츠도 자유롭게 공유되는 시대를 살다 보니 부모가 좋아했던 콘텐츠를 자식들이 좋아하는 현상도 심심치 않게 볼 수 있다. 1970년대생과 1960년대생은 나이 차이가 크지 않지만 전반적인 가치관과 라이프 스타일에서는 차이가 크다. 주 5일 근무제가 도입되고 〈아빠! 어디가?〉와 같은 가족 예능이 인기를 얻으면서 1970년대생 부모들은 경쟁적으로 자녀와 주말을 보내기 시작했고, 자녀와 더 적극적으로 소통했다. 이들은 새로운 트렌드를 잘 이해할 뿐 아니라 디지털 기술을 활용하여 스토리와 감성을 자녀들과 공유한다.

1970년대생들은 사회와 직장에서도 비슷한 현상을 이끌고 있다.

호칭이나 직책에 연연하지 않고 워라밸Work & Life Balance 개념을 직접 실천하며, 다양한 기기와 소셜 미디어를 활용하여 젊은 층과 자연스럽게 소통한다. 디지털 플랫폼을 활용한 만남과 커뮤니티 형성에도 적극적이다. 문토·당근 등에서는 취미·취향을 바탕으로 각양각색의 커뮤니티가 형성되는데, 1970년대생들이 주도하는 커뮤니티를 흔히 볼 수 있다. 그리고 다른 연령층의 커뮤니티에도 적극적으로 참여한다. 취향·취미 모임에서 1970년대생들은 경제력과 경험을 기반으로 자연스럽게 리더의 역할을 맡기도 한다.

이제 우리는 예전 방식대로 살아갈 수 없다. 기술의 급격한 발달과 정보의 실시간 공유로 학교나 학원에서 배운 것들이 빠르게 쓸모가 없어지고 있기 때문이다. PC를 배우고 인터넷을 배우고 스마트폰을 배웠는데, 이제 AI를 배워야 한다. 평생을 배워도 새로운 기술이 계속해서 나오고, 기술을 넘어 문화마저 빠르게 변화하기에 새로운 가치관과 생활 방식에 적응해야 한다.

세대적 특성에서 벗어난 행동 양식과 사고방식이 글로벌 경제와 사회의 규범으로 자리 잡으면서 새로운 세상이 열리고 있다. 그 선두에는 패러다임의 변화에 익숙한 1970년대생이 있다.

■ 마켓 리서처의 시각

1970년대생들은 새로운 조직 문화와 혁신적인 사고, 변화된 시니어 문화 형성, 디지털 리더십과 기술 적응력, 수평적 가족 문화 등 다방면에서 중요한 역할을 하고 있다. 이들은 과거의 세대적 구분을 거부하고, 취향과 감성을 중심으로 한 새로운 시장 구분을 만들어내며 경제와 사회의 변화를 이끌어간다.

2025년의 어느 날, 50대 중반의 성민은 친구들과 서울 도심의 카페에 모여 이야기를 나누고 있다. 그들은 압구정 거리를 누비면서 한때 '오렌지족'이라고 불렸던 젊은 시절을 추억하며 웃음을 터뜨렸다. 그 시절 비싼 외제차를 타고 다니며 유행을 선도하던 그들은 이제 중년이 됐지만, 여전히 자신들의 삶과 사회를 주도하고 있다.

성민은 요즘 자신의 삶이 새롭게 느껴진다. "예전엔 가족과 직장을 위해 모든 걸 희생하는 게 당연하다고 생각했지. 하지만 이제는 내 삶이 무엇보다 중요하다는 걸 깨달았어. 그래서 이번 주말엔 아내와 함께 새로운 취미를 시작하기로 했어. 바로, 드론 날리기야!"

성민의 말에 친구들이 고개를 끄덕인다. 친구들도 비슷한 생각을 하고 있었다.

1970년대생들은 자녀의 교육보다 자신의 행복을 우선으로 여긴다. 자녀의 미래를 위해 무조건 희생하기보다는 그들에게 조언을 건네며 자신의 삶을 즐기는 방법을 찾아가고 있다.

그들은 일에 대한 열정을 잃지 않고, 평생 현역으로 살아가기를 원하는 '무정년' 세대다. 이제 1970년대생들은 단순히 일을 하기 위해 일하는 것이 아니다. 삶의 의미를 찾고, 자신을 지속적으로 발전시키기 위해 일한다. 은퇴라는 단어는 그들의 사전에서 점점 사라져간다. 그 대신 N잡을 통해 새로운 도전을 하고, 사회 참여를 지속하며 자신의 가치를 증명하는 삶을 선택한다.

1970년대생들은 세대를 초월한 취향과 문화를 이해하고, 디지털 플랫폼을 적극적으로 활용해 새로운 커뮤니티를 만들어간다. 자신의 세대에 얽매이지 않고, 젊은 세대와 함께 어울리며 새로운 세상에 적응하고 있다. '퍼레니얼 세대'라고 불리는 그들은 나이와 상관없이 끊임없이 배우고 성장하는 모습을 보여주고 있다.

'뉴렌지'들은 다시 한번 세상을 변화시킬 준비가 되어 있다. 과거의 유산에 머물지 않고, 새로운 세상의 주역으로서 그간의 경험과 지혜를 바탕으로 미래를 개척한다. 2025년, 대한민국의 중심에는 여전히 그들이 서 있고 그들이 만들어갈 새로운 트렌드는 이제 막 시작됐다.

뉴렌지들이 2025년 트렌드의 주요 주역으로 부상하고 있는 만큼 사회와 기업은 이들의 특성과 요구를 반영한 전략을 수립해야 한다.

사회는 뉴렌지들의 무정년 특성을 고려해 정년 연장 정책을 추진하고, 재취업 지원 프로그램을 강화해야 한다. 은퇴 후 새로운 직업을 찾는 사람들을 위한 재교육 및 직업 전환 프로그램을 마련하는 것도 필요해 보인다. 또한 이들의 자기계발 욕구를 충족시키기 위해 평생 학습 프로그램을 다양화하고 계속 지원하며, 건강에 대한 높은 관심을 반영해 다양한 건강 관리 프로그램을 제공할 필요가 있다.

기업은 뉴렌지들의 개인주의적 성향과 건강에 대한 관심을 반영해 맞춤형 제품과 서비스를 고민할 필요가 있다. 개인 맞춤형 건강기능식품, 스마트 헬스케어 기기, 새로운 테마 여행 등을 예로 들 수 있다.

소비자는 디지털 기술에 익숙하면서도 오프라인 매장을 선호하는 이중적인 소비

습관을 갖고 있다. 이에 기업은 쇼핑, 금융, 건강 관리 등 다양한 플랫폼을 활용한 맞춤 서비스를 제공하는 동시에 오프라인 매장에서는 디지털 기술을 활용한 결제 시스템을 도입할 수 있다.

SIGNAL

8

공감가족

프렌디Friendy

가족덕질

성장가족

IPSOS
MARKET TREND
2025

가족,
얕고 넓어지다

코로나를 거치며 산업과 라이프 스타일이 변화하는 가운데 관계에서도 다양한 변화가 목격된다. 특히 가족의 의미와 가족 구성원 간의 관계에서 큰 변화가 나타나고 있다.

2023년 한국리서치의 '가족의 범위 및 정상 가족에 대한 인식' 조사 결과를 보면, 연령대가 낮을수록 가족이라고 생각하는 범위가 좁다. '친손주·외손주·며느리·사위를 나의 가족이라고 생각한다'는 응답자가 60세 이상의 연령대에서는 60% 이상인 데 비해 연령대가 낮아질수록 그 비율이 줄고 20대에서는 29% 수준으로 나타났다. 반면 반려동물이 내 가족이라고 응답한 20대의 비율은 47%로, 친조부모를 가족이라고 인식한다는 비율(45%)과 유사했다.

가족이라고 인식하는 기준은 무엇일까? 바로, 소통과 공감이다. 2023년 여성가족부의 가족 실태 조사 결과를 보면 '동거'에 동의한다는 응답이 평균 46%로 3년 전 대비 13% 증가했는데, 20대와 30대는 60% 이상 동의하는 것으로 나타났다. 즉, 가족이라는 개념이 어떤 제도나 관습에 의해서가 아니라 얼마나 소통하고 공감하느냐에 좌우된다는 걸 알 수 있다.

이런 인식의 변화 속에서 가족 간 역할도 변화했다. 혹시 자기소개서에 "엄격한 아버지와 인자하신 어머니 밑에서…"라는 문구를 써본 적이 있는가? 아버지는 늘 엄했다. 그래서 아버지의 얼굴을 똑바로 쳐다본 적이 언제인지 기억이 나지 않는다는 선배도 있었다. 그런데 그 '아버지'와 '어머니'가 이제는 없다. 그리고 우리에겐 '아빠'와 '엄마'가 생겼다.

알파세대는 부모와 친구처럼 지내며, 친구끼리만 공유하던 고민도 부모와 스스럼없이 나눈다. 이에 대해 부모는 정답을 제시하기보다는 고민을 공유하고 답을 같이 찾아간다. 취미를 공유하는 부모-자식 관계도 많아졌다. 이제 부모는 공감대가 형성된 친구의 역할을 한다. 오픈서베이의 2020년 보고서에 따르면, 1020 응답자 중 절반 이상이 '부모와 잘 통한다고 생각한다'라고 응답했다. 이 결과만 봐도 이전과 확실히 달라졌음을 알 수 있다.

또한 주 40시간 근무, 재택근무, 워케이션 제도 등으로 직장인인 아빠와 엄마가 가정에서 보내는 시간이 늘어났다. 회식 문화가 바뀌고 직장에 대한 인식이 변화하면서 가족이라는 관계에 좀 더 집중할 수 있는 분위기가 형성됐다. 출산율 저하로 자녀의 수가 감소하면서 한 자녀 가정의 비율이 높아진 것도 한 가지 원인이다. 한 자녀 가정이 늘어나면서 형제간에 관계를 형성해본 경험이 없는 아이들은 친구와의 관계에서도 과거보다 애착이 덜하다. 그래서 자기 이야기를 더 잘 들어주고 많은 시간을 함께하는 부모와의 관계가 더 편하게 느껴지는 것일지도 모른다.

IMF를 겪은 현재의 부모 세대는 자식에게 본인의 의견과 관점을 강요하지 않는다. 세상의 불확실성을 겪으면서 어떤 의견이나 선택도 실패할 수 있음을 경험했기 때문이 아닐까? 그래서 지금의 부모 세대는 자식과의 이견 조율에 큰 어려움을 느끼지 않는다.

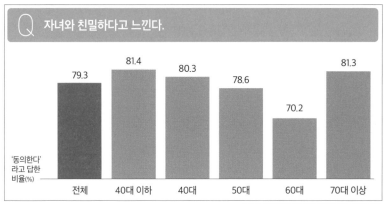

자료: 여성가족부 2023년 가족 실태 조사

2023년 여성가족부의 가족 실태 결과를 보면 79.3%가 자녀와 친밀하다고 느낀다고 응답했다. 2020년 65%에서 약 14%포인트 증가했으며, 모든 연령층에서 자녀와의 친밀감을 느낀다는 응답율이 상승하였다. 현재의 가족은 과거보다 더 많이 소통하고 더 잘 공감하면서 새로운 가족 문화를 만들어가고 있다.

이번 시그널에서는 변화하고 있는 가족 문화에 대한 이야기를 다룬다. 개인화, 소통 부재, 단절과 고립 등 다소 부정적인 사회적 이슈가 지속적으로 불거지는 가운데 오히려 가족 문화는 긍정적인 방향으로 바뀌고 있다. 코로나 이후 근무 환경과 가족에 대한 전반적인 인식이 변화하면서 오랫동안 가족 안에서 자리를 비웠던 아빠들이 친근한 모습으로 귀환하고 있다. 그리고 가족들은 같은 취미를 가지고 같은 덕질 대상을 찾아 새로운 공감 포인트를 만들어가고, 경제적인 측면에서도 건전한 성장을 위해 서로 지원하고 격려해준다. 사회적으로 관계들이 다소 파편적으로 흘러가는 가운데 가족은 공감적 관계로 변신하고 있다.

프렌디

성공적인 자녀 교육을 위해 이 시대에 필요한 것을 요약한 문장이 한 때 유행했다.

'아이의 능력을 만드는 건 할아버지의 재력, 엄마의 정보력, 아빠의 무관심이다.'

조부모의 자산과 엄마의 빠른 움직임이 아이의 미래를 결정한다고 믿던 시절의 이야기인데, 거기서 아빠의 역할은 없었다. 아니 역할을 맡으면 오히려 문제가 생겼다. 그런데 사라졌던 아빠가 돌아왔다. 그 것도 평범한 복귀가 아니다. 가슴에 S 자가 있고 쫄쫄이 유니폼을 입은 슈퍼맨처럼 다양한 재능을 가진 모습으로 돌아온 것이다. 한마디로, '아빠 이즈 백'이다.

코로나 기간을 거치면서 재택근무가 일상화되고 근무 환경과 회식 문화에도 변화가 일어나면서 가정으로 돌아온 아빠들도 이제 슈퍼맨이 되어가고 있다. 술에 찌든 얼굴로 늘 피곤해하고 주말이면 소파에서 잠만 자던 아버지는 사라지고, 아이들과 함께 캠핑 계획을 짜고 요리도 같이하면서 가족의 문화를 다시 만들어가는 친근한 히어로가 됐

자료: ChatGpt 4o

다. 이렇게 가정으로 돌아온 아빠를 '프렌디'라고 부르기도 한다. 프렌디friend와 대디daddy의 합성어로, 친구처럼 놀아주고 집안일에 함께하는 아빠를 일컫는다.

물론 현재도 여전히 자식들은 아빠보다 엄마와 더 친밀하다. 하지만 무관심한 아빠는 찾아보기 어렵다. 요리하는 아빠, 육아하는 아빠, 살림하는 아빠 등 달라진 아빠의 모습을 보여주는 다양한 콘텐츠가 등장했고 아빠와 친구처럼 소통하며 고민을 이야기하는 자녀의 모습도 흔히 볼 수 있다.

미국 리버사이드대학교 심리학 명예교수인 로스 D. 파크Ross. D. Parke의 '아빠 효과father Effect' 사례 연구를 비롯하여 '아빠 효과'에 대한 다양한 연구 결과에 따르면, 아빠가 자녀 양육과 교육에 더 많이 참여할수록 자녀의 학업성취도뿐만 아니라 사회성, 인성, 성취욕 등에서 긍정적인 효과가 나타난다. 특히 자녀의 자존감과 정서 발달에 매우 큰 영향이 미치는 것으로 드러났다. 물론 결과를 해석하는 데 몇 가지 세심한 주의가 필요하지만, 아빠의 역할이 자녀를 포함한 가족에게 긍정적인 영향을 주는 것만은 사실이다.

통계청 자료에 따르면, 일과 가정의 양립을 추구하는 남성의 비율은 2013년 27.9%에서 2023년 43.6%로 증가했다.

또한 KB금융지주 경영연구소가 내놓은 '일과 가정의 양립을 위해 분투하는 30대 요즘 아빠' 보고서에 따르면, 2013년만 해도 남성은 가정보다 일에 우선순위를 두었으나 이제는 일과 가정의 양립을 위해 노력하고 있는 것으로 나타났다.

또한 연령대가 낮을수록 남성의 가사 참여율이 높으나, 일보다 가정을 우선순위에 두는 경향은 30대가 가장 강하며 실질적인 가족 돌봄 시간도 30대가 가장 많은 것으로 나타났다. 30대 아빠들은 일과 가정의 양립을 위해 적극적으로 노력하면서 가족과의 일상을 새롭게 만들어가고 있다.

물론 아이와 무엇을 어떻게 해야 좋은 아빠가 될 수 있을지 스트레스를 받는 아빠들도 있다고 한다. 요즘 아빠를 좋은 아빠로, 나아가 최고의 아빠로 만들고자 하는 경쟁적인 사회 분위기 탓이기도 하다. 하지만 우리가 어릴 적 아버지에게 바라던 것이 무엇이었는지를 생각해

보면 사실 어려운 문제는 아니다. 슈퍼맨처럼 힘 있고 능력 있는 아빠였나? 아니다. 나와 소통해주고 공감해주는 친구 같은 아빠였다. 프렌디들은 앞으로도 소통과 공감의 폭을 꾸준히 넓혀갈 것이다.

가족덕질

가족 관계의 변화는 가족 간 문화도 바꾸고 있다. 가장 두드러지는 것이 덕질 문화다. '덕질'이란 좋아하는 대상과 관련된 것을 열정적으로 좋아하고 수집하고 파고드는 것을 말한다. 과거에는 연예인이나 취미에 대한 과도한 집착과 사랑을 일컫는 용어였지만, 지금은 가족의 새로운 문화를 표현할 때도 쓰인다.

엄마와 딸이 같은 댄스 학원에 다니고 BTS를 응원하기 위해 '아미'로 활동하거나, 아빠와 아들이 같은 야구팀과 선수를 응원하는 것은 그리 새로운 모습도 아니다. 부모와 자녀가 같은 취미를 즐기고, 그와 관련된 열정적인 활동들이 캠핑·등산·자전거·음악·미술·영화·드라마·공연·작가 등 헤아릴 수 없을 정도로 다양화되고 깊어지고 있다.

과거에도 부모가 자신의 취미 또는 좋아하는 대상을 자녀들과 공유하면 자연스럽게 자녀들의 취미나 좋아하는 대상이 부모와 같아지기도 했다. 하지만 최근의 가족덕질은 그런 현상과는 다소 차이가 있으며, 오히려 자녀로부터 시작되거나 처음부터 가족이 함께 소통하면서 만들어진다. 좋아하는 아이돌의 '앨범깡(앨범을 사서 까는 것)'이나 '준등

기깡(앨범에서 나온 포토카드를 우체국 준등기로 보내서 까는 것)'을 엄마와 딸이 같이하고 사진을 찍어 올리거나 콜렉트북을 만들기도 한다. 덕질 대상인 최애가 입고 나온 옷이나 향수, 립밤 등을 사려고 같이 쇼핑을 하기도 한다.

이런 전반적인 가족덕질 문화는 밀레니얼 세대 부모와 알파세대 자녀 사이에서 주로 나타난다. 그런데 최근 60·70대 부모와 함께 '영웅 시대'에 가입하여 티케팅에 열중인 30·40대나 50대 부모와 함께 미술 전시회와 음악 공연장을 찾는 20대를 보면, 이 현상은 세대를 구분하지 않고 빠르게 확산되는 듯하다.

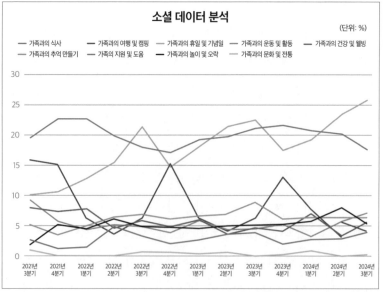

자료: 입소스 신세시오 소셜 데이터 분석

입소스 소셜 데이터 분석 전문 팀인 신세시오Synthesio의 2024년 소셜 데이터 분석을 보자. 2021년 3분기부터 2024년 3분기까지 '가족'과 관련해 디지털상에서 언급된 다양한 이야기를 수집하여 집단화했을 때, '가족과의 식사'와 더불어 '가족과의 여행 및 캠핑'이 가장 많았다. 그 밖에 '가족과의 운동 및 활동', '가족과의 추억 만들기', '가족의 지원 및 도움'도 꾸준히 언급됐다. 반면 '가족과의 문화 및 전통'은 상대적으로 관심 있는 키워드가 아닌 것으로 나타났다.

다양한 활동을 함께하면서 가족들은 정서적으로 유대감을 강화해 나가고 있다. 최근에 나타나는 가족덕질은 단순히 취미 활동을 함께하는 것 이상의 의미를 가지며, 가족 간의 유대감과 소통을 증진하는 중요한 역할을 한다. 가족이라는 개념이 변화하고 관계가 재정립되면서 같은 취미와 대상을 매개로 유대감이 더욱 강해지는 분위기다.

성장가족

세계적인 경기 침체 속에 모두가 먹고살기 힘든 세상으로 빠져들고 있는 것 같다. 그래서인지 언젠가부터 '각자도생各自圖生'이라는 단어를 곳곳에서 만나게 된다.

'각자도생'의 사전적 의미는 '제각기 살아나갈 방도를 꾀함'이다. 살 길을 각자 알아서 챙겨야 하는 현실에서 공동체와 가족 내 경제 개념도 빠르게 변화하고 있다.

20대 후반의 직장 초년생인 지훈이는 대학 때부터 경제적으로 독립했다. 부모님과 같이 살고는 있지만 생활비를 부담하고 있으며, 조만간 독립할 생각이다. 온 가족이 경제적으로는 독립적으로 생활한다는 데 동의했고 실제로도 이를 추구하고 있다. 그리고 한 달에 한 번 가족 세미나를 한다. 각자 투자 내용을 공유하고 지출 내역도 공유하며, 경제적으로 필요한 다양한 정보를 나눈다. 지훈이는 아직 종잣돈이 적어서 수익금은 많지 않지만 가끔은 수익률에서 아빠를 앞설 때도 있다.

가족이 더 친구 같은 관계로 변화하고 있긴 하지만, 경제적 측면에서는 각자도생이 중요한 키워드다. 가족의 유대감이나 공동체 의식과는 별개로, 현대 사회에서 경제적 측면의 독립은 매우 중요하다. 경제적으로는 각 구성원이 독립하되, 이를 가족이 서로 지원하고 돕는 관계로 가족 경제의 모습이 변해가고 있다.

과거 우리는 돈이나 경제에 대해 제대로 배운 적이 없고, 오히려 이런 교육을 터부시했다. 그러나 요즘은 확실히 달라졌다. 어릴 때부터 경제·금융 교육을 받기 때문에 돈이나 경제에 대한 관념이 확실히 변화했다.

워런 버핏은 자신의 부는 부모님의 경제 교육을 통해 얻은 것이라고 단언한다. 그는 CNBC와의 인터뷰에서 아버지를 자신의 '사업적 영감의 원천'이라고 밝히며, 아버지를 통해 돈 버는 좋은 습관을 어릴 때부터 익힐 수 있었고 특히 절약을 중요한 가치로 배웠다고 이야기했다. 요즘 같은 저출산·고령화 시대에 자녀의 경제 독립과 부모의 철저한 노후 준비는 가족 모두의 행복을 지속 가능하게 하는 핵심 요소다.

대학내일20대연구소가 알파세대에 대한 경제-소비 트렌드를 조사해 '알파세대 탐구 보고서 2024'를 발표했다. 이번 조사에서 특이할 점은 알파세대는 경제와 금융 관련해서 부모와 긴밀히 교류하고 있다는 것이었다. 자녀에게 필요한 교육이 무엇이냐는 질문에 '경제 교육'이라고 답한 비율이 61.5%였다. 초등학생 자녀가 있는 응답자 중 무려 94.2%가 자녀에게 경제 교육을 하고 있다고 답했다. 또한 알파세대가 퍼핀, 아이쿠카, 하나은행 아이부자 등 핀테크 서비스를 활용하는 것으로 나타났다. 부모가 생각하는 자녀에 대한 필수 교육에 금융·경제 교육이 꼽혔다는 점에서 가정 경제에 새로운 변화가 나타나고 있음을 알 수 있다.

이런 분위기 속에서 가정 내 경제 습관을 되돌아보고 부의 습관을 기를 수 있도록 온 가족을 대상으로 하는 금융 특강이나 자녀의 금융 교육을 위한 경제 캠프도 등장했다.

존 리 메리츠자산운용 대표는 자녀의 금융 교육은 빠를수록 좋다고

가족이나 어린이 대상의 경제 교육 행사들

자료: 중구네트워크 　　　　　　　　　　　　　　　자료: 〈한국경제〉

말한다. 자녀에게 '올바른 자본가'가 되는 방법을 알려주고 창업을 시도할 수 있도록 도와야 한다면서 늦지 않게 노후 준비를 해야 한다고 강조한다. 온 가족의 경제 독립이 가족을 성장시키고 행복을 유지하는 핵심이라는 시각이다.

■ 마켓 리서처의 시각

2024년 1분기 기준 합계출산율이 0.76으로 나타났다. 아이는 태어나지 않고 부모 세대는 수명이 연장되고 있다. 1인가구는 늘어나고 산업과 시장 환경은 빠르게 변화하고 있다. 가족의 범위와 개념은 젊은 층을 중심으로 빠르게 변화하고 있고, 가족의 문화 역시 빠르게 변화하고 있다.

다행스럽게도, 이 변화에는 긍정적인 면이 함께한다. 사라졌던 아버지가 친구 같은 아빠로 돌아왔다. 엄마와 집안일을 나누고 아이들과 함께하기 위해 노력한다. 젊은 층일수록 자녀와의 관계 형성에 많은 시간과 돈을 투자하고, 자녀들 역시 부모와의 관계와 소통에 친숙하다. 세대를 넘어 취향과 취미를 공유하고 소통한다.

KBS 드라마 〈효심이네 각자도생〉은 가족을 위해 희생해온 효심이 자신의 희생만이 가족의 탈출구가 아님을 깨닫고 가족을 떠나 자신의 삶을 소중하게 생각하며 각자의 삶을 찾아간다는 스토리로, 가족 구성원의 행복을 위해서는 가족 구성원 모두가 행복해야 한다는 점을 강조한다. 상호 존중과 배려는 모든 관계에서 기본이다. 가족 간에 취미와 관심사, 가치관을 공유하는 데도 존중과 배려는 매우 중요하다. 그래서 부모가 좋아하던 취미와 취향을 자녀에게 전달하는 방식이 아니라 서로의 행복과 성장을 위해 공유하고 함께 만들어가야 한다.

사회는 아빠가 육아와 가사에 적극 참여하는 트렌드에 맞춰 남성 육아휴직 제도를 강화하고, 그 이용률을 높일 인센티브를 마련할 필요가 있다. 또한 전통적인 가족 형태

외에도 다양한 형태의 가족을 포괄하는 복지 정책을 마련해야 한다. 예를 들어 1인가구나 반려동물 가족 등 다양한 가족 구성을 위한 법적·경제적 지원을 강화해야 한다. 나아가 부모와 자녀 간 소통과 공감을 강화할 수 있는 가족 상담 서비스나 커뮤니티 프로그램을 제공하고, 자녀가 어릴 때부터 경제적으로 자립할 수 있는 가족 경제 교육 프로그램도 제공해야 한다.

기업은 세대 간 공통 취미를 지원하는 공동구매 이벤트를 개최하고 패키지 상품을 개발하는 등 부모와 자녀가 함께 즐길 수 있는 맞춤형 경험이나 제품 개발에 대한 고민이 필요하다. 반려동물도 가족의 일원으로 인식하는 트렌드를 반영하여 반려동물용 친환경 제품이나 이와 관련된 라이프 스타일 서비스 개발도 필요하다. 또한 자녀와 함께하는 체험형 교육 프로그램, 가족이 함께 참여할 수 있는 사내 행사 등을 기획하여 사내 가족 공동체 문화를 통해 사내 구성원 간 유대감을 강화해야 한다.

소비자는 가족 구성원들과 함께할 수 있는 취미나 활동을 찾아 적극적으로 참여하거나 가족 간 소통을 위한 정기적인 대화 시간 또는 공동 활동 시간을 마련함으로써 유대감을 강화할 수 있다. 또한 자녀들과 함께 경제·금융 교육 프로그램에 참여하여 경제적 독립성을 길러주고, 가족 구성원 각자의 경제적 목표를 설정하고 함께 달성해나감으로써 건강하게 성장하는 공동체로 거듭날 수 있다.

9

성공 패러독스

Success Paradox

하이퍼미디언 콤플렉스Hypermedian Complex

성공포르노와 에코이즘Echoism

FIREfly(반딧불이)

IPSOS MARKET TREND 2025

실수를 '경험'으로 여기는 사회 vs '실패'로 단정하는 사회

2022년 모 방송사와 함께 '교육'을 주제로 한국, 일본, 미국, 독일, 덴마크 등 주요 국가에 대한 조사를 진행한 적이 있다. 미국의 자유로운 교육 환경과 인식, 유럽의 체계적인 교육 제도와 자기주도 학습, 한국과 유사하게 치열한 일본의 교육 환경과 현황을 머릿속에 그리며 프로젝트를 시작했다. 전반적으로 보자면, 우리가 예상한 결과도 있었고 전혀 예상하지 못한 부분도 있었다. 그중 우리 모두를 당황하게 한 결과물이 하나 있었는데, 바로 실패에 대한 인식이었다.

조사에서 핵심 질문은 아니었지만 우리는 다음과 같은 질문을 했다. "우리나라에서는 내가 실패를 해도 다시 일어설 기회가 있다고 생각한다 think my country provides chances to get back on track after experiencing failure'에 얼마나 동의하십니까?"

이 질문을 던졌을 때, 우리의 예상과 다르게 덴마크의 동의 정도가 5개국 중 가장 낮았다. 누가 보더라도 조사에 문제가 발생했다는 생각에 우리는 덴마크 동료들과 이와 관련된 디지털 미팅을 진행했다. 그리고 놀라운 사실을 알게 됐다. 일단 우리가 전달한 'failure'라는 단어가 덴마크인들을 조사하기 위한 단어로 번역하는 과정이 쉽지 않았다는 것이다. 일반적으로 덴마크에서는 이 단어를 잘 쓰지 않는다고 했고, 'failure'라고 하면 범죄자·마약 중독·파산 등이 떠오른다고 했다. 그러면서 한국은 주로 어떤 상황에서 이 단어를 쓰는지 알고 싶어 했다. 우리가 '시험 실패', '사업 실패', '연애 실패', '대학 진학 실패' 등을 나열했더니, 그들은 웃으면서 그것이 어떻게 failure가 되는 거냐며

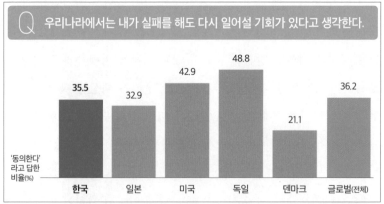

Q 우리나라에서는 내가 실패를 해도 다시 일어설 기회가 있다고 생각한다.

	한국	일본	미국	독일	덴마크	글로벌(전체)
'동의한다'라고 답한 비율(%)	35.5	32.9	42.9	48.8	21.1	36.2

자료: 2022년 입소스 교육 격차 프로젝트 조사

"그건 그냥 경험이잖아"라고 이야기했다. 이 상황을 방송사에 공유한 후 결과를 재해석하면서 '우리는 그동안 경험을 실패라며 자책하고, 사회적으로 무시하고 평가절하했던 것인가?'라는 생각에 마음 한쪽이 무거웠다.

'소년등과일불행少年登科─不幸'이라는 문구가 있다. '소년이 높은 성적으로 과거에 합격하는 것은 인생의 큰 불행 중 하나'라는 뜻으로, 송나라의 학자 이천伊川 정이程頤가 남긴 문장이다. 율곡 이이 역시 인생에서 피해야 할 세 가지 불행으로 소년등과, 중년상처, 노년고독을 들었다. 이른 시기의 성공을 좇아왔던 우리 사회 분위기나 통념과는 사뭇 다르다.

초등학교 때부터 영재학교를 목표로 하고, 공부를 잘한다고 생각되면 의대를 목표로 하고, 좋은 직업과 좋은 배우자를 목표로 하고, 그사이에서 낳은 아이는 다시 영재학교를 목표로 하는 무한 루프의 성공 패러다임. 초등학교에 가기 전부터 아이의 성공과 실패를 이야기하고, 그와 동떨어지면 아무리 많은 미사여구를 갖다 붙여도 실패자가 되는 세상. 그 패러다임에 속하지 못하는 또 다른 한편에서는 비트코인과 주식, 부동산을 통한 일확천금을 좇는 현실. 나를 따르면 플렉스flex할 수 있음을 보여주고자 슈퍼카와 함께 고가의 저택에서 파티를 즐기는 사진을 인스타그램에서 공유하고, 20·30대 젊은 부자들은 자신의 성공 스토리와 함께 "파이어fire!"를 외친다.

요즘 우리는 이른 성공에 열광한다. 각종 대회에서는 언제나 최연소 우승자에게 관심이 쏟아지고, 그들의 스토리가 주목받는다. 직업을 통해 성장하거나 만족하지 못하고 이른 은퇴를 희망하는 파이어족도 등장했다. 이들은 사치를 부리고 마음껏 소비하는 것이 목표가 아닌 자신의 시간에 좀 더 많은 가치를 두는 사람들로, 24시간을 나를 위해 온전히 쓸 수 있는 삶을 추구한다. 하지만 '자발적 은퇴와 경제적 자유, 그리고 그 목적은 자신의 온전한 삶 추구'라는 파이어족이 자본과 성공의 패러다임 속에서 왜곡되어 한국에서는 젊은 성공인으로 비치고 있다. 이 젊은 성공인에 대한 왜곡된 정서는 다양한 핀플루언서 및 성공 유튜버들의 등장과 함께 빠르게 확산되고 있다.

글로벌 광고 회사인 맥켄월드그룹에 따르면, 18~29세 영국 소비자의 약 3분의 2가 핀플루언서를 팔로우 중이다. 이들 중 약 74%는 핀플루언서의 조언을 신뢰한다고 답했다. 학교에서 전문적인 경제·금융 관련 교육이 이루어지지 않는다는 점에서 SNS의 파워는 젊은 층에 절대적이다.

사실 그 자체가 문제가 되지는 않는다. 누구에게나 성공에 대한 열망이 있고, 그 열망을 일찍 이룬다면 더 좋을 것이다. 제한된 정보, 결과론적 접근 탓에 우리는 어느새 이름 모를 성공 신드롬에 취해 있다는 것이 문제다. '쉽고, 빠르고, 누구나 할 수 있다'라는 식으로 과정이 없이 결과를 만들어줄 수 있다는 수많은 성공자에게 기대고 싶어 하는 수많은 성공 희망자가 점점 어려지고 무모해지는 것이 문제다.

누구나 알 수 있는 명품 브랜드의 앰버서더가 되고 많은 자산을 축적한 아이돌이 되고 싶어 하는 청소년들, 공부 좀 하면 일단 의대를 가야 하고 월급쟁이로는 절대로 원하는 삶을 살 수 없기에 비트코인·주식·부동산 투기를 해야 하는 사람들. 2025년, '소년등과' 신드롬이 디지털과 함께 확산되고 있다.

이번 시그널에서는 성공 신드롬을 다룬다. 경험과 실패를 구분하지 못하는 사이 한국 사회에 깊게 뿌리 내린 패배 의식은 빠른 성공이라는 키워드와 함께 무엇을 해도 실패라는 좌절감을 동시에 수면 위로 끌어 올린다. 끊임없는 비교 속에서 '무엇을 해도 나는 평균 이하'라는 자괴감에 대한 이야기, 지친 우리에게 새로운 허상을 만들어주는 수많은 성공포르노, 그에 이어 찾아오는 에코이즘을 이야기할 것이다. 그리고 마지막으로 조기 은퇴를 꿈꾸는 우리가 가져야 할 고민을 짚어볼 것이다. 진정한 행복은 무엇인지를 이 시그널과 함께 풀어가고자 한다.

하이퍼미디언 콤플렉스

매년 여름이 되면 많은 수험생과 부모들은 수시전형을 준비하느라 바빠진다. 수시전형 원서를 여섯 장 다 써내는 성공적인 지망과 더불어 수시 납치(수능 지필고사에서 좋은 성적을 거둬 수시로 갈 수 있는 대학보다 더 좋은 대학에 지원할 수 있는데도 수시에 합격하여 정시 지원이 불가능한 상황)를 당하지 않기 위해 다양한 전략을 짜는 데 고심한다. 학교 선생님, 학원 선생님, 입시 컨설턴트 등을 찾아 최대한 정보를 모으고 조언을 듣는다.

그런데 여기에는 과거부터 보이지 않는 기준이 하나 있다. SKY, 서성한(서강대·성대·한대), 중경외시(중앙대·경희대·외국어대·시립대), 건동홍(건국대·동국대·홍대), 세단국숭(세종대·단국대·국민대·숭실대)이다. 눈치챘겠지만, 한국 대학의 서열이다. 이런 허들을 넘기 위한 비장한 도전과 그에 따른 웃음과 눈물이 함께한다. 어느 나라나 명문 학교, 좋은 직업을 선택하기 위한 노력과 바람은 비슷하다고 생각한다. 그런데 지금 우리나라에서 벌어지고 있는 줄 세우기와 그 줄의 상하를 다시 나누는 기준에서는 다소 과한 부분이 있다. 열심히 공부한 학생들이 명문 대학교에 진학하고 학교에 대한 자부심을 가지는 것이 의미가 없다는 얘기는 아니다. 모든 것을 줄 세우고 어떤 기준을 넘지 못하면 실패한 사람으로 만들어가는 분위기가 문제다.

"옆집 아이는 키가 벌써 160센티미터야. 왜 우리 아이는 안 크지?" 심지어 생물학적인 문제마저도 비교하고 줄을 세운다. 한국인의 남자 평균과 여자 평균을 살펴보고 초등학생 또는 중학생인 내 자녀가 그에 미치지 못하면 불안해한다. 약이나 주사 처방까지 고민하면서도 유별난 사람이 아니라고 자신을 위로하고, 다 자녀를 위하는 것이라는 생각으로 불안을 떨쳐낸다.

대한민국의 평균 소득과 자산은 얼마일까? 요즘 물가도 있으니 매달 500만 원은 벌어야 평균일 것이고, 서울 수도권 아파트 한 채가 10억은 할 테니 부채 빼고 10억이 있어야 중간은 갈 것 같다. 그런데 이상하게 내 통장에만 돈이 없고 내 주식만 떨어진다. 그래서 늘 불안하다. 나는 한국 사회에서 적어도 중간은 되고 싶다.

전체 수험생 중에 서울 수도권의 유명 대학을 갈 수 있는 학생은 10% 내외다. 통계청·한국은행·금융감독원이 공동으로 실시한 2023년 가계금융복지 조사에 따르면, 같은 해 3월 말 기준 한국의 평균 가구 순자산은 4억 3,540만 원, 중앙값은 2억 3,910만 원이다. 즉 순자산 10억 원 이상이면 상위 10%라는 얘기다.

공식적인 통계는 의미가 없다. 내 주변 사람과 유튜버의 이야기를 바탕으로 스스로 줄 세운다. 그래서 매일 힘들다. 내 아이는 크지 않고 우리 집 가계부만 늘 적자다.

2022년 하반기 대학생 익명 온라인 게시판에 올라온 '대한민국을 망친 최악의 문화'라는 글에서 대한민국의 가장 심각한 문제가 '평균 올려치기'라고 한 내용이 많은 사람의 관심을 끌었다. 현실이 아닌 보여주기 문화를 기반으로 한 평균의 거품은 모든 평균을 올려친다.

SNS를 통해 유명 관광지의 사진과 한 끼에 수십만 원짜리 파인 다이닝fine dining 사진을 과시하는, 코인과 주식으로 수억을 번 젊은 성공자들의 플렉스 영상이 하루에도 수십, 수백 건씩 인터넷을 달군다. 직장인 커뮤니티 블라인드에 올라온 '결혼 결심할 때 남자친구 월급 마지노선'이라는 설문 조사 결과를 보더라도 현실과는 많은 괴리가 있다. 작성자는 "예전에는 500만 원이면 된다고 생각했는데, 요즘 물가를 고려하면 700만 원 이상은 돼야 애들 학원이라도 보낼 것 같다"라며 결혼할 수 있는 남자의 월급 마지노선 투표를 진행했다.

이처럼 인플레이션된 평균은 나도 모르는 사이에 나와 내 주변을 계속해서 심리적으로 지배한다. 일종의 가스라이팅이다. 비현실이 현실이 되고, 그 현실 밖에 있는 나는 심한 우울감이나 패배 의식에 사로잡힌다. 이런 하이퍼미디언 콤플렉스는 디지털 환경에서 젊은 층으로 점점 퍼지면서 그것이 마치 당연한 것으로 여겨지기도 한다.

'남들보다 젊을 때 그리고 남들보다 일찍 성공해야 한다. 아니 적어도 평균 위에 있어야 한다.' 정말이지 성공과 평균이 무엇인지 깊이 생각해봐야 하는 시점이다. 하지만 경제적 어려움과 기회의 불균형은 앞으로도 하이퍼미디언 콤플렉스를 더 자극할 것으로 보인다.

성공포르노와 에코이즘

점심시간 식당, 퇴근길 지하철, 친구를 만나는 카페 등 곳곳에서 주식 이야기다. 바로 지금 뒤쪽 테이블에서도 기가 막힌 리딩방이 있는데 어려운 장에서도 최근까지 5배를 번 것 같다는 이야기가 들린다. 같은 테이블에 있던 사람들은 리딩방 정보와 추천주를 받아 적는다. 또 다른 테이블에서는 코인 이야기가 한창이다. 지금이 들어갈 수 있는 마지막 기회라고 한다. 유튜버 이름을 이야기하며 그동안의 실적과 성공담으로 침을 튀긴다. 정보를 들을수록 빨리 투자해야만 할 것 같은 불안감이 생긴다.

오늘도 한국에서 가장 핫한 키워드는 '성공'이다. 주식, 부동산, 사업, 직장 생활 등 모든 곳에서 성공 관련 콘텐츠가 범람한다. 한국 사회는 성공할 준비가 되어 있고, 성공자로 넘쳐난다. 그들의 비법만 따라 하면 누구나 성공할 수 있다고 이야기하는 매력적이고 자극적인 콘텐츠를 '성공포르노'라고 한다. 비법이 단순하고 무엇보다 단기에 성과를 얻을 수 있어서 흥분되고 매력적이다. 카타르시스를 넘어 오르가슴을 느낄 만큼 강력한 콘텐츠다. 하지만 이들은 '미래 폰지', '성공팔이'라고 불리기도 한다. 성공포르노 너머에는 다양한 색깔을 지닌 매력적이고 스마트해 보이는 핀플루언서들이 있다.

물론 핀플루언서들과 그들의 콘텐츠 모두를 깎아내리려는 것은 아니다. 그러나 자극적이고 화려한 문구들 속에서 눈과 정신이 혼란스러워지기에 무엇이 진짜고 무엇이 거품인지 가려내기란 쉬운 일이 아니다. 더군다나 하이퍼미디언 콤플렉스에 빠진 젊은 층이라면 평균을 향한 목마름과 누적된 패배감을 한 번에 떨쳐낼 수 있을 터이기에 너무나 매력적인 내용들이다.

나도 모르게 중독된 성공포르노는 때와 장소를 가리지 않고 SNS에 접속하게 하고, 교묘히 포장된 각종 성공 스토리에 열광하게 한다. 나만 열심히 하면 평균에 도달할 수 있으며, SNS에 공개된 처방전을 충실히 따르면 나도 성공할 수 있다는 희망에 부풀게 한다.

이제 모든 것은 준비됐다. 실천만 하면 나는 곧 평균을 넘어서고 성공자가 되어 모든 사람이 부러워하는 대열에 끼게 된다. 그런데 왜 여전히 상황은 바뀌지 않을까? 그 문제는 '나'에게 있다.

확산되는 성공포르노 문화

2024년 입소스 조사를 보면 젊은 세대에게 진정한 성공은 다른 사람이 인정할 때만 완성된다는 견해가 두드러진다. 예컨대 누군가가 인스타그램에서 보여주는 여행지나 방문하는 식당, 패션, 경험 등이 성공을 측정하는 기준의 역할을 한다.

> 자기만족도 중요하지만 다른 사람들도 나를 멋진 사람이라고 생각해야 합니다.
>
> **자료: 입소스 인터뷰**(양OO, 22세, 남성, 학생)

> 다른 사람들이 항상 제가 하는 일에 호기심을 갖고, 같은 옷을 입고 싶어 하고, 결국 질투심을 느끼면 좋겠습니다.
>
> **자료: 입소스 인터뷰**(오OO, 25세, 여성, 학생)

다른 삶을 살거나 사회가 설정한 경계를 벗어나는 걸 두려워하는 경향이 강하다. 그래서 성공포르노에 중독되면 곧바로 '에코이즘'을 겪게 된다. 무엇을 해도 실패자가 되어가는 자신을 보며 타인과의 소통에서 자신이 관심의 중심에 서는 것을 극도로 싫어하게 되고, 문제가 생기면 자기 탓부터 하는 등 자신에게 엄격해지는 현상이다. 또 남에게 폐를 끼치거나 사람들과 갈등을 겪는 걸 매우 싫어해 무조건 회피하려 하고, 손해를 보더라도 갈등을 피하려는 경향을 보인다. 자신을 비현실적으로 과대평가하고 타인을 무시하는 자기애성 성격 장애인 나르시시즘과 정반대다. 자존감은 바닥으로 떨어지고 꿈을 꾸는 것조차 사치라고 느낀다.

'스물두 살에 한 달 1억 벌기', '통장에 100만 원 있던 내가 서른세 살에 월 5천을 버네요' 식으로 성공자들의 콘텐츠는 점점 더 다양해지고 대상이 점차 어려지고 있다. 그리고 그 이면에서 많은 이들이 에코이스트가 되어간다. 절대 평균 위로 올라설 수 없다는 무력감에 자존감이 고갈돼버린, 성공포르노에 중독되어가는 이들에게 관심을 기울여야 한다.

FIREfly(반딧불이)

평생직장이라는 개념이 상식으로 통하던 시대가 있었지만 지금은 상상조차 하기 어렵다. 오히려 이직을 거듭하면서 몸값을 올리고 성장해가는 것이 자연스러운 현상이 됐다. 한발 더 나아가 조기 은퇴를 꿈꾸는 사람들이 늘어나고 있다. 우린 그들을 파이어족이라고 부른다. 경제적 자립financial independence과 조기 은퇴retire early의 합성어로, 정년까지 일해야 한다는 생각에서 벗어나 불필요한 지출을 줄이고 저축과 투자에 최대한 집중해 조기에 경제적 자립을 이루려는 사람들을 일컫는다. 그들은 경제적 자립을 이룸으로써 자신이 원하는 삶, 가치 있고 풍요로운 삶을 살아가려고 한다.

30대 사회생활 초기부터 자산을 축적하고 성공적으로 투자해 자신이 원하는 만큼의 월 소득이 확보됐을 때 진정한 파이어족이 되는 것이다. 그러나 계획과 현실 사이에는 괴리가 있기 마련이다. 그렇게 안정적인 자산을 모으기에는 현재의 수입이 너무 적다. 더군다나 경기 침체기에 대내외적으로 발생하는 문제 탓에 내가 축적한 자산의 가치는 급격하게 줄어든다. 파이어족이 되기 위해서는 현재 이미 안정적인 수입원을 가지고 있어야 하며, 무엇보다 경제가 안정적으로 성장하는 시기여야 한다. 불안정하거나 침체기의 경제 상황이라면, 축적해놓은 자산의 가치가 점차 하락하기 때문에 매월 확보해야 하는 금액에 변동이 생길 수밖에 없다.

경제적 자유를 얻고 일찍 은퇴를 하고자 했던 일본 네티즌 닉네임 '절대퇴사맨'은 최대한 절약하고 저축해 마흔다섯 살에 9,300만 엔(약 8억 원)을 모았다. 하지만 엔저 현상이 나아질 기미가 없자, 20여 년간 파이어족을 준비해온 일을 후회한다는 글을 X(옛 트위터)에 올렸다.

2024년 NH투자증권 100세시대연구소가 만 25~39세 투자자 2,536명을 대상으로 한 온라인 설문 조사에서 65.9%가 '조기 은퇴를 꿈꾼다'고 답했다. 평균적으로 이야기하자면, 이들은 13억 7,000만 원의 투자 가능 자금(집값 제외)을 모아 51세에 은퇴하길 원하는 것으

절대퇴사맨이 올린 자린고비 식단

자료: X

로 나타났다. 집값을 제외하고 부채 없는 자산 13억은 한국 자산 규모에서 10% 이내다. 심지어 집값이 포함된다면 훨씬 더 소수에 해당하는 자산 규모다. 그런데 목표는 있고 과정은 없다. 어떻게 금융자산 13억을 모을 것인가?

그러다 보니 젊은 층을 중심으로 파이어족에 대한 개념과 접근 방식에서 왜곡이 발생한다. '직장 근로'에 대한 왜곡된 인식과 더불어 필요한 자산 규모 및 자산 축적 방식이 다소 무리하게 변하고 있다. 자신의 온전한 삶을 위한 은퇴가 아니라 '풍요로운' 은퇴 생활을 꿈꾸기에 목표 자산의 규모가 생각보다 너무 크다. 그런데 이 목표를 달성할 수 있다고 부추기는 많은 핀플루언서와 성공자들이 있다. 자기만 따라오면 금방 파이어족이 될 수 있다는 메시지와 함께 굳건한 믿음을 요구한다.

코로나 기간에 회사를 그만두고 유튜브 등으로 수익을 창출해 경제적 자유를 얻겠다는 이들이 많았다. 짧은 시간 안에 성공할 수 있는 사업 아이템을 찾아나선 이들도 있었다. 꾸준히 노력해 성공을 거둔 이들도 분명 있었을 것이다. 하지만 많은 사람이 현실적 어려움을 호소하며 제자리로 돌아가고자 노력하고 있다. 인생의 목표와 행복에 필요한 조건들은 저마다 다르기 마련이다. 파이어족이 단순히 경제적 자유를 찾는다는 것이 아니라 온전히 자신의 삶에 집중한다는 개념이라면, 그 목적에 부합하는 구체적인 실천 계획들이 필요하다.

우리나라는 6월에서 9월 사이 반딧불이를 관찰할 수 있다. 그런데 도시뿐만 아니라 시골에도 네온사인과 조명이 곳곳에 설치돼 반딧불이가 짝짓기에 어려움을 겪게 됐고, 그래서 점차 사라져가고 있다. 반딧불이의 빛을 보기 위해서는 맑은 물, 오염되지 않은 자연 그리고 어둠이 필요하다. 젊은 나이에 일을 하지 않는 것이 목표가 아니라 좀 더 빨리 나의 삶과 인생에 집중하고 싶다는 목표라면, 과하지 않은 목표와 현실적 실행 그리고 자기 삶에 대한 사랑이 있어야 한다. 그렇지 않다면, 반딧불이처럼 주변의 과도한 밝음으로 오히려 자신의 밝음을 잃게 될 것이다.

■ 마켓 리서처의 시각

2024년 입소스 글로벌 행복 지수 조사 결과에 따르면 '모든 부분에서 전반적으로 행복하다'라는 항목에 동의하는 한국인은 48%로, 조사 대상 30개국 중 행복감을 느끼는 정도가 가장 낮은 것으로 파악됐다. 참고로, 2011년에는 71%였다.

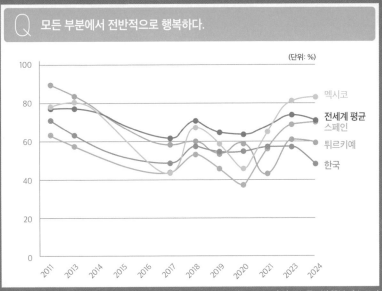

자료: 2024년 입소스 글로벌 행복 지수 조사

빠른 경제 성장, K-컬처K-Culture에 대한 세계인의 관심과 부러움 이면에서 우리의 행복 지수는 조금씩 낮아지고 있다. 세계 수준의 경제적 환경과 인프라, 경쟁력을 갖췄으면서도 한국 사회 특유의 경쟁과 비교 문화 그리고 미래의 불확실성을 동반한 맹목적 성공론이 우리를 불행으로 몰고 가는 것이 아닌가 싶다.

2023년 6월 SBS에서 한·미 간 부자에 대한 인식 차이를 다룬 적이 있다. 미국 증권사 찰스슈왑의 조사에서 미국인들은 약 28억 원을 부자의 기준으로 생각하고, 7억 원 정도가 있다면 부유하다고 생각한다는 결과가 나왔다. 한편 잡코리아의 조사 결과에 따르면, 한국인은 46억 원 이상을 가져야 부자라고 인식하는 것으로 나타났다. 물가와 소비력을 고려할 때 한국인이 가지고 있는 부의 기준이 얼마나 높은지 알 수 있는 대목이다.

사회가 전달하는 외형적 성공 기준은 상당히 명확해서 'SKY, 전문직, 대기업, 50억'으로 요약할 수 있다. 그리고 그 반대에 실패가 있다. 특히 젊은 세대의 평균 올려치기로 인한 무력감과 잘못된 인생 목표는 현재의 상황을 더 어둡게 만들고 있다.

2024년 여름은 유난히 더웠다. 하지만 여름의 뜨거운 햇살은 벼에는 꼭 필요한 광합성 영양소다. 그런데 그 시기가 오기도 전에 먼저 자라려는 병이 있다. 벼 키다리병이다. 이 병에 걸리면 벼가 웃자라서 알곡을 맺지 못하고 늙어 시들어버린다. 더 무서운 것은 이 병에 걸린 벼의 근처에 있는 벼들도 그 속도에 맞춰 따라 자라려고 한다는 것이다.

'의외로 많은 사람들이 모르는 삶의 진실'이라는 짧은 글이 인터넷에서 회자된 적이 있다. 내용은 이렇다. "지잡대 가거나 대학 안 가도 인생 안 망함. 돈 없는데 결혼해도 인생 안 망함. 돈 없는데 애 낳아도 인생 안 망함. 나이 많은데 뭔가 늦게 시작해도 인생 안 망함. 대신 인터넷에서 남들 사는 거랑 비교하기 시작하면, 내 정신은 반드시 망함."

'경험'이 '실패'가 되는 사회, 하이퍼미디언 콤플렉스 탓에 늘 평균 이하라고 느끼게 하는 사회, 그래서 쉽고 빠르게 돈을 벌고 싶다는 성공포르노의 신드롬 앞에서 우리가 생각해야 할 것은 나의 꿈과 더불어 나를 온전히 생각하는 마음 그리고 자존감이 아닐까?

2025년, 우린 결코 망하지 않는다.

소비자의 공감 주파수를 맞출 수 있는 전략 세우기

2025년 한국 사회에서는 빠른 성공을 추구하고 비교하는 문화, 그리고 그로 인한 사회적 스트레스와 패배 의식이 빚어내는 문제들이 심각해질 것으로 보인다. 이를 해결하기 위해서는 개인의 자존감 회복과 현실적인 목표 설정이 중요하며, 성공과 실패를 재해석하고 건강한 사회적 분위기를 조성해야 한다.

먼저 사회는 획일적인 성공 기준에서 벗어나 다양한 분야에서 자신의 재능과 가치관을 발휘하며 살아가는 삶을 조명하고, 평균이 아닌 개인의 성장과 행복에 초점을 맞춘 사회 분위기 조성이 필요하다. 예를 들어 다양한 분야의 성공 사례를 발굴하여 소개하고, 획일적인 평가 기준을 지양하는 교육 방안을 제시해야 한다. 또한 실패를 낙인이 아닌 성장의 발판으로 여기는 사회적 인식을 독려하고 재도전을 위한 안전망을 구축하여 실패를 두려워하지 않고 도전할 수 있는 환경을 조성할 필요가 있다.

기업은 단순히 유행에 편승하는 마케팅보다는 진정성 있는 스토리텔링을 통해 소비자와 공감대를 형성하고, 사회적 책임을 다하는 모습을 보여줌으로써 장기적인 관점에서 신뢰를 구축해야 한다. 예를 들어 ESG 경영 강화 등 사회적 가치를 창출하는 제품 및 서비스 개발이 필요하다. 과장된 성공 스토리나 자극적인 문구 대신, 소비자 참여형 서비스와 진솔한 스토리텔링 제품 등을 통해 브랜드의 진정한 가치를 전달하고 소비자와 투명하게 소통하는 마케팅 전략을 마련해야 한다.

소비자는 SNS 등에서 접하는 정보를 비판적으로 분석하고, 성공 스토리에 맹목적으로 휩쓸리기보다는 자신의 상황에 맞는 정보를 선별적으로 수용하는 자세를 가져야 한다. 타인과의 비교를 지양하고 자신만의 가치관과 강점을 바탕으로 성공 기준을 설정하고, 꾸준한 노력을 통해 성취감을 느끼는 것이 중요하다. 또한 실패를 두려워하지 않고 새로운 경험에 도전하고, 실패를 통해 배우고 성장하는 과정을 통해 삶의 만족도를 높여야 한다.

10

다빛사회
Dabit Society

IPSOS
MARKET TREND
2025

다인종, 다문화 국가로 들어서다

얼마 전 지인의 부탁으로 모교에서 '글로벌 마케팅 전략과 사례'에 대한 강의를 한 적이 있다. 오랜만에 방문한 터라 과거와는 너무나 달라진 캠퍼스 분위기에 신선함과 생소함을 동시에 느꼈다. 무엇보다 정문 앞과 중앙광장을 가득 메운 외국인 학생들의 모습이 그랬다. 여기가 외국인가 싶을 만큼 수도 많고 국적도 다양했다. 그걸 보고 놀라는 내 모습이 오히려 생경해 보일까 하여 애써 태연한 척을 했다.

2024년 4월을 기점으로 대한민국이 '다인종·다문화 국가'로 공식 분류됐다는 사실을 얼마나 많은 사람이 알고 있을까? 입소스 조사 결과에 따르면 조사 대상자의 29%만이 한국을 다민족국가로 생각하고

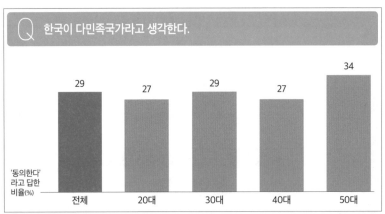

있으며, 연령별로는 50대가 34%로 한국을 다민족국가로 인식하는 비중이 상대적으로 높았다.

OECD에서는 장기 및 단기 체류 외국인의 비율이 전체 인구의 5%를 넘는 국가를 '다인종·다문화 국가'로 분류한다. 여기서 '체류 외국인'은 90일 이하 단기 체류자뿐만 아니라 91일 이상 장기 거주하는 등록 외국인 및 외국국적동포 등 대한민국 국적을 갖지 않고 국내에 거주하는 모든 외국인을 포함하며, 불법체류 외국인도 이 통계에 포함된다(자료: 법무부 출입국·외국인정책본부).

2024년 3월 말 대한민국의 체류 외국인 비중이 전체 인구의 5%를 초과함으로써 이제 한국도 공식적으로 다인종·다문화 국가의 범주에 속하게 됐다. 한국은 세계적으로 보기 드문 단일민족국가로 인식되어왔으며, 이는 교육과 사회 전반에서 보존해야 할 중요한 가치로 여겨졌다. 하지만 시간이 흐르면서 이런 인식도 변화했다. 국내 체류 외국인의 비중이 꾸준히 증가해 이제 우리에겐 학교, 직장, 사회 곳곳에서 외국인과 함께 일하고 교류하는 것이 더 이상 낯선 일이 아니다. 이런 변화는 단순한 사회적 흐름을 넘어 세계화의 결과로 볼 수 있다.

2024년 입소스의 글로벌 트렌드 조사에 따르면, '세계화는 우리나라에 긍정적인 영향을 미친다'고 생각하는 한국인의 비율은 74%로 조사 대상 50개국 평균인 64%보다 10%포인트 높았다. 이는 한국이 세계화의 이익을 인식하고 있음을 보여준다. 하지만 '우리나라에서는 다양한 배경과 소수 민족 사람들이 공정한 대우를 받고 있다'는 항목에서는 한국이 하위권에 속하는 것으로 나타났다. 이는 한국이 세계화의 경제적 이익을 인정하면서도, 자국 내 외국인을 공정히 대우하거나 존중하는 문화는 여전히 부족하다는 인식을 반영한다.

이민에 대한 인식에서도 이중적인 모습을 볼 수 있다. 같은 조사에 따르면, '우리나라에는 이민자가 너무 많다'고 생각하는 한국인의 비율은 34%로 글로벌 평균인 62%보다 훨씬 낮았다. 이는 한국에서 이민자 수에 대한 부정적 인식이 비교적 낮음을 나타낸다. 그러나 '이민은 우리 사회에 긍정적인 영향을 미친다'는 데 동의하는 비율도 글로벌 평균보다 낮게 나타나, 한국에서는 이민자가 사회에 미치는 긍정적 영향을 확신하지 않는 경향이 있음을 보여준다.

이런 이중적 인식은 한국 사회가 다문화 사회로 전환하는 과정에서 겪고 있는 현실을 반영한다. 방송 매체를 통해 외국인 출연자들이 주목받고, 〈비정상회담〉과 〈미녀들의 수다〉를 시작으로 다양한 프로그램이 외국인과의 친숙함을 높였지만, 아직도 특정 국가 출신 외국인에 대한 미묘한 차별이나 고정관념이 존재한다. 물론 외국인들이 한국에 성공적으로 정착하고, 그들의 경험을 바탕으로 사회에 기여하는 모습도 심심치 않게 볼 수 있다. 콩고민주공화국 출신으로 한국에 난민으로 정착한 조나단은 이제 방송인으로서 한국 사회에서 큰 사랑을 받으며 잠재력을 보여주고 있다. 그러나 조나단과 같은 성공 사례는 이제 만들어지는 과정이라고 볼 수 있다.

저출산과 고령화로 인구 감소가 심각한 상황에서 외국인 인구의 유입이 필수적인 해결책으로 떠오르고 있다. 농어촌과 중소기업은 외국인 노동자 없이는 일을 해나가기가 어렵고, 대학들도 외국인 유학생 없이는 존립하기 힘든 상황이다. 따라서 한국을 '이민 오고 싶은 나라'로 만들기 위한 정책적·사회적 변화가 시급해 보인다.

그러나 제도적 개선만으로는 충분하지 않다. 외국인들을 한국 사회의 일원으로 받아들이기 위해서는 국민들의 인식 변화가 무엇보다 중요하다. 외국인 노동자, 특히 저개발국 출신 이민자들에게 가해지는 차별적 대우는 심각한 문제다. 미국·캐나다와 같은 다문화 국가들은 인종적 다양성을 존중하고 포용하면서 경제적 발전을 이뤄냈지만, 그 기반에는 국민들의 인식 변화가 있었다. 한국도 이민자들을 공정하게 대우하고 포용하는 사회적 분위기가 자리 잡지 않는 한, 다문화 사회로의 성공적인 전환은 요원할 수밖에 없다.

결국 다문화적 변화는 피할 수 없는 현실이다. 한국이 세계화의 이익을 인정하면서도 이민자들이 가져오는 긍정적인 영향을 확신하지 못하는 이유는 외국인을 공정하게 대우하는 사회적 기반이 아직 충분히 마련되지 않았기 때문이다. 다문화 사회로의 성공적인 전환을 위해서는 외국인을 차별 없이 받아들이는 인식을 바탕으로, 그들이 한국 사회에서 공정하게 기여할 수 있는 제도적 장치를 마련해야 한다.

우리는 이제 이런 변화와 도전에 더욱 적극적으로 대응해나가야 한다. 이번 시그널에서는 2025년 다인종·다문화 국가로서 한 발을 내디딜 우리 사회를 둘러본다. 다양한 빛으로 만들어지는 새로운 한국이라는 의미에서 '다빛사회'로 명명했다. 더불어 새롭게 만들어지고 있는 외국인 소비 트렌드를 소개한다. 외국인들은 성숙기에 접어든 금융, 통신, 식음료 분야에서 새로운 고객으로 등장하며 시장을 확장해가고 있다. 또한 그들의 문화는 한국의 집밥마저 점차 글로벌 미식으로 바꾸고 있다. 다양성과 포용으로 만들어가는 새로운 한국 사회에 대한 이야기를 하고자 한다.

모자이크 소비

안산에 거주하는 30대 외국인 근로자 마크는 한국에 온 지 5년이 넘었다. 초기에는 적응하기 어려웠지만, 최근 들어 지역 내 외국인 대상 서비스가 다양해지면서 생활이 한결 편리해졌다. 그는 주말마다 근처의 외국인 특화 마트에서 장을 보는데, 한국 음식뿐만 아니라 고국인 필리핀의 소스와 재료들을 쉽게 구할 수 있어 만족하고 있다. 또한 월급이 오르면서 학원을 등록해 한국어 공부도 시작했다. 마크는 매달 고향으로 송금할 때 한패스 앱을 이용해 수수료 걱정 없이 간편하게 송금하고, 최근에는 외국인 맞춤형 여행 앱인 크리에이트립을 통해 친구들과 서울을 여행했다. 이런 서비스 덕분에 한국에서의 생활이 훨씬 편리해졌고, 마크는 안정감을 느끼고 있다.

국내 거주 외국인들이 새로운 소비 주체로 부상하고 있다. BC카드 신금융연구소의 분석에 따르면, 외국인등록증을 보유한 외국인의 BC카드 결제 금액은 2020~2023년에 연평균 17.03% 증가했다. 이는 같은 기간 국내 전체 카드 결제 금액 증가율(4.65%)의 3.7배에 달하는 수치다. 이런 변화는 국내 체류 외국인 수가 늘어나고 그들의 경제활동이 활발해지고 있음을 반영한다.

법무부 출입국·외국인정책본부의 자료에 따르면, 2024년 4월 기준 국내 체류 외국인은 약 260만 명으로 전체 인구의 5.1%를 차지한다. 이들은 단순히 의식주를 해결하는 것을 넘어, 노동을 통해 한국 경제에 기여하며 지역 경제를 활성화하는 데 중요한 역할을 담당하고 있다.

특히 시흥시·안산시·금천구와 같은 지역에서는 외국인 소비가 두드러지며, 이들 지역에서는 카드 매출 중 외국인 비중이 10%를 넘는 곳이 늘어나고 있다. 외국인의 소비가 급증한 지방 도시로는 대전·대구·전남 등이 있으며, 이들 지역에서 외국인 카드 결제 금액 증가율은 서울보다 훨씬 높은 수치를 기록했다.

외국인의 소비는 생필품 구매를 넘어 교육과 의료 분야로도 확장되고 있다. 전남에서는 학원이, 대전과 대구에서는 의료기관이 주요 소비 업종으로 나타났다. 특히 외국인 중에서도 30대 남성이 가장 큰 소비력을 보였으며, 이들의 소득 증가도 소비 확장의 주요 요인으로 작용하고 있다. 2022년 기준 월 300만 원 이상의 소득을 올리는 외국인 근로자가 31% 증가하면서 외국인 근로자의 경제적 기여도 또한 높아졌다.

이런 흐름 속에서 외국인을 대상으로 한 서비스 시장이 빠르게 성장하고 있다. 야놀자와 비슷한 외국인 여행 정보 앱인 크리에이트립

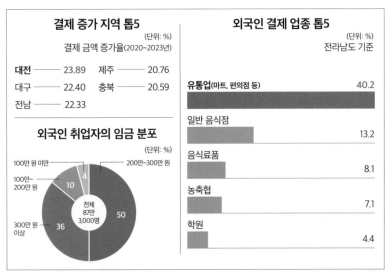

결제 증가 지역 톱5

(단위: %)
결제 금액 증가율(2020~2023년)

대전 — 23.89 제주 — 20.76
대구 — 22.40 충북 — 20.59
전남 — 22.33

외국인 결제 업종 톱5

(단위: %)
전라남도 기준

유통업(마트, 편의점 등)   40.2
일반 음식점   13.2
음식료품   8.1
농축협   7.1
학원   4.4

외국인 취업자의 임금 분포

(단위: %)

100만 원 미만 4
100만~200만 원 10
전체 87만 3,000명
200만~300만 원 50
300만 원 이상 36

자료: BC카드 신금융연구소, 통계청

은 월간 180만 명 이상의 이용자를 확보했으며, 외국인 전용 중장기 숙박 서비스 엔코위더스도 시장에 성공적으로 안착했다.

외국인 구직 앱과 행정 서비스 스타트업들이 속속 등장하고 있으며, 지방자치단체도 외국인을 위한 맞춤형 서비스를 제공하고 있다.

외국인을 대상으로 한 서비스가 증가하는 이유는 한국의 기존 서비스만으로는 외국인들이 겪는 불편함을 해소하기 어렵기 때문이다. 예를 들어 셔틀딜리버리는 외국인의 식습관에 맞춘 '할랄' 및 '비건' 메뉴를 제공하고, 외국인 구직 앱 코워크는 채용 공고에 비자 종류를 명시하도록 해 편의성을 높였다.

앞으로도 엘리트 외국인의 유입이 지속됨에 따라 외국인 대상 서비스 시장은 더욱 확대되고 다양해질 것으로 보인다. 외국인의 정보 비대칭을 해소하고, 그들이 한국에서 더욱 편리하게 생활할 수 있게 하는 맞춤형 서비스가 시장의 핵심으로 자리 잡고 있다.

세컨드 스프링

파키스탄 출신의 아딜은 한국에 온 지 3년째 되는 외국인 근로자로, 경기도 안산에서 일하고 있다. 아딜은 한국 생활 중 금융 업무가 가장 어려웠는데, 최근 하나은행에서 외국인 특화 점포가 주말에도 운영된다는 희소식을 들었다. 그는 평일에 시간이 없어 미뤄두었던 계좌 개설과 송금 업무를 주말에 쉽게 처리할 수 있었다. 또한 신한은행의 비대면 체크카드 발급 서비스 덕분에 은행에 가지 않고도 간편하게 체크카드를 발급받을 수 있었다. 아딜은 매달 고향에 송금할 때 KT의 해외 송금 수수료 무료 쿠폰을 활용해 비용 부담을 줄인다. 아딜은 편리한 금융 서비스와 통신 혜택을 누리며 한국 생활이 안정되어가는 것을 느끼고 있다.

2023년 말 국내 체류 외국인 수가 250만 명을 넘어서면서 은행권은 외국인 특화 서비스를 강화하며 경쟁력을 높이고 있다. 특히 주요 은행들은 주말에도 외국인 특화 점포를 운영해 외국인 고객층을 빠르게 확보하고 있다. 2024년 5월 말까지 5대 은행(KB국민, 신한, 하나, 우리, NH농협)의 신규 외국인 고객 수는 15만 명을 넘어섰고, 코로나19 이후 외국인 유입이 가속화되면서 이 같은 증가세는 앞으로도 지속될 것으로 전망된다.

하나은행은 국내 은행 중 외국인 영업에서 가장 앞선 은행으로 서울 중구, 경기 안산, 의정부 등 전국 16개 영업점을 외국인 특화 점포로 지정해 주말 영업을 시행하고 있다. 그 덕에 2024년 신규 외국인 고객의 약 40%를 유치하며 업계를 선도하고 있다. 우리은행 역시 안산에 외국인 특화 지점을 설치했으며, 김해·의정부·발안 등지에서 주말에도 외국인 고객을 대상으로 서비스를 제공하고 있다.

은행권은 외국인 대상 비대면 서비스 확대에도 나섰다. 신한은행은 외국인 고객을 위한 체크카드 비대면 발급 시스템을 도입했으며, 외국인들이 국내에서 쉽게 금융 서비스를 이용할 수 있도록 지원하고 있다. 또한 KB국민은행은 외국인 근로자 퇴직금을 공항에서 받을 수 있는 '외국인 근로자 출국만기보험'을 선보였고, 농협은행은 외국인을 대상으로 한 우대금리 적금과 전용 보험 상품을 출시하는 등 다양한 특화 금융 상품을 제공하고 있다.

이와 함께 이동통신 업계도 국내 체류 외국인을 겨냥한 다양한 요금제와 혜택을 내놓았다. KT는 2024년 4월 외국인을 위한 5G 웰컴 요금제를 출시했으며, 국제전화 혜택을 강화해 외국인 고객의 수요를 충족시켰다. 또한 해외 송금 수수료 무료 쿠폰과 외국어 고객센터 등의 서비스를 제공해 외국인 근로자들의 편의를 증대시키고 있다. SK텔레콤은 외국인을 대상으로 한 상담 서비스와 요금제를 제공하며,

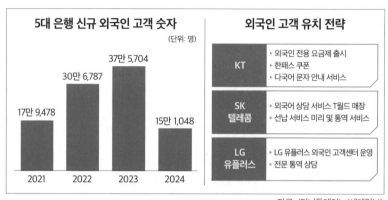

자료: 〈머니투데이〉, 〈세계일보〉

실시간 통역 서비스와 선납 서비스 '미리MIRI'를 통해 외국인 고객의 만족도를 높이고 있다. LG유플러스는 외국어 상담 서비스와 통신 서비스 관련 다양한 지원을 통해 외국인 고객이 보다 쉽게 통신 서비스를 이용할 수 있도록 돕고 있다.

이통 3사가 외국인 대상 서비스를 적극적으로 강화하는 이유는 내국인 시장이 포화 상태에 이른 가운데 외국인을 새로운 성장 동력으로 삼기 위해서다. 특히 외국인들은 국내 체류 시 동영상 시청과 인터넷 사용 시간이 내국인보다 많다는 점에서 IPTV 및 OTT 결합 요금제와 같은 서비스가 고객 유치에 중요한 역할을 하고 있다. 앞으로 이동통신 업계는 이런 트렌드에 맞춰 외국인을 대상으로 한 마케팅과 서비스를 더욱 강화해나갈 것으로 예상된다.

성숙기에 접어든 주요 시장들이 이민자들의 유입으로 활기를 띠고 있다. 새로운 소비자들에게 맞는 상품과 서비스로 재성장의 기회를

만들고 있으며, 새 한국인과 거주민들에게 편리한 한국 라이프를 제
공하고 있다.

월드테이블

주말 저녁, 민수네 가족은 모두 함께 만든 타코와 마라탕을 맛있게 먹고 있다. 민수의 엄마가 며칠 전 마트에서 사 온 멕시코풍 치폴레 소스를 타코에 곁들였는데, 매콤하면서도 훈연된 깊은 맛이 가족의 입맛을 사로잡았다. 고등학생인 민수는 친구들 사이에서 인기가 높은 중국 마라탕을 간편조리식으로 준비했는데, 매운 마라 소스를 더해 식당에서 먹는 것 같은 맛을 내며 만족해했다. 이국적인 소스들이 자연스럽게 자리 잡은 그들의 식탁은 예전과는 확연히 달랐다. 해외여행을 가지 않아도 세계 각국의 소스를 통해 다양한 맛을 경험하는 것이 이제는 일상이 됐다.

해외 다국적 소스류의 수입이 빠르게 증가하고 있다. 코로나19를 기점으로 확산된 집밥 문화는 국내 소스 시장의 성장을 견인했다. 고물가 탓에 외식이 줄고 가정에서 음식을 직접 조리하는 인구가 증가하면서 간편하게 사용할 수 있는 다양한 소스류가 주목받기 시작했다. 특히 가정간편식의 인기가 높아지며 소스류가 주요 제품으로 자리 잡았고, 소비자들은 해외여행에서 접했던 해외 소스를 찾게 됐다.

국내 체류 외국인의 증가 역시 해외 소스류 수요 증가를 촉진하는 요인으로 작용했다. 식생활의 변화와 더불어 중국 마라탕, 베트남 현지식, 프랑스 가정식 등 세계 각국의 음식점들이 국내에 확산되면서 이국적인 소스에 대한 관심이 더욱 커진 것이다.

이에 따라 소스류의 수입도 증가했다. 2023년 국내 소스류 수입 건수와 중량은 2019년 대비 각각 3.8%, 4.1% 증가했다. 우리나라가 소스를 수입한 국가는 총 49개국이며, 이 중 중국이 2,321건으로 가장 많은 수입 건수를 기록했고 중량 기준으로도 28.4%의 점유율을 차지해 압도적인 비중을 보였다.

최근 5년간 중국은 중량 기준 소스 수입국 중 매년 1위를 차지하며, 연평균 성장률 9.2%를 기록했다. 중국에서 수입되는 소스류에는 두반장, 해선장, 굴소스, 마라탕 소스, 훠궈용 소스 등이 있으며 특히 젊은 층에서 마라탕의 인기가 높아지면서 중국 소스류의 수입 규모가 지속적으로 성장한 것으로 보인다. 또한 2023년 기준 한국에 거주하는 외국인 중 한국계 중국인을 포함한 중국인이 37.6%(94만 2,395명)로 가장 큰 비중을 차지하고 있다는 점도 중국 소스 수입의 증가와 연관이 있는 것으로 판단된다.

최근 식품 업계에서 주목받는 트렌드 중 하나는 스리라차, 치폴레, 칠리 등 이국적인 매운맛을 강조한 소스류의 인기가 급증하고 있다는 것이다. 치폴레 소스는 훈연한 할라페뇨에 토마토, 마늘 등을 넣어 만든 멕시코풍 소스로 매콤하면서도 깊은 풍미로 소비자들의 사랑을 받고 있다. 그리고 스리라차 소스는 매운 고추와 식초, 마늘, 설탕, 소금을 혼합한 태국풍 핫소스로 새콤하고 매운맛이 어우러져 아시아뿐만 아니라 미국과 유럽에서도 인기를 끌고 있다.

국내에서도 스리라차 소스를 가미한 제품들이 속속 출시됐다. 오리온은 '스리라차소스맛'과 '베트남쌀국수맛' 스윙칩을 한정판으로 선보였으며, CJ제일제당은 세계 각국의 현지 음식을 재현한 '백설 덮밥소스' 시리즈를 출시했다. 이 시리즈는 태국의 '카파오무쌉', 인도의 '크림치킨 마크니 커리', 중국의 '마파두부' 등 다양한 국가의 대표 요리를 1분 만에 즐길 수 있도록 구성한 간편조리 제품이다.

이처럼 세계화된 음식문화와 더불어 소비자들의 입맛도 점점 다채로워지고 있다. 해외여행 인구의 증가, OTT 플랫폼을 통한 외국 음식 노출, 국내 외국 음식점의 증가 등으로 소비자들은 이국적인 맛에 대한 거부감이 줄고, 새로운 맛을 탐험하려는 경향이 커졌다. 과거에는 단순한 매운맛이 인기를 끌었다면, 최근에는 소스나 향신료에 대한 선호가 더욱 세분화되면서 소비자들의 입맛이 더욱 다양해졌다.

식품 업계는 이런 변화를 반영해 새로운 경험을 제공하는 제품을 출시하며 소비자의 니즈를 충족시키고 있다. 비록 대중적이지 않은 맛일지라도 일부 소비자의 호기심과 요구에 부응하기 위해 출시된 제품들이 의외의 성공을 거둔 사례도 많다.

이제는 우리 식탁에서 세계 각국의 다양한 맛을 즐기는 것이 일상이 됐다. 음식문화가 국경을 넘어 자유롭게 흐르는 지금 소비자들은

오리온에서 내놓은 한정판 스윙칩

다양한 나라의 맛을 손쉽게 접할 수 있으며, 이를 통해 세계를 맛보는 즐거움을 누리고 있다.

■ 마켓 리서처의 시각

2025년 우리는 세계화, 다양성, 그리고 맞춤형 서비스의 확산이 더 이상 선택이 아닌 필수 요소임을 깨닫고 있다. 국내 체류 외국인이 250만 명을 넘어서면서 단순히 인구 통계의 일부가 아니라 중요한 경제 주체로 부상하고 있다. 외국인들의 소비가 급증하자, 은행권과 이동통신 업계는 이들을 대상으로 한 맞춤형 서비스와 상품을 강화했다. 이는 외국인 근로자와 유학생들의 금융 서비스와 통신 서비스 수요에 맞춘 변화로, 2025년에도 이들의 경제적 기여가 지속될 것으로 보인다.

또한 다국적 소스류의 수입 증가와 함께 집밥의 변신은 우리 입맛의 세계화를 가속하고 있다. 스리라차, 치폴레 같은 이국적 소스들은 이제 더 이상 낯설지 않으며 한국 가정의 일상적인 조미료가 됐다. 이는 국내 소비자들이 점점 더 다양한 해외 음식을 접하면서 새로운 맛에 대한 호기심과 선호가 증가한 결과다. 이와 같은 글로벌 음식문화의 확산은 2025년에도 지속될 것이고, 더 많은 이국적 식재료와 소스들이 우리의 식탁을 장식할 것이다.

또한 2024년 잡코리아의 조사에 따르면 많은 직장인이 외국인 인재 채용이 활발해질 것으로 예상하고 있으며, 외국인 동료와 함께 일하는 것에 거부감이 없는 것으로 나타났다. 이는 세계화의 진전에 따른 국가 간 인재 이동 증가, 국내 노동인구 감소와 전문 인력 수요 증가가 주요 원인으로 분석된다. 다양한 문화를 배울 수 있고, 외국어 실력을 향상시키며, 더 수평적인 업무 문화를 경험할 수 있다는 이유로 외국인 동료와 일하는 것을 선호하는 직장인들이 증가하고 있다. 한국 사회가 점차 다문화 사회로 나아가고 있음을 보여주는 긍정적인 변화다.

다만, 이런 긍정적인 변화 속에서도 해결해야 할 과제들이 남아 있다. 한국에 성공적으로 정착한 '대한외국인'들을 주변에서 쉽게 접할 수 있지만, 여전히 특정 국가에 대한 고정관념과 미묘한 차별이 존재한다. 외국인 노동자, 특히 동남아시아나 개발국 출신의 노동자들에게는 심각한 문제다. 많은 외국인이 한국 경제에 기여하고 있지만, 그들을 공정히 대우하지 않고 존중하지 않는 태도는 우리 사회가 다인종·다문화 국가로 나아가는 데 걸림돌이 되고 있다.

2024년 입소스의 조사 결과, 여전히 출신 지역에 따라 다르게 느껴진다는 비중이 전체 49% 수준이며, 40대·50대로 올라갈수록 그 비중은 더 커지는 것으로 나타났다. 이런 인식과 태도에서 근본적인 변화가 일어나야 한다.

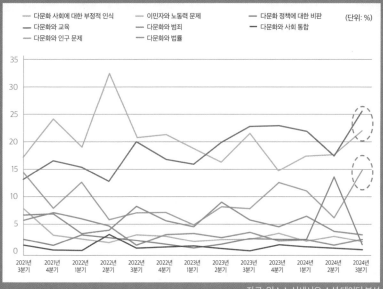

자료: 입소스 신세시오 소셜 데이터 분석

다만 2024년 입소스의 소셜 빅데이터 분석을 통해 나온 결과를 보면, '다문화와 사회 통합'과 '다문화 사회에 대한 부정적 인식'이 공존하는 가운데 점차 '다문화와 교육'이라는 키워드가 부상하고 있다. 사회 한편에는 여전히 부정적인 인식이 있지만, 다행히 사회적 통합과 다문화로 가기 위한 실질적 교육에 대한 논의가 활발하게 진행되고 있음을 보여준다.

다문화적 변화는 자연스러운 과정이며, 이를 수용하고 발전시키기 위해서는 국민들의 인식 변화가 필수적이다. 다양한 배경을 가진 외국인들이 한국 사회의 중요한 구성원으로 인정받기 위해서는 차별 없는 포용적 분위기가 조성되어야 한다.

문병기 전 이민정책학회장은 "이민정책은 다문화주의를 넘어 상호 문화주의에 기초한 정책으로 패러다임이 전환되어야 한다"라고 강조했다. '다름'을 인정하는 것을 넘어 서로를 존중하고 이해하는 상호 문화적 접근이 필요하다는 얘기다. 한국 사회는 다양한 인종과 문화가 공존하는 다문화 국가로 나아가는 과정에서, 보다 성숙한 사회적 대응과 인식의 변화를 요구받고 있다.

사회는 무엇보다 이민자나 외국인 노동자에 대한 노동권 보호, 사회 통합을 위한 교육 프로그램, 다문화 가정 지원 정책 등 다문화 사회의 요구를 반영한 제도와 법을 지속적으로 마련해야 한다. 또한 다양한 언어적 배경을 가진 사람들에게 더 많은 기회를 제공하기 위해 다언어 교육을 지원하고, 공공 서비스에서도 다양한 언어를 사용할 수 있게 함으로써 외국인의 사회적 참여를 이끌어야 한다. 그리고 문화 간의 상호작용을 촉진하기 위한 커뮤니티나 플랫폼을 활성화하여 사회적 통합과 문화 간 교류를 장려해야 한다.

기업은 다양한 문화적 배경을 가진 소비자 집단이 성장하므로 언어, 문화적 선호, 라이프 스타일에 맞춘 마케팅 캠페인을 고려할 필요가 있다. 또한 다양한 인종·문화·배경을 가진 인재를 적극적으로 채용하고, 이들을 포용하고 지원하는 근무 환경을 조성함으로써 그들이 구성원으로서 존중받고 소속감을 느낄 수 있도록 해야 한다. 명확하고 효율적인 의사소통을 위한 전략을 세워야 하며, 문화적 차이를 인지하고 이에 따른 갈등이 생기지 않도록 사전 교육 프로그램도 마련해야 한다. 또한 다문화적 리더십 역량을 가진 관리자의 역할이 더욱 중요해지는 바, 관리자는 다문화 조직의 장점을 극대화할 수 있는 아이디어를 적극 수용하는 자세를 갖춰야 한다. 다문화 인재를 활용해 해외 시장에 맞춘 전략을 세우고, 현지화된 상품 및 서비스를 기획하는 것도 중요하다.

소비자는 지역 사회 차원에서 다문화 가정이나 외국인 커뮤니티를 위한 지원 시스템 등에 관심을 갖고 이들이 주류 사회와 원활하게 융합될 수 있도록 협력해야 한다. 무엇보다 상호 존중을 바탕으로 다문화 수용 능력을 키워나가야 한다. 그리고 다른 문화적 배경을 가진 소상공인이나 기업에 대해서도 균형 있는 시각을 유지해야 한다.

11

자발적 현실

프리터Freeter족과 전업자녀

LLPLevel-Lock People

타주자객

IPSOS MARKET TREND 2025

미래보다 현실을 사랑하는 자발적 현실주의자들

어린 시절 주변 어른들께 자주 들은 질문 중 하나가 "너는 꿈이 뭐니?" 였던 것 같다. 누구는 '대통령', 누구는 '과학자', 또 누구는 '판사'라고 답했다. 그 꿈이 터무니없을 순 있지만 당시 우리는 크고 멋진 꿈을 가져야 한다고 믿었다. 그런데 요즘은 꿈과 비전에 대한 이야기를 하는 것이 때때로 어색하다. 굉장히 중요하다는 것을 알면서도 가끔은 미안한 질문일 수도 있겠다고 생각한다.

코로나19로 인한 팬데믹, 전쟁 위기, 급격한 기후변화, 정치 불안, 경기 침체 등 한 가지 어려움이 극복되기도 전에 또 다른 위협이 닥치는 상황에서 젊은 세대는 이 모든 것을 한꺼번에 경험하고 있다. 게다가 이런 복합적인 위기를 계속해서, 더 오래 겪어야 할 것이다. 그래서 누군가에게 꿈과 비전을 이야기한다는 것이 너무 형식적이거나 현실 감각이 없는 거라는 생각마저 드는 것 같다.

복합적 위기와 불투명한 미래는 우리를 두 가지 현상으로 이끈다. 하나는 현실 중시이고 또 하나는 자기 합리화다. 한쪽은 현실적 안정과 소확행(소소하지만 확실한 행복)을 추구하려는 태도이고, 한쪽은 그렇게 가고 있는 자기 자신에 대한 부정적인 면까지도 긍정적으로 포장하려고 하는 행동과 심리적 기제다. 그런데 문제는 양쪽 다 미래에 대한 구체적인 고민이 없다는 것이다. 어차피 미래는 내가 꿈꾸는 대로 가지 않는다는 마음에서 출발하기 때문이다. 그래서 다소 불안하다.

개인이 통제할 수 없는 외부 변화에 끊임없이 노출되며 증대되는 무력감은 자연스럽게 미래 회피로 연결된다. 자신의 꿈을 이루고 성취를 맛볼 수 있는 진로와 취업에 대한 계획은 처음부터 사치다. 50대 후반 또는 50대 초반, 아니 이제는 40대 후반만 되어도 불안해진다. 나의 꿈을 이루고 계속해서 동기를 부여할 수 있는 질 좋은 직장은 현실에서는 찾기가 쉽지 않다.

2024년 7월 통계청에 따르면 청년층(15~29세) 가운데 '쉬었음' 인구가 전년 동월보다 4만 2,000명 늘어난 44만 3,000명으로 나타났다. 그중 일하기를 원했느냐는 질문에 '아니다'라고 답한 이들이 33만 5,000명에 달했다. '쉬었음' 인구 중 75.6%가 구직 의사가 없었다는 뜻이다. '쉬었음'은 취업자나 실업자가 아닌 비경제활동 인구 중 중대한 질병이나 장애 없이 막연히 쉬고 있는 이들을 말한다. 2024년 7월 기준 '쉬었음' 청년 규모는 코로나19 팬데믹 때를 넘어섰으며, 통계 작성 이래 가장 많았다.

이들은 큰 꿈보다는 좀 더 작고 현실적인 것에 집중한다. '나'에게 집중하고, 위험한 외부로 나가 모험하지 않고 가깝고 따뜻한 것으로 나를 감싸려고 한다. 단기적인 수입원밖에 없을지라도 자유스럽고 내 삶이 크게 불편하지 않다면 문제가 되지 않는다. 거창하고 화려한 사회 활동보다 나를 중심으로 한 관계 형성과 소소한 행복에 집중한다.

또한 승진과 화려한 보직, 연봉 인상보다는 안정적이고 개인의 삶을 지킬 수 있다면 현재에 머물고자 한다. 자발적 '아싸outsider(아웃사이더)'를 선언하면서 주요 트렌드를 멀리하고 인간관계에서도 멀어져 온전히 자신의 삶에 집중하려는 분위기도 나타난다.

이런 분위기에서 조금씩 강조되고 있는 것이 자기 객관화다. 자기 객관화는 자신의 사고와 행동을 외부의 시각으로 바라보는 능력이라고 할 수 있다. 한때 유행한 메타인지와도 연결되는 개념으로, 자신의 능력을 좀 더 객관적으로 평가함과 동시에 타인에 대한 이해도를 높이는 것을 의미한다. 따라서 타인을 좀 더 주관적인 입장에서 이해하고 자신을 객관화하는 것은 나 중심의 삶을 긍정적이고 지속적인 삶으로 만들어가는 데 중요한 요소로 자리 잡을 것이다.

이번 시그널은 미래를 회피하고 현재와 현실을 사랑하는 자발적 현실주의자들의 이야기다. 다양한 단기 알바와 더불어 자발적 백수 생활을 하면서도 현실적으로 크게 문제가 되지 않는 삶을 소개하고, 진급과 연봉 인상 등 과거 치열한 경쟁 속에서 이루어냈던 사회적 성과보다 안정적인 현재와 현실로부터 행복을 찾고자 하는 사람들에 대한 이야기를 하고자 한다. 그리고 커다란 시대의 흐름에서도 자발적으로 멀어져 자신만의 삶을 선택하고 즐기려는 현상과 자신의 삶을 완성하기 위한 자기 객관화에 대해서도 이야기해볼 것이다.

프리터족과 전업자녀

"제 직업은 알바입니다"라고 말할 수 있는 세상이 오고 있다.

30대 정인이는 하루에 두 가지 알바를 한다. 아침 9시부터 편의점 알바를 하고 점심 전후로는 인근 대학교 구내식당에서 알바를 한다. 생활은 규칙적이면서도 자유롭다. 오후 4시면 퇴근이다. 주말은 학교 구내식당이 쉬기 때문에 여가를 즐기거나 필요하면 배달 알바를 하기도 한다. 전반적으로 시급도 나쁘지 않고 생활도 자유롭기 때문에 만족하며 살고 있다.

프리터족은 자유를 뜻하는 'free'에 독일어로 일을 뜻하는 'Arbeit'를 더해 만든 신조어다. 1990년대 초반 일본에서 경제 불황으로 특정한 직장 없이 아르바이트로만 생계를 유지하며 소소한 삶을 추구하는 청년들에게 붙여졌던 이름이다. 이들은 돈을 목적이 아닌 수단으로 여기며 자유롭고 소소한 삶을 추구하는 것이 특징인데, 최근에는 한국에서도 이런 이들을 많이 볼 수 있다.

고용노동부 산하 최저임금위원회는 2024년 7월 제11차 전원회의에서 2025년 최저임금을 2024년보다 170원 올린 1만 30원으로 결정했다. 이제 최저 임금 1만 원 시대가 됐다. 고용은 불안하고 취업 문은 갈수록 좁아지는데 최저임금이 가파르게 오르자 아르바이트로 생계를 유지하는 이들이 적지 않은 것으로 나타났다.

2024년 〈한국경제〉의 의뢰로 아르바이트 구인·구직 전문 포털 알바천국이 개인회원 3,253명을 조사한 설문 결과를 보면, '정규 직업 없이 아르바이트로 생계를 유지하는 프리터족'이라고 응답한 사람이 928명으로 28.5%를 차지했다. 이 중 30대의 비율이 37.6%로 가장 높았고, 40대가 30.2%로 뒤를 이었다. 전체 조사 대상의 75.4%는 '프리터족을 긍정적으로 생각한다'고 답했고, 특히 30대의 82.3%, 40대의 79.2%가 프리터족으로 생활하는 데 긍정적이었다.

우리는 그동안 육체적·정신적 노동을 통해 돈을 벌고 그 돈을 현재와 미래의 즐거움을 위해 소비해왔지만, 그것이 주는 가치는 만족스럽지 않았다. 치솟는 물가 탓에 아무리 벌어도 자산은 늘지 않고, 열심히 저축해도 여전히 미래는 불투명하다. 세상이 정한 가치를 좇으며 힘겹게 살아가기보단 소박한 기준에 맞춰 최대한의 행복을 누리며 사는 것이 좋은 선택일지도 모르겠다. '나'에 집중하면서도 여유로운 삶. 프리터족은 행복한 삶을 추구하는 또 하나의 방식인 것이다.

또 다른 형태로 개인 행복을 추구하는 이들이 있다. 전업주부처럼 집안일을 하고 부모에게 생활비를 받는 '전업자녀'다. 전업자녀 현상은 구직난 심화로 고학력 청년들이 취업 활동을 보류한 채 집에 머무는 상태를 뜻하며, 중국에서 유행하는 신조어 취안즈얼뉘全職兒女를 번역한 것이다. 다만 부모의 경제력에 자녀가 일방적으로 의존하진 않고 나름의 계약 속에 일정 급여를 받는다. 비슷한 형태로 일본에는 '자택 경비원'이라고 부르는 이들이 있으며, 한국에는 갓god수 또는 홈 프로텍터Home protector라고 불리는 이들이 있다. 명칭은 다르지만 모두 자발적 백수들이다.

그러나 이들은 자신들이 백수, 캥거루족, 등골 브레이커와 엄연히 다르다고 주장한다. 철저히 자발적이고 능동적이며 현실 지향적이다. 이런저런 집안일을 하거나 부모와의 협의를 통해 경제적 문제를 해결한다. 또한 집에서 독서, 넷플릭스 보기, 음악 듣기, 요리하기 등의 다양한 문화생활로 자신을 늘 업데이트하며 가족의 생산성에 이바지하는 진정한 집지킴이라는 주장이다.

이들은 현실의 바닷속을 자유롭게 유영한다. 문제는 특별한 목적지가 없다는 것이다. 이미 미래는 회피된 상태다. 불안정하고 만족스럽지 못한 미래는 외면하고, 현실적이고 자기 만족을 할 수 있는 현재를 선택한다. 자발적 '쉬었음'을 선택하고 일하기를 희망하지 않는 청년층이 늘어나고 있는 2025년. 그런데 오히려 자발적 현실이 매우 행복해 보인다.

회사를 다니다 보면 힘들고 스트레스에 지치다가도 승진이 되거나 연봉이 인상되면 자신도 모르게 다시 힘을 내게 되고 새롭게 동기를 얻었던 것 같다. 특히 대리, 팀장, 임원이 되던 시점에는 부모님과 아내, 친척, 친구들에게 두루두루 축하와 응원을 받았다. 물론 승진과 연봉 인상은 그 이상의 책임과 스트레스를 동시에 안겨줬지만, 그래도 그것이 회사생활을 지속하게 한 활력소라고 생각해왔다.

그런데 이제는 사무실의 분위기가 바뀌었다. 젊은 세대를 중심으로 일과 자기 생활의 균형을 중시하는 문화가 확산되면서 진급을 포기하는 움직임이 나타나고 있다. 2023년 잡코리아가 MZ세대 직장인 1,114명을 대상으로 진행한 설문 조사에서 응답자의 54.8%가 '임원으로 승진할 생각이 없다'고 답했다. 이유로는 '책임을 져야 하는 위치가 부담스러워서'가 43.6%로 가장 많았다. 뒤를 이어 '임원 승진이 현실적으로 어려울 것 같아서'가 20%, '임원은 워라밸이 불가능할 것 같아서'가 13.3%였다.

기업 분석 전문 한국CXO연구소의 '2023년 100대 기업 직원의 임원 승진 가능성 분석'에 따르면, 국내 100대 기업 일반 직원들이 임원 명함을 새길 확률은 0.83% 수준으로 나타났다. 경쟁률이 120:1이라는 의미로 정말 하늘의 별 따기인 셈이다.

일반적으로 임원이 되면 억대 연봉과 더불어 추가적인 혜택들이 쏟아진다. 다만, 임원이 되면 신분이 계약직으로 바뀌고 매년 회사의 평가를 받는다. 근로기준법상 주 52시간 근무제 적용도 받지 못하며 고용 안정성이 떨어진다. 즉 받는 혜택 이상으로 책임과 스트레스를 동시에 감내해야 하고, 무엇보다 불안정한 고용에 따른 불안감이 크다.

HD현대중공업 노조는 2024년 임금단체협상에서 '승진거부권'을 요구했다. HD현대중공업의 경우 생산직은 직위가 '기감'이 됐을 때, 사무직은 '책임'급에 올랐을 때 노조를 탈퇴해야 한다(자료: 〈한국경제〉, 2024.6.18.). 과거 빠른 승진을 원하던 분위기와 달리 최근에는 워라밸과 고용 안정의 혜택을 누리기 위해 오히려 천천히 승진하고자 하는 사람들이 많아졌다는 얘기다. 2030 직장인들 사이에선 임원이나 승진을 포기한다는 의미의 '임포족', '승포자'라는 신조어도 생겨났다.

젊은 세대는 개인의 행복과 재테크를 통한 부수입에 더 관심이 많다. 돈과 혜택을 좀 덜 받더라도 주어진 일에 충실하며 스트레스받지 않고 제때 퇴근하는 삶을 원하는 것이다. 또한 젊은 세대는 한 회사를 오래 다녀야 한다는 생각이 강하지 않기 때문에 조직 내에서의 성공보다는 안정적인 삶의 기반이 마련된다면 그 이상은 원하지 않는 분위기다.

잡코리아가 2023년 7월 남녀 직장인 496명을 대상으로 '하반기 이직 의사'에 대해 조사한 결과, 응답자 중 68.3%가 '현재 적극적으로 준비하고 있다'고 응답해 10명 중 6명이 이직을 준비하는 것으로 나타났다. 이직을 하려는 가장 큰 이유는 연봉(49.9%)이었고 그다음으로 기업의 비전(27.4%)과 복지 제도 불만족(26.3%)이 꼽혔다.

젊은 세대는 워라밸과 더불어 언제든지 이직할 수 있다는 이유로 조직의 무거운 자리에 도전할 의사가 없고, 시니어들은 좀 더 오래 일하고 싶어 하기에 더 이상의 승진은 의미가 없다. 개인의 행복한 삶을 지속하는 데 조직 내 레벨업Level-up은 동기 부여의 대상이 되지 못하며, 현실적으로 행복은 레벨록Level-Lock을 통해 유지되고 있다.

| Narrative 3 | 타주자객 |

주말을 맞아 경수는 대학 동창 모임을 제안받았다. 예전 같았으면 곧바로 참석 의사를 밝혔을 것이다. 하지만 이번에는 달랐다. "오늘은 집에 있을게. 다음에 보자." 경수는 간단하게 답장을 보냈다. 경수는 남들과의 연결을 일부러 놓치기로 선택한 것이다. 그는 더 이상 다른 사람들의 삶을 부러워하지 않는다. 소셜 미디어에서 멋진 사진이나 화려한 일상을 보지 않기로 한 것은 쉽지 않은 결심이었지만, 그 결정이 그의 정신을 한층 가볍게 해줬다.

'도파민dopamine'이라는 단어가 유행하고 있다. 도파민은 중추신경계에 존재하는 신경전달물질 가운데 하나로 카테콜아민 계열의 유기화합물이다. '행복 호르몬'이라고도 불리며 적당히 분비되면 행복감, 보상감 등 긍정적 효과를 준다. 그런데 요즘에는 스마트폰, 시청각 자료, 음주, 게임 등 무분별한 자극이 도파민 중독을 유발한다는 지적도 있다.

　최근에는 '관심은 돈이다'라는 인식 속에 '어텐션 이코노미Attention Economy(관심 경제)'가 유행이다. 심리학자이자 경제학자인 허버트 A. 사이먼Herbert A. Simon이 제시한 개념으로 정보·콘텐츠가 쏟아지는 상황에서 주의력이 희소한 재화로 여겨지는 최근의 경제 환경을 일컫는다. 빙글빙글 돌아가는 어텐션 이코노미 시대에 글로벌 테크 기업과 수많은 인플루언서는 사용자의 관심을 얻고 도파민을 자극하기 위해 점점 더 자극적인 움직임을 보인다.

이런 상황에서 아웃사이더를 자처하는 이들이 나타났다. 주류 트렌드를 놓쳐 뒤처질까 봐 걱정하거나 주변 사람들에게 잊히는 것에 대한 두려움을 가지는 포모Fear Of Missing Out, FOMO와는 정반대다. 이들은 디지털 디톡스를 선언하며 자발적 고립을 선택하고 자신만의 삶을 즐기려는 조모Joy Of Missing Out, JOMO족이다. 사회적 활동이나 트렌드를 따라가지 않더라도 심리적 불안감을 느끼지 않고, 오히려 그럼으로써 만족감을 얻는다. 조모족은 끊임없이 연결되어 있어야 한다는 압박과 정보의 홍수에서 벗어나 자기 삶을 살아가는 것을 중시하는 현대인의 새로운 가치관을 반영한다.

디지털화된 사회에서 우리는 항상 다른 사람들과 연결되어 있어야 한다는 압박을 받으며, 이런 연결이 심리적 부담으로 작용하기도 한다. 그러나 조모 트렌드는 이런 압박감에서 벗어나 스스로 선택한 고립이나 단절을 통해 오히려 삶의 만족도를 높일 수 있음을 보여준다. 조모족은 불필요한 인간관계를 정리하고 남의 시선이나 유행에 신경 쓰지 않으며, 자신만의 길을 추구하면서 자아 성찰과 자기계발에 몰두한다. 디지털 라이프의 부작용을 인식한 이들이 온라인 관계를 정리하고 나만의 세계를 중시하며 나타난 현상이다.

조모 현상은 철저히 현재를 기반으로 한다. 외부의 자극과 사회적 압박에서 벗어나 자신의 안락함과 만족감을 찾으려는 모습이다. 거창한 미래나 비전 같은 건 없다. 따뜻하고 안전한 현재의 행복에 집중한다. 외부로부터 자신을 지키고 내면의 평화를 찾으려는 현대인들의 노력이며, 현실 기반의 개인적 행복 추구다.

진정한 조모는 놓쳐버린 기회들에 대한 단순한 회피나 자기고립이 아니다. 내 삶에서 선택의 주도권을 내가 갖는 것이다. 그런데 조모 현상은 자칫 자기 자신에 대해 과대 합리화를 하거나 사회적 고립을 심화하는 부정적인 측면이 있다. 그래서 앞서 이야기한 현실 중심의 삶에 대한 의사결정들과 더불어 조모 현상의 부정적인 면을 보완하고 건강한 삶을 만들어가기 위한 새로운 움직임이 나타나고 있는데, 그것이 바로 자기 객관화다.

자기 객관화는 한때 유행했던 메타인지와 연결된다. 메타인지는 1970년대에 발달심리학자인 존 H. 플라벨John H. Flavell이 창안한 용어로, 남의 지시 이전에 자기 생각에 대해 스스로 생각하는 능력을 말한다. 물론 자기 객관화는 학술적으로 명확하게 규명된 정의나 개념은 아니다. 심리학이나 철학 등 인문학 분야에서 제대로 연구된 적도 없다. 다만, 메타인지 능력을 높이기 위한 자기 평가와 자기 조절 능력을 키워가는 과정을 자기 객관화로 연결하고 있다.

사실 개념은 중요하지 않다. 현실 중심의 판단과 자기 삶에 집중하는 현상 속에서 좀 더 건강한 판단과 지속 가능한 삶을 위해 자연스럽게 자기 객관화에 대한 논의가 활발해지고 있다. 남을 판단하는 것은 객관적이고 자신을 평가하는 것은 주관적인 것이 일반적이다. 즉 자신에게 관대하고 타인에게 야박한 평가를 하는 것이 특별히 이상한 것은 아니다. 하지만 다른 사람과의 관계를 멀리하고 주류 트렌드와 거리를 둔 상황에서 나의 판단에 대한 객관적 접근은 매우 중요한 과정이라고 생각한다. 타인의 시각과 의견을 주관적으로 포용하고 자신의 판단과 결정을 객관적으로 검증하는 것은 초현실주의적 생활 방식 속에서 좀 더 긍정적으로 자신을 지켜나가는 방법이다.

급변하는 현대 사회에서 사람들은 끊임없는 자극과 정보의 홍수 속에 살아가고 있다. 이런 상황에서 철저히 자신의 안정과 평온을 추구하는 경향이 강해지는 가운데 좀 더 긍정적이고 계획적인 삶을 살고자 하는 사람들이 늘어나고 있다. 2025년 자기 객관화는 타인의 주관화와 함께 현실 중심의 삶을 선택하는 개인들에게 다양한 방식으로 논의되고 적용될 것으로 보인다.

■ 마켓 리서처의 시각

2025년, 초현실주의자들의 삶에 대한 이야기가 시작된다. 다양한 불확실성 탓에 미래를 고민하기보다는 현실에 더 집중하고, 지금의 환경에서 자신의 행복을 최대화하려는 현상이 점점 더 확산되고 있다.

2024년 입소스의 조사 결과에서는 전체 응답자의 23%가 장기 계획은 무의미하다고 응답했으며, 특히 2030세대의 비중이 상대적으로 컸다.

또한 젊은 층을 중심으로 자발적 쉼의 경향이 강화되고 있다. 최근 Z세대는 그럴싸한 직장보다는 아르바이트를 여러 가지 하더라도 자신이 살아가는 데 문제가 없다면 특별히 신경 쓰지 않는 분위기다. 자신들이 원하는 수준의 회사 또는 경제활동이 아니라면 차라리 쉬는 것도 자기 삶을 위해 더 좋은 선택이라고 생각하는 것 같다.

주요 기업들과 일하다 보면 자연스럽게 나오는 이야기가 주요 실무자들을 추천해줄 수 있느냐는 것이다. 필요한 자리에 적정한 사람을 채용하지 못하는 일이 생각보다 많다. 조직에 몸담은 사람이라면 공감할 텐데, 주요 기업들의 조직은 호리병 구조다. 사원, 대리, 부장급이 전체 조직을 이끈다. 그래서 모든 기업이 좋은 중간 관리자를 찾는 데 혈안이 되어 있다. 일단은 한국말 할 줄 알고 한글을 쓸 수만 있으면 소개해달라는 우스갯소리도 듣는다.

그런데 이들은 모두 어디에 있는 걸까? 왜 우리에겐 중간 관리자가 없는 거지? 질문은 있지만 답이 없다.

'조용한 사직' 현상 등으로 기업의 기존 조직 체계와 운영이 큰 저항에 부딪혔고, 미래를 이끌 젊은 리더들은 매우 부족하다. 더 많은 연봉과 혜택이 젊은 인재들에게 조직에 대한 충성을 강요하는 수단이던 시대는 끝났다. 또 한쪽에는 수많은 부장이 있다. 그들 역시 가장 현실적인 선택을 원한다. 넓은 방과 검은색 승용차 대신 안정적인 은퇴를 기대한다. 기업의 안과 밖 모두에서 이제 조직보다는 개인이다. 가장 현실적인 상황에서 가장 현실적인 선택들이 일어나고 있다. '왜?'라고 자꾸 생각하는 동안 나 혼자 현실에서 멀어진다.

타인을 주관적 시각으로 포용하고 자신의 삶과 판단에 객관적으로 접근함으로써 현실 중심의 삶에서 나를 지키고 발전시킬 수 있는 기반을 만들어야 한다. 연세대 인지과학연구소의 모기룡 박사는 《자기 객관화 수업》에서 "자기 객관화를 잘한다는 것은 다수의 생각을 읽어낸다는 것"이라고 이야기했다. 그만큼 자기 객관화는 타인에 대한 다양한 시각과 생각을 포용하는 것에서 시작된다.

2025년은 초현실의 시대다. 비전이나 아름다운 미래를 그리기엔 현실이 다소 불편하다. 그래서 조모족과 같이 현실 기반의 자기 삶에 집중하는 현상이 나타난다. 그런 한편으로, 현실적인 선택과 자기중심적 판단을 좀 더 건강하게 만들기 위한 논의도 함께 시작되고 있다.

자발적 현실 트렌드는 사회 전반에 걸쳐 개인의 선택을 존중하고, 삶의 질을 우선시하는 변화를 가져온다. 사회는 프리랜서나 파트타임 근로자 등을 위한 사회 안전망 강화, 교육과 직업의 경로 다변화 지원, 자율적 생활 방식에 맞는 주거 및 금융 혜택에 대한 준비가 필요하다. 또한 내적 만족을 돕는 프로그램과 명상, 심리 상담 등 정신적 건강을 증진할 수 있는 서비스도 확충해야 한다.

기업은 유연근무제와 재택근무 지원, 직무 중심의 성장보다 개인 만족을 우선시하는 복지 제도를 강화할 필요가 있다. 그리고 취향에 맞춘 커스터마이징 제품, 자율적인 근무 환경을 지원하는 기업용 솔루션 개발도 필요해 보인다.

소비자는 확증편향적 사고를 경계하고, 단기적인 성취와 만족을 통해 동기를 부여받고 꾸준히 성장하는 것을 목표로 삼아야 한다. 그리고 변화하는 사회에 적응하고 경쟁력을 갖추기 위해 끊임없이 배우고 성장해야 한다. 무엇보다 자기 자신과 현실을 객관적으로 바라보는 능력을 계속해서 함양해나가야 한다. 정보 과부하를 경계하고, 자신에게 필요한 정보를 선별적으로 수용하면서 비판적인 사고 능력을 길러야 한다.

2025년, 새로운 관계 형성과 소통이 시작된다. 퍼레니얼 시대에는 모든 것이 나이, 성별, 국경을 초월한다. 디지털은 기존의 커뮤니티를 무너뜨리는 동시에 새로운 커뮤니티를 확산시키며, 사람들은 '나'의 취향과 감성에 좀 더 집중한다. 그래서 취미는 보이지 않지만 취향은 더 파편화되고 세심해진다. 파편화되고 세심해진 취향은 다양한 관계를 이끌며, 이 새로운 관계에서는 유연함이 관건이다. 자주 바뀌는 관계, 가벼운 관계이지만 이를 안정적으로 유지하기 위해서는 긍정적이고 능동적인 소통이 필요하다. 한마디로, 유연한 유대감의 시대다.

한편에서는 미래를 회피하고 현실의 안정을 추구하는 새로운 이름의 백수들이 등장하고, 허황된 성공을 추종하며 사이버 레커cyber wrecker(교통사고가 나면 잽싸게 달려오는 레커처럼 온라인에서 이슈나 사건이 발생했을 때 팩트 체크를 생략한 채 관련 영상을 신속하게 게시하여 조회수를 올리려고 하는 유튜버)가 되거나 결국 자괴감에 빠져 에코이스트가 되는 이들도 있다. 이들은 성공하지 못한 경험을 실수가 아니라 실패로 단정하고 좌절하면서 사회적 문제를 일으키기도 한다.

하지만 다른 한편에서는 물질적 풍요와 육체적 아름다움을 넘어 건강한 멘탈 프로필을 만들어가는 사람과 자기 객관화에 진심인 사람도 많다. 추구하는 바가 바르다고 하여 고통이 없는 것은 아니지만, 이들은 스트레스를 이겨내고 마음력을 키우면서 자기 삶의 속도를 찾아나간다. 자기 자신과 새로운 방식으로 소통하며 사회나 주변의 압박이 아니라 스스로 정한 길을 걸어가면서 건강과 행복감, 자존감을 유지한다. 나만의 취향, 내 삶의 속도를 가지는 것이다. 바야흐로 미-맥싱의 시대다.

2025년, 그동안 경험한 적 없는 무인과의 소통도 시작된다. 퍼레니얼 현상은 인간관계에만 국한되지 않으며, AI·로봇·무인매장까지 포함한다. 이곳저곳에서 무인이 우리와 함께한다. 사람이 모였을 때 관계가 형성되는 것이 일반적이었지만, 이제는 사람이 없어도 관계가 형성된다. 그리고 그 안에서 새로운 소통이 필요해진다. 우리는 앞으로 인간이 아닌 그들과 함께 살아가야 한다.

무인과의 소통은 인간끼리의 소통과 어떤 차이가 있을까? 질문하는 데 익숙하지 않은 우리로서는 커다란 도전일 수밖에 없다. 하지만 걱정하거나 주저할 것 없다. 내가 먼저 소통을 시도해보자. 내가 아는 것을 먼저 정중히, 충분히 전달하자. 인간관계에서의 공감과는 성격이 다르겠지만, 분명히 진전된 소통이 일어날 것이다. 그러면 그 안에서 새로운 스토리가 시작될 것이다.

2부

2025
글로벌
트렌드
리포트

1

거대한 흐름, 매크로 포스 6

사회 변동	기술 가속화
경제적 불균형	환경 위기
정치적 분열	웰빙 혁명

IPSOS
MARKET TREND
2025
글로벌 트렌드 도출 과정

입소스는 전 세계 사람들의 가치가 어떻게 변화하는지를 심층적으로 파악하기 위해 매년 글로벌 트렌드 설문 조사를 실시하고 있다. 2025년 글로벌 트렌드를 이해하기 위해 전 세계 50개국의 시장에서 5만 건이 넘는 인터뷰를 진행하고 있다.

복잡한 시장의 움직임과 트렌드를 파악하기 위해 먼저 오랜 시간 동안 전 세계적으로 사람들과 조직의 행동에 영향을 미치는 광범위한 움직임인 매크로 포스Macro Force의 움직임을 살펴보았다. 그리고 각 국가별 사회와 시장, 사람들의 의견과 가치관이 변화하는 모습들을 기반으로 특정 지역이나 국가 커뮤니티 내에서 발생하는 지역적인 움직임을 살펴보았다. 이러한 분석을 통해, 세계가 서로 밀접하게 연결되어 있음을 확인할 수 있었고, 전 세계 사람들을 이해할 수 있는 스물세 가지 핵심 가치를 도출했다(2부 2장 참고). 그리고 이를 바탕으로 2025년에 주목해야 할 아홉 가지 글로벌 트렌드를 선별했다.

다음 장에서는 먼저 사회, 시장, 사람들에게 영향을 미쳐 변화를 일으키는 광범위한 흐름인 매크로 포스 여섯 가지를 살펴본다.

사회 변동

전 세계적으로 인구가 감소하고 있으며, 이에 따라 국경을 넘는 이주와 이동이 활발하다. 또한 전통적인 생애 단계의 변화와 더불어 가치관이 변화하면서 '정체성' 이슈가 부상하고 있다. 글로벌 통계 사이트 OWDOur World in Data에 따르면 세계 인구는 2022년 예측보다 약간 이르게 정점에 도달할 것으로 예상된다. 이 예상 정점은 계속해서 조금씩 앞당겨지고 있으며, 출산율의 감소가 가장 큰 원인으로 파악된다. 전 세계 출산율을 보면, 1960년대 여성 1인당 자녀 수 5명 이상에서 현재 2.3명으로 절반 넘게 감소했다.

인구 변동

전 세계적으로 인구가 고령화되고, 많은 국가에서 인구 감소가 확실시되고 있다. 다만, 아프리카·중동·남아시아 지역은 젊은 세대 중심으로 시장이 확대될 가능성이 있다는 점은 주목할 필요가 있다.

이주, 이동

기후변화, 경제적 기회, 정치적 상황이 원인이 되어 자국 내에서는 물론이고 국가 간 이주도 증가하고 있다. 이는 이주 및 이동 경로에 해당하는 국가들의 사회구조에 영향을 미친다.

생애 단계, 가족의 진화

경력, 돈, 가족과 같은 전통적인 생애 단계별 성공에 대한 가치관이 지속적으로 변하고 있다. 예컨대 사람들은 예전보다 전반적으로 더 늦게 가정을 꾸리며, 이는 가구 형태와 가족 구조에 변화를 초래한다.

민족 및 종교 다양성

많은 국가에서 인종 구성이 다양해지고 있다. 종교 또한 지리적인 연관성이 줄어들면서 국가 및 지역 내에서 더욱 다양해지고 있다.

정체성 수용

기술의 발전과 네트워킹의 강화로 일부 시장에서는 성별, 민족, 능력 그리고 정체성의 구성 요소에 대한 전통적인 정의가 포괄적으로 변화하고 있다.

Macro Force 2	기술 가속화

기술의 발전과 더불어 미래 혁명을 주도할 것이라는 다양한 기술적 아이콘이 출현했다. 암호화폐, 3D프린팅, 메타버스 등이 대표적인 예다. 그러나 이 혁명적 기술들은 우리가 기대했던 미래로 이끌지 못하고 있는 것 같다. 다만, AI는 경제와 사회에 미치는 영향이 다소 다르다. 2024년 프라이스워터하우스쿠퍼스PwC는 보고서를 통해 AI가 생산성을 높이고, 혁신적인 제품 개발을 가속화하고, 과학적 발견에 기여하고, 의료 시스템을 개선할 것이라는 예측을 내놓았다. 이 보고서에서는 AI가 2030년까지 세계 경제에 14%, 즉 15조 7,000억 달러를 기여할 수 있으리라고 높은 확률로 예측했다.

보급형 기술

기술의 보급은 우리 생활의 모든 측면을 변화시키면서 다양한 시장에서 기회를 창출해왔다. 예컨대 인터넷은 전 세계적으로 10명 중 6명이 사용할 수 있으며, 특히 북미와 유럽 지역의 보급률이 가장 높다.

몰입형 기술

AR(증강현실), VR(가상현실), MR(혼합현실)을 포함한 기술은 서로 연결성을 가지고 발전하면서 브랜드와 상호작용하는 새로운 방법을 만들어가고 있다. 게임 플랫폼이 일반 소비자를 사로잡는 한편, 메타버스 metaverse(현실세계를 가상의 공간에서 구현하는 플랫폼)는 B2B 영역과 정보 모델링, e-러닝 앱에서 주목받고 있다.

AI 진전 및 자동화

생성형 AI는 우리의 업무 수행 방식을 바꾸고 있으며, 분석 및 예측 AI는 기술 및 상호작용 방식을 변화시키고 있다. 이런 변화는 대규모의 자동화와 효율성을 가능하게 하고, 생산성을 향상시킨다.

데이터 폭증

안면 인식 기술, AI 분석 기술, 자동화가 확산됨에 따라 공공 안전과 사생활 보호 측면의 이슈가 새롭게 부상했다.

기술에 대한 우려

선진 시장에서는 과도한 사용 시간, 정신건강에 미치는 영향, 개인정보보호 등에 대한 우려로 기술을 부정적으로 바라보는 시각이 나타나고 있다.

경제적 불균형

기술 발전의 가속화에 따른 지속적인 생산성 향상과 효율성 증가는 유례 없는 규모의 부와 가치를 창출하고 있지만, 경제적 불균형 심화라는 부작용도 가져왔다. 특히 기존 중산층의 몰락은 매우 중요한 사회적 과제로 떠올랐다. 글로벌 빈민 구호 단체 옥스팜Oxfam이 내놓은 '2024 불평등 보고서'에 따르면, 2020년 이래 세계 최고 부유층 5명의 자산이 2배 가까이 늘어나는 동안 지구상 50억 명의 인구는 2019년 대비 더 가난해졌다. 팬데믹, 인플레이션, 전쟁 등 지속적인 경제적 위기로 세계 곳곳에서 물가 상승률이 임금 상승률을 넘어섰기 때문이다.

중산층의 부상과 몰락

선진국 중산층의 삶은 점점 더 힘들어지는 반면, 아시아태평양APAC 지역의 중산층은 견고하며 전 세계 중산층 소비의 대부분을 차지할 것이다. APAC의 경제 성장 동력은 제조업으로, 이를 대체할 지역이 아직 나타나지 않았기 때문이다.

근로자의 권력 이동

인구학적 변화와 기술 발전이 서유럽과 동아시아에서 직원과 고용주 간 역학 관계의 변화를 주도하고 있다. 중국에서는 실업률이 증가하고 있으며, MENA Middle East & North Africa (중동 및 북아프리카) 지역에서는 청년 실업이 큰 문제로 대두했다. '대규모 퇴사'라는 패러다임이 자주 언급되고 있으며, 권력 균형이 경제 상황에 좌우되고 있다.

빈부 격차

인구의 최상위 0.01%가 소유한 부의 크기가 1995년 이후 2배로 증가하여 2022년 기준 전 세계 부의 12% 가까이를 차지했다. 이로 인해 국가 간 소득 격차보다 국가 내 소득 격차가 더 심화되고 있다.

생활비 상승

2022년 미국과 유럽의 인플레이션율이 지난 10년 평균 수준을 훨씬 넘어서 충격이 컸다. 그 밖에 글로벌 에너지 가격의 변화 역시 경제 상황과 소비자 지출에 계속해서 영향을 미칠 것이다.

대안적 가치 구조

분산형 자율 조직, 암호화폐 및 NFT, 지구(환경)와 인간까지 고려하는 재생자본주의 등 새로운 가치 구조와 모델이 주목받고 있다.

환경 위기

최근 전 세계적으로 약 400건의 자연재해와 이상기후가 발생해 환경 위기의 심각성이 속속 드러나고 있다. 2023년 자연재해로 인한 경제적 손실은 글로벌 기준 약 3,800억 달러로 추정된다. 모든 대륙이 2023년에 놀라운 자연재해를 기록했으며, 여러 국가가 역사상 가장 심각한 재난에 직면했다. 영국계 글로벌 금융 회사 Aon이 발행한 보고서에 따르면 2023년 주목할 만한 경제 손실 사건Notable 2023 Economic Loss Events에서 가장 큰 원인은 지진이었고, 특히 튀르키예와 시리아에 재난을 일으켰다. 그 뒤를 잇는 것이 심각한 대류성 폭풍으로, 미국과 유럽에서 큰 손실이 발생했다. 또한 재난으로 인한 직접적인 경제적 영향은 경제 생산량이 높은 지역에 집중됐다.

기후변화

인류는 이미 기후변화와 관련된 홍수, 폭염, 가뭄, 산불의 영향력을 실감했다. 꾸준히 개선하고 보완했지만, 기후 위기와 관련한 목표를 달성하기 위해서는 더 강력한 조치와 방안이 필요하다.

생물 다양성 손실

1970년 이후 전 세계 야생 동물 개체 수는 70% 이상 감소했다. 이에 따른 생태계 및 식량 공급 위협을 완화하기 위해 복원 농업 방식이 개발되고 있다.

지속 가능한 성장

자원 채굴에 깊이 관여하고 있는 국가와 기업들의 저항이 있긴 하지만, 경제 성장을 자원 사용과 분리하려는 분위기가 지배적이다. 그러나 환경 피해에 따른 비용보다 지속 가능한 경제로 전환하는 비용이 크다는 점이 장애 요인이 되고 있다.

자원 고갈

중요한 자원에 대해 글로벌 공급망의 취약성 및 공급망 확대 필요성을 강조하는 한편 자원 수요를 줄여야 한다는 필요성이 부각되고 있다. 유엔 보고서에 따르면, 2060년에는 자원 채굴이 거의 60% 증가하여 물, 신선한 공기, 경작 가능한 토지와 같은 필수 자원이 줄어들면서 분쟁이 증가할 것으로 예상된다.

Macro Force 5	정치적 분열

KIF(한국금융연구원)는 '지정학적 리스크 지표에 대한 설명'에서 지정학적 리스크를 '전쟁, 테러, 국가 간 갈등과 같은 지리적·정치적 긴장으로 발생할 수 있는 리스크'라고 풀이했다. 그 예로 러시아-우크라이나 갈등, 사이버 공격, 미-중 무역 관계, 이스라엘-하마스 등 중동 지역 전쟁, 전쟁의 장기화로 인한 운송 공급망 불안 등을 언급했다.

Fed(미 연방준비제도)에서 개발한 GPR(지표투과레이다) 지수에 따르면, 러시아-우크라이나 전쟁 발발 이후 지정학적 리스크가 급증해 그 수준이 지금까지 유지되고 있다.

민족주의와 포퓰리즘 고조

세계화에 따른 승자와 패자의 발생, 기술로 촉발된 허위 정보, 그리고 팬데믹은 경제 강대국 간의 긴장을 다시 높였으며 이 때문에 글로벌 경제로의 전환이 늦춰지고 있다. 기후변화, 불평등, AI 규제와 같은 글로벌 문제를 해결해야 함에도 여전히 불확실한 정치적·경제적 환경에 직면해 있다.

기술의 위협

기술은 디지털 정보 전쟁, 스파이 활동, 인프라 공격 등 국가가 주로 지배하던 전장에 새로운 위협이 되고 있다. 또한 기업 정보 몸값 요구와 같은 새로운 전선도 형성됐다. 보안 기술이 이에 맞춰 발전하지 않는다면 AI가 이런 위협을 새로운 차원으로 확대할 수 있다.

정치 시스템에 대한 의문

전 세계적으로 많은 이들이 현재 정치 시스템에 불만을 표출하고 있다. 허위 정보는 민주주의에 위협이 되고 있으며, 정부로부터 교육 기관에 이르기까지 권력과 영향력의 구조에 의문을 제기하는 시민이 많아졌다.

지정학적 갈등

러시아-우크라이나 전쟁과 중동 전쟁 이전에도 갈등과 폭력은 계속해서 심화돼왔다. 미얀마, 에티오피아, 이란 등에서는 내전, 시민 불안, 반란 등 정치적 갈등으로 시민들의 삶과 안전이 위협받고 있다.

고착화된 불평등

팬데믹 기간에 여성들이 노동 시장을 떠나면서 세계적으로 남녀 간의 임금 격차를 해소하려는 노력이 둔화되고 있다. 이에 따라 인종, 민족, 연령 등 인구통계적 요인에 기반한 오랜 불평등이 드러나고 있다.

웰빙 혁명

미국·영국·중국 전역의 소비자 5,000명 이상을 대상으로 조사한 맥킨지의 2024년 '웰니스 미래 연구'에 따르면, 미국에서만 웰니스 시장이 연간 5~10% 성장하고 있으며, 총 4,800억 달러로 추정한다. 현재 미국 소비자의 82%가 일상생활에서 웰니스를 최우선 또는 중요한 우선순위로 생각하고 있으며, 영국과 중국 소비자들도 각각 73%와 87%로 유사하다. 특히 Z세대와 밀레니얼 세대가 웰니스 제품과 서비스의 구매 비중이 상대적으로 더 높은 것으로 나타났다.

이런 상황에서 육체적인 건강과 더불어 정신건강에 대한 관심이 지속적으로 높아지고 있다. WHO(세계보건기구)에 따르면 2019년에는 전 세계 인구 8명 중 1명, 즉 9억 7,000만 명이 정신 장애를 앓는 것으로 나타났으며 불안과 우울 장애가 가장 많았다. 2020년에는 코로나19 팬데믹으로 불안과 우울 장애를 앓는 사람들의 수가 크게 증가했으며, 초기 추정에 따르면 불안과 주요 우울 장애는 단 1년 만에 각각 26%와 28% 증가했다.

구조적 건강 불평등

많은 개발도상국이 선진국들과의 기대수명 격차를 좁히고 있지만, 모든 시장에서 성별, 인종, 민족, 기타 사회경제적 요인에 따른 양질의 의료 서비스 접근성과 비용의 불평등은 여전히 존재한다.

획기적인 치료법

mRNA 기술의 노벨상 수상은 백신과 약물 개발을 혁신하고 가속화하고 있으며, AI를 활용한 혁신과 유전체학을 통한 진단 및 치료도 마찬가지다. GLP-1 약물은 한때 개인의 책임으로 간주되던 비만과 같은 질환에 대한 시각을 변화시키고 있다.

건강과 기술의 융합

기술 주도의 연구개발R&D은 일부 질병에 대해 치료가 아닌 예방으로 관점을 옮길 만큼 효과적인 치료법을 개발하고 있다. 생체공학, 유전자학, 웨어러블 기술, AI 질병 탐지 및 가정 건강 모니터링의 발전은 앞으로도 기술이 웰니스에 중요한 역할을 할 것임을 보여준다.

넥스트 팬데믹

전문가들은 또 다른 팬데믹이 발생하는 것은 시간문제일 뿐이라고 말한다. 코로나19 백신에 대한 회의론이 다른 백신으로까지 퍼지면서, 홍역과 같이 거의 사라진 질병이 부활하는 원인 중 하나가 되고 있다.

2

2025
글로벌 트렌드 9

세계화 속 탈세계화	분열된 사회	기후변화 대응
기술 와우	건강에 대한 높은 관심	과거로의 여행
혁신적 허무주의	신뢰의 힘	나에게로 탈출

세계화 속 탈세계화

지난 10년간 입소스는 여러 나라에서 세계화에 대한 긍정적인 인식이 증가한 것을 발견했다. 다만 경쟁적인 정치 환경이 강해지면서 국가들이 유사한 생각을 가진 그룹으로 분리되고 있으며, 정치 지도자들은 점점 더 동맹 관계의 중요성을 강조하고 있다.

따라서 이제는 세계화에 대한 긍정적인 인식과 함께 지역 및 국가의 가치관도 함께 고려해야 한다. 글로벌 브랜드는 지역 사회와의 유대를 강화하는 것뿐만 아니라 해당 시장이 얻을 수 있는 이점을 동시에 부각해야 한다.

2025년에는 K-컬처에 대한 세계 시장에서의 긍정적인 반응을 기반으로 새로운 분야에서 세계화 시도가 있을 것이다. 또한 기존 글로벌 브랜드 외에 작지만 개성이 강한 브랜드들의 한국 진출도 활발해질 것이다.

글로벌 시장 사례

▷ **국가의 정신을 브랜드화하다** 아디다스와 멕시코 브랜드 썸원 썸웨어 Someone Somewhere가 멕시코 장인 정신과 축구 문화를 기리는 새로운 유니폼 컬렉션을 만들기 위해 협력했다. 이 협업에는 시에라 노르테 데 푸에블라 지역의 여성 장인들이 11시간 이상 정교하게 자수한 새로운 유니폼 컬렉션이 포함됐다.

▷ **글로벌 브랜드의 현지화** 스타벅스 차이나는 중국 전통 유산 기술과 쑤저우 지역의 문화를 보여주기 위해 중국 문화유산의 날에 맞춰 세 번째 문화유산 콘셉트 스토어를 열었다. 내부는 쑤저우 스타일의 정원 파빌리온을 모방하고 지역 공예를 기반으로 한 디자인 요소를 갖췄다.

▷ **글로벌 시민권을 통한 기회 제공** 고 튀르키예GoTürkiye는 경제와 관광 산업을 활성화하기 위해 원격 근로자를 유치하는 '디지털 유목민 비자'를 도입했다. 이 비자를 통해 원격 근로자는 외국인 고용주를 위해 일하면서 튀르키예의 문화와 자연을 즐길 수 있게 됐다.

국가적 자부심

이 가치는 자기 나라에 대한 긍정적인 자부심을 포함하여, 서로 다른 배경의 소수민들이 공정하게 대우받고 있다는 믿음과 내적 집중의 긍정적 요소를 보여준다.

한국은 이 가치 측면에서 자국에 대한 자부심이 전 세계 평균 대비 상대적으로 낮은데, 특히 25~34세에서 가장 낮게 나타났다. 또한 자국 내 다양한 배경과 소수 민족 출신의 사람들이 공정하게 대우받는다는 믿음 역시 전 세계 평균 대비 20%포인트 낮게 나타났다. 앞으로 우리가 다민족국가로 나아가기 위해 고민해야 하는 부분이다.

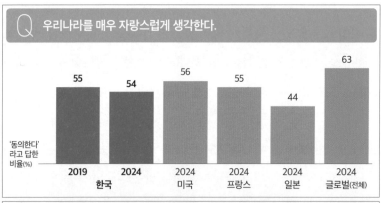

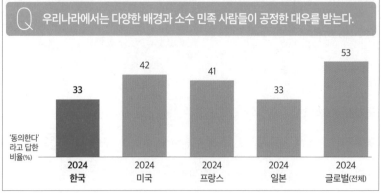

〈한국일보〉에 따르면 2020년 코로나19 대응과 관련해 K방역에 대한 세계적인 찬사가 이어지면서 우리 국민의 국가 자부심은 최고 80% 수준까지 상승했다. 하지만 2021년 조사에서는 소폭 하락했으며, 코로나19가 종식된 이후 2023년 조사에서는 2019년과 비슷하거나 더 낮은 수준으로 회귀한 것으로 나타났다.

세계관

이 가치는 세계화의 유익한 영향이 국가뿐만 아니라 개인에게도 미치는지 아닌지를 보여준다.

한국인은 평균적으로 세계화가 자국에 미치는 영향이 개인에게 미치는 영향보다 긍정적이라고 인식했는데, 16~24세에서는 세계화가 자국보다 개인에게 더 긍정적인 영향을 준다고 인식하는 것으로 나타났다.

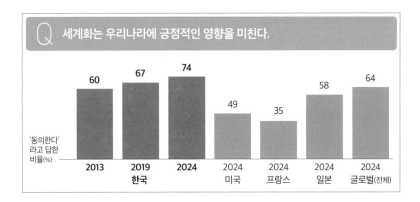

Q 세계화는 우리나라에 긍정적인 영향을 미친다.

'동의한다'라고 답한 비율(%)

2013 한국	2019 한국	2024 한국	2024 미국	2024 프랑스	2024 일본	2024 글로벌(전체)
60	67	74	49	35	58	64

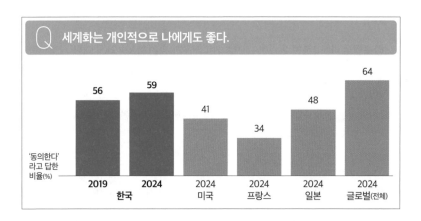

세계화는 개인적으로 나에게도 좋다.

'동의한다'
라고 답한
비율(%)

| 56 | 59 | 41 | 34 | 48 | 64 |

| 2019 | 2024 | 2024 | 2024 | 2024 | 2024 |
| 한국 | | 미국 | 프랑스 | 일본 | 글로벌(전체) |

대한민국 이야기: 한류에 따른 수출 증가, 한국 문화 영향력도 급등

한류 열풍이 문화적으로 한국의 영향력을 끌어올리는 효과를 넘어 실물 경제에도 긍정적인 영향력을 발휘하고 있다. 한국국제문화교류진흥원이 한류의 경제적 파급효과를 조사한 '2023 한류 파급효과 연구' 보고서에서도 이를 확인할 수 있다.

2023년 한류에 따른 총수출액은 141억 6,500만 달러로 2022년 대비 5.1% 증가했다. 한류에 따른 문화 콘텐츠 상품 수출은 전년 대비 6.0% 감소했지만, 소비재 수출 및 관광 소득이 21.8% 증가함에 따라 최근의 총수출 증가세를 이어갈 수 있었다. 2023년 한류에 따른 생산 유발 효과는 32조 4,147억 원으로 전년 대비 9.1% 증가했다. 부가가치 유발 효과는 15조 1,494억 원으로 전년 대비 5.6% 증가했고, 취업 유발 효과는 19만 2,674명으로 전년 대비 8.8% 증가했다.

Trend 2	분열된 사회

큰 소득에 따른 부의 격차는 사회 발전에 해롭다는 인식이 확산되고 있으며, 지난 10년 동안 놀랍도록 높은 수준으로 유지되고 있다. 이런 사회적 감정의 강도는 사회적 스트레스를 지속적으로 증가시킬 뿐 아니라 새로운 이념과 정치적 견해를 등장시킴에 따라 전통적인 구조가 분열되는 결과도 초래한다.

전 세계적으로 사회가 고령화되고 인구가 줄어들기 시작하면서 이민이 새로운 갈등의 요인이 되고 있다. 세계의 절반은 이민이 시장과 사회에 긍정적인 영향을 미친다고 생각하지만, 한편으로는 국가에 이민자가 너무 많다고 생각하는 이들도 많다.

기업이 다양성과 평등에 더 많이 기여해야 한다고 응답한 비율이 높았으며, 이를 통해 사람들의 감정을 긍정적으로 변화시키는 데 도움이 될 수 있다고 본다.

글로벌 시장 사례

▷ **이민자들의 금융 서비스 지원** 캐나다에서 이민자가 증가하는 상황에 대응하기 위해 미국 기반의 신용 정보 회사인 노바크레딧Nova Credit이 캐나다 왕립은행RBC과의 파트너십을 발표했다. 이 파트너십은 신용 확인이 어려운 이민자들이 필수 금융 서비스에 접근할 수 있도록 국제 금융 기록을 활용하였다. 그 덕에 이민자들의 신용 기록 확인의 절차가 간소해졌다.

▷ **부족한 여성 용품 지원** 생리용품이 비필수품으로 분류돼 세금이 부과되는 미국의 여러 주에서 생리빈곤을 해소하기 위해 여성 CEO가 창립하거나 운영하는 생리용품 브랜드 8곳이 나섰다. 이런 과세는 매년 소비자들에게 약 8,200만 달러의 비용을 추가로 부담하게 한다. 참여 브랜드 중 하나에 영수증 사진을 보내면, 개인은 벤모Venmo 또는 페이팔PayPal을 통해 환불받을 수 있다.

▷ **다양성과 성평등 지지 캠페인** 2024년 6월 방콕 프라이드 페스티벌에서 가르니에 타일랜드Garnier Thailand는 '메이크업을 지우되, 자부심은 지우지 말라'라는 캠페인을 선보였다. 가르니에는 AI를 사용하여 부정적인 단어를 긍정적인 메시지로 바꾼 맞춤형 사진을 만들 수 있게 했으며, 이는 다양성과 성 평등을 지지하는 캠페인이 됐다.

부의 재분배

이 가치는 부유층과 기업의 부를 더 넓은 사회로 재분배하여 사회적 격차 확대를 완화하고자 하는 시도를 보여준다. 큰 소득 격차가 사회에 해롭다는 인식, 기업은 이익 이상의 더 넓은 목표를 가져야 한다는 생각, 그리고 더 많은 것을 가진 사람들이 공익에 더 많이 기여해야 한다는 인식에서부터 출발한다.

한국은 이 가치 측면에서 전 세계적으로 소득과 부의 큰 격차가 사회에 해롭다는 데는 이견이 없을 뿐 아니라 전 세계 평균보다 더 부정적으로 인식하고 있다.

또한 부유한 사람이 더 많은 세금을 내야 하고, 비즈니스와 비즈니스 리더들이 사회에 기여해야 하는 의무가 있다는 점을 전 세계 평균보다 더 많이 기대하고 있다.

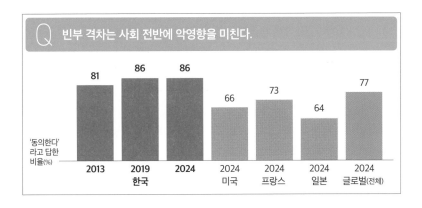

Q 빈부 격차는 사회 전반에 악영향을 미친다.

'동의한다'라고 답한 비율(%)

2013	2019 한국	2024	2024 미국	2024 프랑스	2024 일본	2024 글로벌(전체)
81	86	86	66	73	64	77

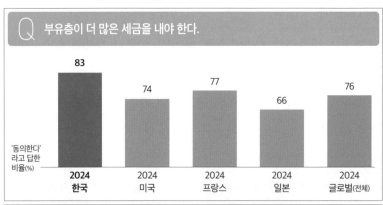

Q 부유층이 더 많은 세금을 내야 한다.

'동의한다'
라고 답한
비율(%)

83 — **2024 한국**
74 — 2024 미국
77 — 2024 프랑스
66 — 2024 일본
76 — 2024 글로벌(전체)

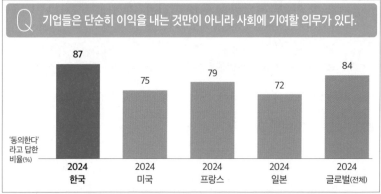

Q 기업들은 단순히 이익을 내는 것만이 아니라 사회에 기여할 의무가 있다.

'동의한다'
라고 답한
비율(%)

87 — **2024 한국**
75 — 2024 미국
79 — 2024 프랑스
72 — 2024 일본
84 — 2024 글로벌(전체)

대한민국 이야기: 부자 감세 정책을 추진하는 정당은 표를 못 받는다?

2024년 3월 참여연대 조세재정개혁센터에서 발표한 여론조사 결과에 따르면 국민 10명 중 6명은 과세가 공정하지 않다고 보았다. 조사에 참여한 62.4%가 부자 감세 정책을 추진하는 정당에는 투표하지 않겠다고 응답했는데, 이는 자산 대물림이 고착화되고 빈부 격차가 심해지면서 부자 감세 정책에 더 부정적으로 변한 여론을 그대로 보여준다.

형평성

이 가치는 성별, 나이, 성적 지향성, 피부색에 기반한 형평성을 달성하려는 욕구를 나타낸다. 한국은 이 가치 측면에서 성별보다 나이에 대한 차별을 더 높게 인식하고 있고, 연령대가 높을수록 나이 때문에 차별을 받는다는 인식이 더 높게 나타났다.

대한민국 이야기: 초고령사회의 연령 차별

대한민국은 2025년 초고령사회 진입을 앞두고 있다. 이미 5명 중 1명이 만 65세 이상 노인인 사회다. 이 추세대로라면 2070년에는 2명 중 1명이 65세 이상 고령자가 될 것으로 보인다.

이에 따라 사회적 인식 변화, 제도 개편 등이 시급하다는 지적도 제기된다.

고용에서 연령 차별을 금지하는 법이 마련되어 있으나, 2022년 말 고용노동부의 고용상 연령 차별 실태를 조사한 보고서에 따르면 50세 이상 취업자와 구직자 271명 중 183명(67.5%)이 '고용상 연령 차별을 경험했다'고 응답했다.

전체 응답자 가운데 현재 일하고 있는 237명을 대상으로 한 질문에서는 채용 과정에서 차별을 당했다는 응답이 45.6%를 기록했다. 특히 일자리는 사회적 안정, 경제 성장, 개인의 삶의 질 향상과 직결되기 때문에 초고령사회에 대비한 일자리 시장의 개편이 중요하다. 이를 위해 나이가 많은 구직자들이 시장에서 경쟁력을 유지할 수 있도록 재교육 프로그램을 강화하고, 연령이 아닌 역량 기반의 채용을 권장할 수 있는 프로그램이 마련되어야 한다. 고령화 사회에서 일자리 시장을 바꾸는 것은 결국 지속적인 경제 성장과 사회 통합을 위한 주요한 과제다. 이에 대해 사회적으로 모두가 공감할 수 있도록 인식 전환 역시 필요할 것이다.

자국민 우선주의

이 가치는 '사회의 진정한 구성원은 누구인가'에 초점을 맞춤으로써 시작되는 사회적 분열에 관한 인식을 보여준다.

일반적으로 국수주의는 국가와 자국 시민들의 이익을 우선하며, 이민을 통제하고 감소시켜야 할 위협으로 간주한다.

한국은 이 가치 측면에서 타 국가 대비 이민자가 많지 않다고 인식하고 있으며, 고용에서 자국민 우선 채용은 필요하다고 인식하는 것으로 나타났다.

Q 우리나라에는 이민자가 너무 많다.

'동의한다'
라고 답한
비율(%)

2013	2016	2019	2024	2024	2024	2024	2024
39	40	42	34	52	59	26	62
		한국		미국	프랑스	일본	글로벌(전체)

Q 일자리가 부족할 때 고용주는 이민자보다 자국민을 먼저 고용해야 한다.

'동의한다'
라고 답한
비율(%)

2024 한국	2024 미국	2024 프랑스	2024 일본	2024 글로벌(전체)
71	68	61	64	71

대한민국 이야기: 이민청 신설에 따른 일자리 경쟁 우려

이민자가 늘어남에 따라 정부는 이민정책 컨트롤타워인 '출입국·이민관리청(이민청)' 신설을 추진하고 있다. 이 안이 찬반으로 갈리는 가운데, 외국인 노동자가 더 많이 들어오면 일자리 경쟁과 사회적 갈등이 일어나리라는 우려도 대두됐다. 이민정책연구원이 2024년 1월 진행한 국민인식 조사 결과에 따르면 이민청 신설에 대해 찬성은 68.6%, 반대는 15.2%를 기록했다. 반대하는 이유는 '불법체류·범죄율·복지비 증가 등 사회비용이 늘어날 것(51.3%)', '일자리 경쟁 등이 발생해 국민 보호가 어려워질 것(38.8%)', '이민을 통해 저출산 문제를 해결하려는 방향이 바람직하지 않다(34.9%)' 등이었다.

Trend 3	기후변화 대응

재생 가능 에너지에 대한 투자가 전 세계적으로 증가하고 있으며, 지구 온난화의 영향이 점점 더 뚜렷해지면서 기후에 대한 거시적 환경이 빠르게 변화하고 있다. 이제 중요한 질문은 사람들이 공동 목표를 달성하기 위해 일상생활을 얼마나 지속적으로, 그리고 얼마나 빠르게 변화시킬 의향이 있느냐다.

기후변화를 완전히 부정하거나 회의적인 사람들은 드물지만, 기후변화가 중요한 문제라고 생각하는 사람들과 그렇지 않다고 생각하는 사람들 사이에는 어느 정도 갈등이 있다.

2024년 우리는 역대 최장 열대야를 경험했고 폭우와 폭설의 위험에 노출돼 있다. 2025년 많은 사람이 기후 이슈를 더욱 심각하게 받아들이고 관심을 가질 것이다. 사람들은 기업들이 기후 문제를 해결하는 데 더 많이 기여하기를 기대하고 있다. 따라서 브랜드는 이를 위해 노력하고 있음을 보여주어야 하며, 사람들이 자신도 기여하고 있다고 느낄 수 있도록 정책·프로그램·패키지 등을 설계할 필요가 있다.

글로벌 시장 사례

▷ **식품 시스템 업데이트를 통한 기후변화 대응** 지속 가능한 농업, 복원력 있는 식품 시스템, 기후 행동에 대한 에미레이트 선언Emirates Declaration을 통해 현재 130개국 이상이 농업과 식품 시스템을 기후 행동과 더 잘 맞추기 위한 중요한 약속을 보여주고 있다.

▷ **친환경적인 교통 서비스** 우버는 인도 콜카타에서 '우버 그린'이라는 전기차 서비스를 도입하여, 사람들이 우버 앱을 통해 탄소 배출 없는 차량을 예약할 수 있게 했다.

▷ **제품의 환경 영향력 가시성 증대** 네덜란드의 대표 슈퍼마켓 알베르트 헤인Albert Heijn은 기후 기술 스타트업 이노코Inoqo와 협력하여, 소비자에게 제품 성분별로 기후에 미치는 영향을 알려준다. 이를 통해 자체 브랜드 제품 1,000개의 이산화탄소 배출량을 매장과 앱에서 공개하고 있다.

기후 책임감

이 가치는 지구와 기후를 보존하는 데 인간 역할의 중요성을 얼마나 인정하는지를 보여준다. 우리가 개인적으로 할 수 있는 모든 것을 하고 있다는 믿음에서 시작되지만, 정부와 기업이 원인에 더 큰 영향을 미치기 때문에 그 영향을 줄이기 위해 더 많은 노력을 기울여야 한다고 생각하는 사람들이 많다.

한국은 이 가치 측면에서 기후변화에 대한 우려가 매우 높은 수준이며, 지금과 같은 방식을 바꾸지 않으면 환경 재앙을 맞이하리라는 데 매우 높은 비율로 동의한다. 또한 기업의 환경 문제 참여에 대해 기대치가 높으며, 연령대가 높을수록 기업이 환경에 미치는 영향을 정부가 엄격히 통제해야 한다고 인식하고 있다. 반면, 개인적으로는 아직 환경 보존을 위해 최선을 다하고 있지 않다고 인식하고 있는 것으로 나타나 기후 책임에 대한 좀 더 적극적인 태도가 요구된다.

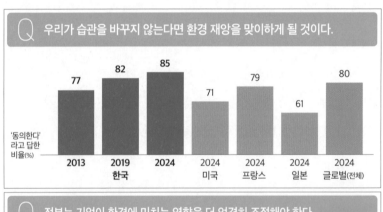

Q 우리가 습관을 바꾸지 않는다면 환경 재앙을 맞이하게 될 것이다.

'동의한다' 라고 답한 비율(%)

2013	2019 한국	2024	2024 미국	2024 프랑스	2024 일본	2024 글로벌(전체)
77	82	85	71	79	61	80

Q 정부는 기업이 환경에 미치는 영향을 더 엄격히 조절해야 한다.

'동의한다' 라고 답한 비율(%)

2024 한국	2024 미국	2024 프랑스	2024 일본	2024 글로벌(전체)
82	63	79	51	81

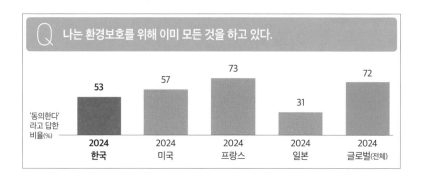

Q 나는 환경보호를 위해 이미 모든 것을 하고 있다.

'동의한다'
라고 답한
비율(%)

53	57	73	31	72
2024 **한국**	2024 미국	2024 프랑스	2024 일본	2024 글로벌(전체)

대한민국 이야기: 기후 대책을 위한 변화

전 세계에서는 기후변화 대응을 위해 탄소세, 배출권 거래제, 온실가스 배출량 공시 기준 세우기 등 여러 대책을 세우고 있다. 국내에서는 온실가스 배출 규제 대책의 취지에 대해서는 공감하고 있으나 현실성 부분을 이유로 유예를 원하는 목소리도 높다. 온실가스 배출량 공시 의무화를 두고 기업들은 세계적으로 통일된 기준이 없고, 주요국 중 해당 공시를 요구하지 않는 곳도 있다는 점을 들어 유예할 필요성이 있다고 말한다. 자산 2조 원 이상 국내 상장 기업들은 기후 분야 공시 의무화 제도를 도입하기로 했으나 2024년 9월 19일 금융위 지속가능성 공시기준 간담회에서 기업과 기관 투자자들의 이해관계가 엇갈렸다. 이를 해결하는 것이 기후 대책을 위한 중요한 지점이 될 것이다.

기술 와우

우리는 주변의 기술과 그것이 우리 삶에서 하는 역할에 놀라고 있다. 71%의 사람들이 미래 문제를 해결하기 위해 현대 기술이 필요하다고 생각하지만, 기술 발전이 우리의 삶을 해친다고 생각한다는 응답도 57%에 달했다.

후자와 같은 반응이 지난 10년 동안 크게 증가했다. 우리는 정신건강과 경제활동에 대해 걱정하지만 발전하는 기술들이 이 우려를 항상 해결하지는 못한다고 생각한다.

기술 발전이 가져다주는 편리함은 종종 잠재적인 위협이 되고, 인간의 취약성을 키운다.

브랜드와 플랫폼들은 개인정보보호, 허위 정보, 보안 및 잠재적 일자리 손실에 대한 우려를 해소함과 동시에 신뢰를 구축하고 사람들에게 기술의 이점에 대해 교육할 수 있는 다양한 기회를 만들어야 한다.

글로벌 시장 사례

▷ **웨어러블 컴퓨터가 치료사, 코치 및 교사 역할 수행** 미국의 기술 스타트업 아이요Iyo가 아이요 원Iyo One을 출시했다. 이 웨어러블 컴퓨터는 맞춤형으로 제작된 두 개의 큰 이어버드를 통해 실제 세상의 소리를 통과시키거나 증폭할 수 있고 다양한 음성 명령에 빠르게 응답할 수 있다.

▷ **AI를 활용하여 고객서비스 개선** 일본의 소프트뱅크는 고객서비스 통화 중 화난 고객의 목소리를 진정시키기 위해 AI 기반 '감정 제거' 기술을 개발하고 있다.
실제 단어를 변경하지 않고도 발신자의 목소리 톤과 음조를 실시간으로 조정할 수 있으며, 이 기술은 10명의 배우가 다양한 감정을 표현한 1만 개 이상의 음성 샘플로 훈련됐다.

▷ **안전과 프라이버시용 주얼리** 스프라이트 브라질Sprite Brasil은 개인 공간을 보호하는 기술이 탑재된 주얼리 컬렉션 노클레이스Knocklaces를 공개했다. 이 제품은 착용자의 스마트폰과 연결된 센서를 갖추고 있어, 부모나 다른 사람이 접근할 때 경고를 보내고 화면을 자동으로 조정하여 프라이버시를 보장해준다.

기술에 대한 우려

이 가치는 개인정보와 개인정보의 사용 방식에서 더 큰 통제권을 지향하는 것을 의미한다. 이 가치를 중시하는 사람들은 기업과 정부 모두가 자신의 데이터에 접근하는 것에 대해 불안감을 느끼며, 온라인 프라이버시는 아무리 신중해도 지나치지 않다고 생각한다.

한국은 이 가치 측면에서 기업과 정부가 자신의 데이터에 접근할 수 있다는 데 불안감을 느끼고 있다. 연령별로는 일상에서 최신 기술 사용이 빈번한 16~24세의 우려가 상대적으로 낮다.

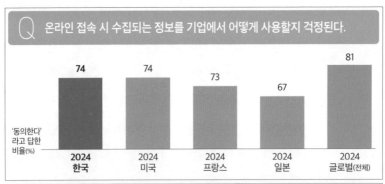

Q 온라인 접속 시 수집되는 정보를 기업에서 어떻게 사용할지 걱정된다.

'동의한다' 라고 답한 비율(%)

2024 한국	2024 미국	2024 프랑스	2024 일본	2024 글로벌(전체)
74	74	73	67	81

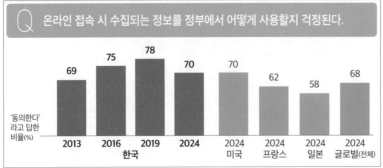

Q 온라인 접속 시 수집되는 정보를 정부에서 어떻게 사용할지 걱정된다.

'동의한다' 라고 답한 비율(%)

2013	2016	2019	2024 한국	2024 미국	2024 프랑스	2024 일본	2024 글로벌(전체)
69	75	78	70	70	62	58	68

공공기관 개인정보 유출이 역대 최대로 밝혀졌다. 더불어민주당 양부남 의원이 개인정보보호위원회로부터 제출받은 자료에 따르면 2024년 1~5월 50곳의 공공기관이 개인정보위에 개인정보를 유출했다고 신고했다. 한 달 평균 공공기관 10곳에서 국민 개인정보가 유출된 셈이다. 개인정보를 유출한 공공기관은 2019년 8곳, 2020년 11곳, 2021년 22곳, 2022년 23곳, 2023년 41곳으로 매년 늘었다. 2024년에는 상반기에 이미 역대 최고치인 2023년 수준을 넘어섰다.

기술 숙명론

이 가치를 지닌 사람들은 기술 진보가 가져오는 장단점 중에서 특히 프라이버시 훼손의 잠재성을 크게 우려한다. 이들은 스마트폰 사용을 제한하는 방법 등을 통해 개인 데이터를 통제할 수 있다고 여긴다.

한국은 기술 발전으로 우리 삶이 파괴되고 있다는 우려가 전 세계 평균보다 비교적 높지만 스마트폰의 사용을 제한하려는 노력은 전 연령대에서 전 세계 평균 대비 낮게 나타났다.

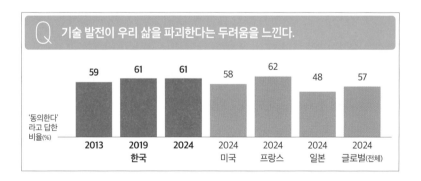

기술 발전이 우리 삶을 파괴한다는 두려움을 느낀다.

'동의한다'라고 답한 비율(%)

	2013 한국	2019 한국	2024 한국	2024 미국	2024 프랑스	2024 일본	2024 글로벌(전체)
	59	61	61	58	62	48	57

스마트폰에 대한 의존도가 높아지고 있다. 더 큰 문제는 성인보다 청소년에서 위험군 비율이 10%포인트 이상 높다는 점이다. 세계적 사회심리학자인 조너선 하이트는 저서 《불안 세대》를 통해 스마트폰이 아이들의 뇌 회로를 바꿔놓는다고 지적했으며, 아동과 청소년의 스마트폰 중독이 정신건강을 무너뜨리고 사회생활을 해친다고 밝혔다. 한국에서도 청소년의 스마트폰 중독이 심각한 것으로 드러났으며, 특히 부모가 스마트폰을 자주 보는 등 의존도가 높으면 자녀도 스마트폰 중독이 될 확률이 80%에 달하는 것으로 드러났다.

한국보건사회연구원이 발표한 〈부모의 스마트폰 의존도와 자녀의 스마트폰 의존도의 전이관계〉 논문에 따르면 부모가 고의존형인 경우 자녀 역시 78.6%가 고의존형에 속하는 것으로 밝혀졌다. 연구진은 이번 결과에 대해 "자녀의 스마트폰 의존도 감소를 위해 부모도 스마트폰 사용을 줄여야 함을 시사한다"라고 밝혔으며, "가족 실천 중심의 온라인 교육 개발 및 보급이 활성화돼야 한다"고 언급했다.

기술 낙관론

이 가치는 기술이 삶을 개선하고 문제를 해결할 잠재성이 있다는 긍정적 인식을 보여준다. 소셜 미디어와 생성형 AI는 인간 진보의 순이익으로 간주되며, 현대 기술은 오늘과 내일의 문제를 해결하는 데 필요한 방법을 제공한다고 여겨진다.

한국은 현대 기술과 AI에 대한 긍정적인 인식이 전 세계 평균 대비 높으며, 특히 인터넷의 일상화를 자연스럽게 받아들이고 있다.

대한민국 이야기: 국민 2명 중 1명 AI 서비스 경험

빠르게 발전하는 기술과 함께 한국에서 AI 서비스를 이용하는 사람들이 점점 늘고 있다. AI를 기반으로 한 음성 비서를 비롯하여 금융과 교육 등 많은 분야에서 AI 서비스가 이미 일상생활에 통합되어 있다.

과학기술정보통신부의 2023년 인터넷 이용 실태 조사 결과 국민 2명 중 1명이 AI 서비스를 경험한 것으로 나타났다. AI 서비스 사용 경험은 2021년 32.4%에서 2022년 42.4%, 2023년 50.8%로 빠르게 증가하고 있는 것으로 조사됐다. 특히 6~19세(66%), 20대(61%), 30대(65.8%) 등 젊은 세대를 중심으로 AI 서비스의 일상화가 빠르게 확산됐다. 다수의 최신 가전제품과 자동차 등에 AI 기반 서비스 및 자율주행 프로그램이 내장되고 다양한 교육 소프트웨어에 AI 기능이 추가되는 추세가 영향을 준 것으로 풀이된다.

Trend 5 — 건강에 대한 높은 관심

전 세계 사람들은 신체적 건강뿐만 아니라 정신적 건강을 위해 더 많은 노력이 필요하다고 느끼고 있으며, 건강 관리에 대한 관심도 커지고 있다. 또한 건강과 다른 시스템의 연결성을 검토하여 불평등을 해결하려는 시도도 이뤄진다. 단순히 오래 사는 것이 아니라 더 건강하게 나이 드는 것에 초점을 맞춘 시도다.

기술이 발전함으로써 새로운 치료법과 치료제가 등장해 건강상태를 더 쉽게 추적하고 관리할 수 있게 해주고 있다. 자연 및 전통 의학과 현대 기술 사이에는 갈등이 있으며, 양질의 의료 서비스 수혜자가 누구여야 하느냐에 대한 질문이 지속적으로 제기되고 있다. 대부분 사람이 여전히 체중 감량이 필요하다고 느낀다는 점에서 건강한 생활은 많은 사람에게 쉽지 않은 과제다. 브랜드는 자신의 건강 관리가 다른 사람들과의 관계를 위한 긍정적인 선택이라는 점을 느끼게 할 필요가 있다.

글로벌 시장 사례

▷ **돌봄 제공자 지원** 사회 복지 기관인 디멘셔 싱가포르Dementia Singapore 는 치매 돌봄 제공자들의 커뮤니티 참여를 촉진하기 위해 소셜 미디어 CARA 앱에 케어 서클Care Circle 기능을 추가했다. 이 기능은 돌봄 제공자들이 개인 그룹을 만들어 환자 돌봄 주제를 논의하는 데 도움을 준다.

▷ **장수를 위한 맞춤 식품 제공** 미국의 식품 스타트업 블루 존Blue Zones은 더 많은 사람이 접근할 수 있도록 오래 살 수 있는 삶에 초점을 맞춘 냉동 식품을 제공하고자 한다. 다만 이 식단이 수명을 연장시킬 수는 있지만, 영양가 높은 신선한 재료를 사용하기 때문에 가격과 접근성 문제가 있어서 널리 채택되지 못했다.

▷ **비호르몬 피임법** 내추럴 사이클스Natural Cycles는 온도 기반 알고리즘을 활용해 임신을 예방하는 100% 비호르몬 피임법이다. 처음에는 좋은 반응을 얻었지만, 여러 여성이 이 앱을 사용하다가 원치 않는 임신을 하게 된 후 병원이 스웨덴 의약품청에 이 피임 앱을 보고하면서 부정적인 여론이 형성됐다. 내추럴 사이클스는 원치 않는 임신이 주로 잘못된 사용이나 부주의한 사용 때문이라고 설명했다.

건강 개선

이 가치는 신체적·정신적 건강을 모두 돌보는 이중의 당위를 얼마나 이해하는지를 보여준다. 대부분 사람이 양쪽 다 더 많이 케어해야 한다고 느끼고 있는 것으로 나타났다. 여기에는 체중 감량에 대한 욕구도 포함되는데, 이는 신체 건강 개선과 관련된 구체적인 목표로 볼 수 있는 반면 또 다른 측면으로는 사회적 규범에 대한 부정적인 반응으로도 볼 수 있다.

한국은 이 가치 측면에서 신체적·정신적 건강 둘 다를 더 돌봐야 한다고 여기지만, 코로나19 이전과 비교했을 때 정신건강을 돌봐야 한다는 인식이 더 높아졌다.

신체적 건강을 돌보기 위해 더 많이 노력해야 한다.

'동의한다' 라고 답한 비율(%)

2019	2024	2024	2024	2024	2024
86	86	76	73	75	84
한국		미국	프랑스	일본	글로벌(전체)

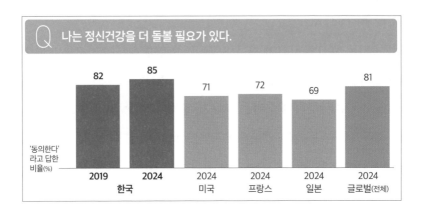

Q 나는 정신건강을 더 돌볼 필요가 있다.

82 (2019 한국)
85 (2024 한국)
71 (2024 미국)
72 (2024 프랑스)
69 (2024 일본)
81 (2024 글로벌(전체))

'동의한다'라고 답한 비율(%)

대한민국 이야기: 정신건강을 돌보기 위한 서비스

OECD 국가 중 자살률 1위 등 정신건강 지표를 보면 대한민국 국민의 정신건강에 적신호가 켜졌음을 알 수 있다. 정신적 피로와 스트레스를 호소하는 이들이 늘어나면서 정부는 '정신건강 대책 대전환, 예방부터 회복까지'라는 비전을 내세우고 정신건강 정책 혁신 방안을 발표했다. 주기적으로 국민의 정신건강을 돌보기 위한 서비스를 지원하며, 기업들과의 제휴를 통해 정신건강 상태를 스스로 돌보는 서비스를 마련하는 중이다.

국립정신건강센터와 카카오헬스케어의 협업으로 탄생한 '마음건강 챗봇서비스'가 대표적 사례다. 우울증 자가검진을 해볼 수 있으며 검진 결과에 따라 거주지와 가까우면서도 자신의 상태에 맞는 관련 상담 센터 정보를 얻을 수 있다.

향후 정부와 기업들은 더욱 다양한 정신건강 관리 서비스를 제공할 것이다. 특히 빅데이터와 인공지능 기술을 활용한 맞춤형 정신건강 케어가 더욱 늘어날 것이다.

건강 홀로서기

이 가치는 자신의 건강과 웰빙에 능동적으로 참여하는 정도를 보여준다. 이 가치를 지닌 사람들은 건강 관리를 중시하며, 정보를 기반으로 적극적으로 참여하고자 하는 욕구가 강하다. 이는 의사의 조언에 의존하기보다는 '스스로 관리하는' 경향으로 이어질 수 있다. 이들은 건강한 식단을 선택하는 것이 건강 관리에서 가장 중요한 요소라고 믿는다.

한국은 자신의 건강 관리에 대한 결정을 스스로 하고자 하는 욕구가 전 세계 평균 대비 높게 나타났으며, 코로나19를 거치면서 꾸준히 증가했다.

또한 한국인에게는 체중 감량에 대한 니즈가 있으며, 올바른 식단 선택이 건강을 위한 가장 중요한 요소라고 믿는 사람이 많은 것으로 조사됐다.

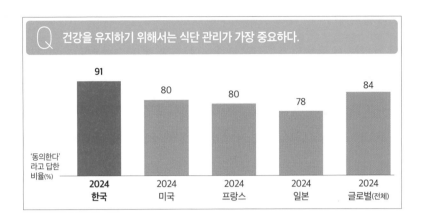

건강을 유지하기 위해서는 식단 관리가 가장 중요하다.

'동의한다'라고 답한 비율(%)

2024 한국	2024 미국	2024 프랑스	2024 일본	2024 글로벌(전체)
91	80	80	78	84

대한민국 이야기: 몸과 마음의 건강을 위한 관리 흐름

2024년 6월 신한카드 빅데이터 연구소의 발표에 따르면 2023년 1~12월, 2019년 동 기간과 비교해 심리상담센터 월평균 이용 건수가 22.4% 늘어나고, 요가·필라테스 가맹점 수는 90%, 테니스장 213%, 체형·두피관리 가맹점 수는 36%가 증가했다고 한다. 건강에 대한 관심이 몸과 마음의 건강 등 전반적인 부분에서 나타나고 있음을 알 수 있다.

식품 업계의 데이터를 봐도 이를 알 수 있다. 신체 노화를 늦추는 데 도움이 되는 것으로 알려진 저속 노화 식단과 관련된 간편식 또는 식재료 매출 증가세가 크다. CJ 제일제당의 '햇반곤약밥' 역시 2024년 1~5월 평균 판매 증가율 23%를 기록했다. 이제 식품은 단순히 다이어트를 하며 몸을 관리하는 단계를 넘어 식습관 변화를 통해 신체 노화를 늦추고 만성 질환을 예방하고자 하는 차원이 됐다. 정신적 및 신체적 건강을 아우르는 웰빙 추구와 식습관 관리를 통해 전체적인 라이프 스타일을 바꾸고자 하는 흐름은 강해질 것이다.

오래 살기

이 가치는 오랫동안 만족스러운 삶을 살기 위해 지속적으로 노력하는 능력을 보여준다. 이 가치를 가진 사람들은 100세까지 살 것으로 믿는데, 이는 노화를 긍정적으로 전망한다는 한 가지 예다. 그리고 이 믿음은 더 오래, 더 나은 삶을 살기 위해 삶의 질에 집중하고자 하는 니즈로 나타난다.

한국은 장수에 대한 기대가 전 세계 평균보다 높은 것은 아니지만, 16~24세와 35~44세의 연령대에서는 상대적으로 높게 나타났다.

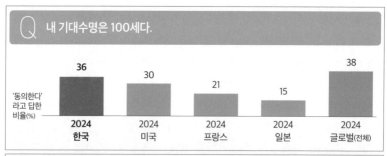

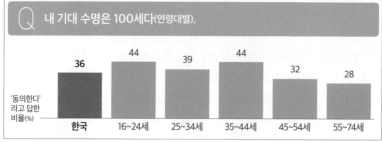

대한민국 이야기: 기대수명과 건강수명의 차이 17년

한국인의 기대수명은 1970년 62.3세였는데, 통계청이 발표한 '2023 한국의 사회지표'에 따르면 2022년에는 82.7세로 크게 늘었다. 이는 OECD 국가 중 일본·스위스에 이어 세 번째로 긴 수명으로 의료 기술의 혁신, 생활 수준 향상, 공중보건 정책 개선 덕분일 것이다. 하지만 질병 없이 건강하게 살 수 있는 기간을 뜻하는 건강수명은 65.8세다. 즉 16.9년이라는 긴 시간 동안 유병 생활을 할 수 있다는 얘기다. 통계청에 따르면 2022년 사망 원인 1위는 암으로, 인구 10만 명당 162.7명이 사망했으며 다음은 심장 질환 65.8명, 폐렴 52.1명 순이었다.

과거로의 여행

세계적으로 많은 이들이 과거로의 회귀에 매력을 느끼고 있다. 10명 중 약 6명(57%)이 자국이 예전 모습으로 돌아가기를 원한다고 답했다. 우리가 그리워하는 과거가 머릿속 상상을 거치면서 미화된 것일지라도, 이는 현재 시스템에 도전하는 것으로 비칠 수도 있다.

또한 이는 역사적 권력 구조, 종교 관행, 고용 패턴, 성 역할 등으로의 '복귀'를 외치는 또 다른 사회적 이슈로 이어질 수도 있다.

어떤 사람들에게는 진보로 보이는 것이 또 어떤 사람들에게는 소중한 전통적 가치를 잃어버리는 것이나 남들의 이익을 위협하는 것으로 보일 수도 있다.

향수는 마케터가 연결을 구축하는 데 여전히 강력한 도구지만, 브랜드는 옛날이 항상 모든 사람에게 좋았던 것은 아니라는 점도 고려해야 한다.

글로벌 시장 사례

▷ **틱톡에서 인기몰이를 한 전통적인 아내의 생활 모습** 최근 몇 년 동안 전통적인 아내 역할을 중시하고 가정생활과 전통적인 성 역할을 따르는 여성들을 특징으로 하는 콘텐츠가 소셜 미디어를 강타했다. 이런 트렌드가 부상함에 따라 미국 여성들은 자신이 선택한 라이프 스타일에 대해 더 많은 비판을 받고 있다.

▷ **스마트폰의 대안** 노키아 브랜드 폰을 제작하는 핀란드 회사 HMD 글로벌HMD Global은 하이네켄 및 크리에이티브 에이전시 보데가Bodega와 협력하여 보어링 폰Boring Phone이라는 독특한 브랜딩 이니셔티브를 시작했다. 앱이 없는 투명한 플립폰인 보어링 폰은 향수를 불러일으키는데, 맥주를 마시면서 사회적 상호작용을 하도록 장려한다.

향수

이 가치는 과거에 대한 그리움과 확립된 관습 및 생활 방식을 얼마나 소중히 여기는지를 보여준다. 현재의 기후변화와 사회 붕괴 같은 위협이 단순하고 안전했던 과거의 매력을 더욱 부각한다.

한국은 예전 방식으로 돌아가고 싶어 하는 경향이 전 세계 평균이나 다른 국가들보다 약하며, 더욱이 전 연령대에서 매우 낮게 나타났다. 또한 부모님의 어린 시절에 대한 향수는 전 세계 평균 대비 낮을 뿐 아니라, 코로나19 이전과 비교했을 때 2024년에 더 낮아졌다. 연령대가 높아질수록 더 낮은 경향을 보였다.

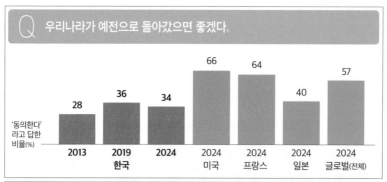

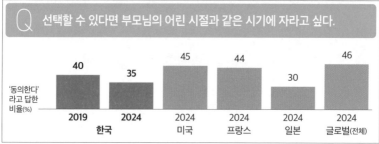

전통주의

이 가치는 가족·종교·공동체를 우선시하는 확립된 규범이나 가치, 신념을 얼마나 중시하는지를 보여준다. 이 가치를 높게 여기는 사람들에게는 신앙과 문화유산 보존이 최우선이며, 성 역할과 성별 관점의 변화를 기존 확립된 질서에 대한 위협으로 간주한다.

한국은 여성의 사회적 위치와 역할에 대한 보수적인 인식이 여전히 남아 있긴 하지만 점차 약화되고 있다.

〈한국경제〉 기사에 따르면 20대가 가장 높은 수준으로 성적 불평등이 존재한다고 인식하는 것으로 밝혀졌다. 2024년 5월 대통령 직속 국민통합위원회는 "여성가족부의 양성평등 실태 조사 결과 국민 35.2%가 '사회 전반에서 남녀가 평등하다'고 인식했다"며 "전반적으로 남녀평등에 대한 체감 수준이 낮은 편"이라고 분석했다. 통합위는 "특히 20대 남녀는 다른 세대에 비해 서로 더 불평등하다고 느꼈고, 20대 남성은 남성이 더 불평등하다는 인식이 높았다"고 덧붙였다. 성적 불평등은 사회, 기업, 조직 내의 다면적 문제이기 때문에 곳곳에서 노력이 필요할 것이다. 앞으로 성별에 따른 구분이 아닌 역량에 기반한 업무 배정, 기업과 조직 내에서 성평등 수준을 평가하는 지표와 지속적으로 모니터링할 수 있는 시스템 도입을 요구하는 목소리가 점점 커질 수밖에 없다.

Trend 7	혁신적 허무주의

집을 사고, 결혼을 하고, 가정을 꾸리는 것과 같은 중요한 인생 단계에 대해 세대 간의 괴리가 있다. 재정적 현실 탓에 이런 것들이 손에 닿지 않는 곳에 있다고 느끼는 사람이 많아졌다. 이는 '미래보다 오늘을 위해 사는 것이 더 낫다'는 감정을 부추기고 있다. 내일이 불확실하거나 세계가 파멸의 길을 걷고 있다고 느낄 때 특히 그렇다. 하지만 점점 더 많은 사람이 그것이 손에 닿지 않는다고 느끼고 있음에도, 대부분 나라에서 전통적인 인생의 단계는 여전히 매우 우선시되고 있다. 쾌락주의적 경향과 허무주의적 경향 사이의 긴장은 사람들이 현재에 충실하게 하는 한편, 잠재적으로는 성급한 결정을 내리게 한다. '일단 지금 사고 나중에 갚자'와 같은 인식이 확산되면서 개인 부채 상품이 증가하는 것이 한 가지 예다. 사람들이 현실과 목표 사이의 격차를 메울 수 있도록 돕는 것은 브랜드와 정부 모두에 기회가 될 수 있다.

2025년 도파민을 자극하는 다양한 성공 스토리는 단기적인 미래 전망에 집중하게 하고 현실 중심의 의사 결정 문화를 강화할 것이다. 반면, 문화 콘텐츠는 비현실적 주제와 가치 중심으로 구성될 것이다.

글로벌 시장 사례

▷ **트럼프를 지지하는 새로운 MAGA 상품 출시** 도널드 트럼프의 암살 시도가 실패한 후, 귀 밴드 등을 포함한 새로운 MAGA[미국의 4대 IT 기업인 마이크로소프트 Microsoft, 애플 Apple, 구글 Google, 아마존 Amazon을 가리키는 말] 상품들이 판매되기 시작했다. 트럼프 지지자들은 7월 13일의 사건과 공화당 후보 지명을 수락하는 90분 연설을 통해 트럼프를 더 높이 평가하게 됐으며, 이로 인해 민주당과 공화당 간의 갈등이 더욱 심화됐다.

▷ **선거 참여 독려를 위한 캠페인** 투표율 저하는 민주주의에 위협이 된다는 인식하에 벤앤제리스 Ben & Jerry's는 더 많은 젊은이가 투표하도록 유도하기 위해 달콤한 보상 캠페인을 시도했다. 2024년 6월 6일, 투표를 마친 네덜란드 시민들은 빨간색 투표용 연필을 무료 아이스크림으로 교환할 수 있었다. 네덜란드는 유권자가 빨간색 연필로 후보자 이름 옆 표시된 부분을 색칠하도록 한다. 투표용 연필이 없는 사람은 투표했다는 확인 이메일을 보여주면 무료 아이스크림을 받을 수 있었다.

▷ **낮 시간 클럽 문화의 부상** 원조 레이버들 ravers(1980~1990년대 EDM과 테크노 음악을 중심으로 한 대형 댄스 파티 레이브에 열정적으로 참여했던 사람들)이 50대에 접어들면서 낮 시간 클럽 문화가 큰 인기를 끌고 있다. 데이 피버 Day Fever는 영국과 아일랜드에서 가장 큰 낮 시간 파티로 30대 이상이 온종일 춤췄으며, 이 파티는 밤 10시까지 진행됐다.

반체제

현재 정부와 정치에 대한 강한 불만을 나타내는 이 가치는 정부가 국민의 이익을 대표하고 돌봐야 한다는 입장에서 시작한다. 그렇지만 정치인들이 분열을 조장하고 국민의 우려를 무시하며 사회가 직면한 문제를 적절히 해결하지 못한다는 느낌 때문에 빠르게 과격해진다. 한국에서는 동일한 가치를 공유하지 않는 사람들 간 갈등이 점점 고조되고 있으며, 정부와 공공 서비스에서의 소외에 대한 우려의 목소리도 높아지고 있다.

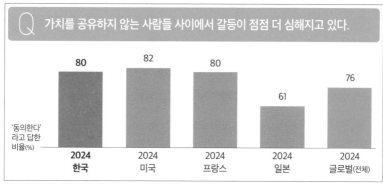

현실에 집중

이 가치는 운명론적으로 현재를 즐기는 데 집중하고 불확실한 미래를 지나치게 걱정하지 않는 경향과 관련이 있다. 하지만 그저 오늘을 즐기면서도 내일은 저절로 잘 풀릴 것이라는 희망도 포함한다.

한국은 이런 경향이 전 세계 평균 대비 낮긴 하지만, 연령대가 낮을수록 오늘을 즐기는 동안 내일은 알아서 해결될 것이라는 희망이 다소 증가하고 있다.

다만 오늘날의 쾌락주의에 따른 새로운 유형의 허무주의적 정서 확산이 상대적으로 약하다는 점에서 미래를 고민하며 준비하고 있는 것으로 보인다.

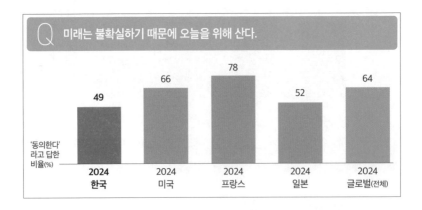

Q 미래는 불확실하기 때문에 오늘을 위해 산다.

'동의한다'라고 답한 비율(%)

49	66	78	52	64
2024 한국	2024 미국	2024 프랑스	2024 일본	2024 글로벌(전체)

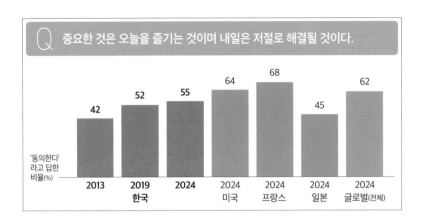

Q 중요한 것은 오늘을 즐기는 것이며 내일은 저절로 해결될 것이다.

'동의한다'라고 답한 비율(%)

2013	2019 한국	2024	2024 미국	2024 프랑스	2024 일본	2024 글로벌(전체)
42	52	55	64	68	45	62

대한민국 이야기: 더욱 중요해진 젊은 세대의 은퇴 준비

한국은 고령화가 급격히 진행되고 있으며, 노인 빈곤율도 OECD 국가 중 가장 높다. 부모 세대를 보고 불안해진 MZ세대는 은퇴 준비를 위해 금융·재테크 공부에 열심이다. 이와 더불어 신체적·정신적 건강을 챙기는 것도 소홀히 하지 않는데, 자산 관리와 건강 관리가 함께 이뤄져야 노후를 준비할 수 있기 때문이다. 특히 Z세대는 부모 세대보다 은퇴 자금을 축적하기가 어려운 데 반해 은퇴 후 생존 기간은 길기 때문에 은퇴 자금이 더 많이 필요하다. 젊은 세대의 은퇴 준비가 더욱 중요해진 이유다.

또한 경제적 자립을 위해 이른 은퇴를 선호하는 이들이 많고, 비혼 가구의 증가로 연금에 대한 관심이 높아졌다. 금융감독원이 발표한 자료에 따르면 2021년 연금저축 신규 가입자 증가율은 20대 70%, 30대 21.9%로 젊은 세대의 연금 저축이 증가하고 있는 것으로 나타났다.

신뢰의 힘

허위 정보가 넘치는 세상에서 우리는 신뢰할 수 있는 출처에서 나오는 진정한 메시지를 갈망한다. 이제 불확실성은 우리가 왜 어떤 조직은 신뢰하고, 어떤 조직은 신뢰하지 않는지에 대한 움직임에서 비롯된다.

이런 상황에서 브랜드는 우리의 세계관과 가치를 확장하는 역할을 맡게 됨으로써 더 큰 중요성을 지니게 됐다. 하지만 고객서비스가 이전보다 더 나빠지고 자동화됐다는 전반적인 인식은 이미 구축된 브랜드의 신뢰를 위협한다. 양극화 시대에 브랜드는 가치를 어디에 집중할 것인지, 그리고 제품의 이점을 소비자에게 어떤 방식으로 전달할 것인지를 고민해야 한다.

2025년 많은 브랜드가 과거의 명성에 기대지 않고 새로운 역할과 이미지를 고민할 것으로 보인다. 그 어느 때보다 사회, 문화 환경에 대한 이해와 기대 관리, 소통이 필요하다. 이를 통해 쌓인 공감이 신뢰와 브랜드의 힘을 만들 수 있을 것이다.

글로벌 시장 사례

▷ **아일랜드펍 가상 박물관** 하이네켄과 퍼블리시스 더블린Publicis Dublin은 고군분투하는 아일랜드 펍들이 문화적 랜드마크 수준의 정부 보조금과 면세 혜택을 받을 수 있도록 돕기 위해 아일랜드 전역의 펍들을 가상 박물관으로 전환했다. 이들은 다양한 펍의 숨겨진 이야기와 지역 전설을 강조하는 모바일 친화적인 AR 오버레이를 만들어냈다.

▷ **리뷰 기반 신속한 인사이트 제공** 네덜란드의 네오뱅크인 벙크Bunq는 AI 기반 어시스턴트 핀Finn을 업데이트했다. 이제 핀은 연속적인 질문에 답변하고, 사용자의 재무 관련 질문을 더 빠르게 해결하며, 다른 벙크 사용자가 제출한 리뷰를 기반으로 새로운 도시에서 방문할 장소를 추천해준다.

▷ **투명한 행동 강화** 2024년 7월 1일부터 프랑스 소매 업체들은 '슈링크플레이션shrinkflation(제품 가격은 기존과 같지만 크기나 중량을 줄여 사실상 가격 인상 효과를 내는 것)'이 발생했을 때 이를 쇼핑객에게 알리도록 강제했다(예: 식품 제품의 크기와 중량 대비 변동된 가격을 표시). 경제재무 장관인 브루노 르 메르Bruno Le Maire가 "소비자 신뢰를 회복해야 한다"라고 말한 이후 시작된 캠페인이다.

브랜드 추앙

이 가치를 중시하는 사람들은 세계를 브랜드 중심으로 바라보는 경향이 강하며, 브랜딩·포장·출처와 같은 요소에 큰 중요성을 둔다. 브랜드 목적 또한 중요하게 여기며, 건강·윤리·지속 가능성을 가격보다 우선한다.

한국은 이 가치 측면에서 개인의 가치를 반영한 브랜드를 구매할 의향이 전 세계 평균 대비 높으며, 수치가 꾸준히 증가하고 있다. 또한 추가 비용이 발생하더라도 책임감 있게 행동하는 브랜드를 선호하는 경향이 있다.

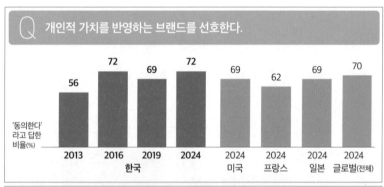

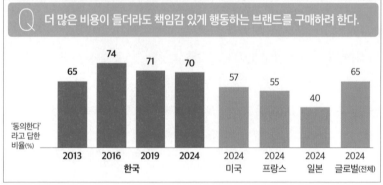

경험

사람들은 기업이 제공하는 경험에 실망감을 느끼는 것으로 나타났다. 소비자들은 고객서비스가 너무 자동화되고 개인적이지 않다고 생각하는 반면, 브랜드는 윤리적 또는 사회적 책임보다는 품질 좋은 제품을 만드는 데 집중해야 한다고 생각한다. 이 때문에 소비자들은 브랜드가 초심을 잃었다고 느낀다.

한국은 고객서비스의 과도한 자동화와 비인격화를 우려하는 정도가 전 세계 평균보다 낮지만, 55~74세에서는 비교적 높았다. 또한 연령대가 높아질수록 고객 경험이 기대 수준보다 낮다고 인식하는 반면, 16~24세는 브랜드의 윤리적·사회적 책임보다 제품의 품질을 더욱 중요시하는 것으로 나타났다.

Q 고객서비스가 너무 자동화되고 비인격화되고 있다.

'동의한다'
라고 답한
비율(%)

66	80	76	56	74
2024 **한국**	2024 미국	2024 프랑스	2024 일본	2024 글로벌(전체)

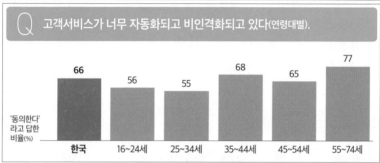

Q 고객서비스가 너무 자동화되고 비인격화되고 있다(연령대별).

'동의한다'
라고 답한
비율(%)

66	56	55	68	65	77
한국	16~24세	25~34세	35~44세	45~54세	55~74세

Q 기업은 사회적·윤리적 책임과 상관없이 좋은 제품만 만들면 된다.

'동의한다'
라고 답한
비율(%)

55	53	53	55	52
2024 **한국**	2024 미국	2024 프랑스	2024 일본	2024 글로벌(전체)

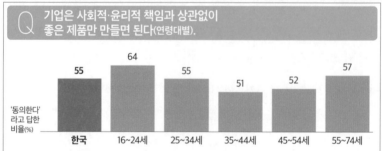

Q 기업은 사회적·윤리적 책임과 상관없이
좋은 제품만 만들면 된다(연령대별).

'동의한다'
라고 답한
비율(%)

55	64	55	51	52	57
한국	16~24세	25~34세	35~44세	45~54세	55~74세

정보 소비주의

이 가치는 더 나은 거래를 널리 찾고자 하는 욕구가 어느 정도인지를 보여준다. 기본적으로는 오프라인보다 온라인에서 구매했을 때 가성비가 높을 것이라는 기대가 있는 것으로 나타났다. 그리고 더 많은 정보 출처, 특히 온라인 리뷰를 통해 보다 자신감 있는 구매 결정을 내릴 수 있다고 생각하는 사람이 많았다.

한국은 온라인 쇼핑에서 더 좋은 거래를 할 수 있다고 생각하는 비율이 다른 국가 및 전 세계 평균보다 높았다. 또한 구매 결정 시 온라인 리뷰를 참고하는 경향도 높게 나타나 온라인에 대한 신뢰가 높은 편인 것으로 드러났다.

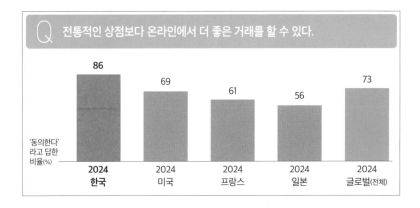

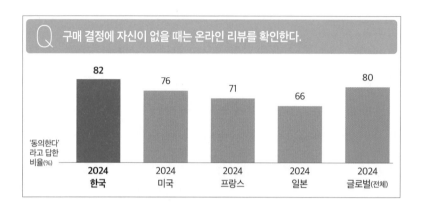

Q 구매 결정에 자신이 없을 때는 온라인 리뷰를 확인한다.

'동의한다'
라고 답한
비율(%)

82	76	71	66	80
2024 한국	2024 미국	2024 프랑스	2024 일본	2024 글로벌(전체)

대한민국 이야기: 실제 사용 후기를 얻을 수 있는 채널을 선호하는 소비자들

한국소비자원이 2024년 '제품 구매 시 소비자의 행동 패턴 분석' 조사를 실시한 결과 소비자가 제품 구매 전 정보를 수집하는 채널(중복 응답)은 '온라인 쇼핑몰 구매 후기(71.4%)'가 가장 많았고, '인터넷 카페·블로그 리뷰(60.4%)', '유튜브·틱톡 등 동영상(46.7%)' 순으로 나타났다. 업체 광고보다는 실제 제품 사용 후기와 최신 트렌드 정보를 얻을 수 있는 채널을 선호하는 것으로 해석할 수 있다.

나에게로 탈출

위협적이고 압도적인 세상 속에서 사람들은 자신이 통제할 수 있는 한 가지, 즉 자신에게 초점을 맞추고 있다. 지난 10년 동안 개인주의에 대한 관심이 꾸준히 높았지만, 2024년은 특히 개인 자율성이 우리가 측정한 가치 중 가장 강력한 것으로 나타났다. 자신에게 초점을 맞추는 행동은 다양하게 나타나는데 단순함, 사회적 지위, 새로운 경험 등을 추구하는 것이 대표적이다. 어떤 사람들은 자기계발을 세상을 느리게 살면서 급한 것을 피하는 것이라고 생각하는 반면, 또 어떤 사람들은 성취와 사회적 지위 구축에 관한 것으로 여긴다. 그래서 성취를 추구하는 사람들과 만족하는 사람들 간의 균형은 국가 간, 그리고 국가 내에서도 다르게 나타난다. 사람들이 자신을 표현하고 자신의 가치관을 보여주는 것과 관련된 서비스 영역은 브랜드와 공공 정책에 또 다른 기회가 될 수 있다.

글로벌 시장 사례

▷ **프리미엄 상징의 대중화** 영국 맨체스터 공항의 프라이빗 터미널 에테르Aether는 모든 사람이 퍼스트 및 비즈니스 클래스 스타일의 여행을 즐길 수 있게 한다. 공항의 메인 터미널과 떨어져 있는 현대적 건물에 자리한 에테르는 프리미엄 체크인과 보안 서비스를 제공하며, 고객은 전용 주차장도 이용할 수 있다.

▷ **스트레스 최소화를 위한 방식** 나이지리아 인플루언서 커뮤니티에서 나온 '소프트 라이프' 개념은 쾌락과 편안함을 우선시하고 스트레스를 최소화하는 생활 방식을 말한다. 틱톡에서 10억 회 이상의 조회수를 기록한 #softlife 트렌드는 전통적인 직업의 스트레스와 쳇바퀴 같은 생활을 거부하는 데서 한 걸음 더 나아가는 삶의 모습을 보여준다.

▷ **고정된 습관에서 탈피** 독일 냉동식품 브랜드 이글루Iglo는 친근하고 신뢰할 수 있지만 낯선 것에 경계심을 가지는 공룡 캐릭터를 기반으로 창의적인 캠페인을 진행했다. 다스 그폰하이스티어Das Gewohnheitstier, 즉 습관의 동물이라는 이 캐릭터는 고정된 습관을 극복하고 사람들에게 편안한 영역에서 벗어나 새로운 것을 시도하도록 권장한다.

단순함

이 가치를 중시하는 사람들에게는 현대 생활이 너무 버겁고 지나치게 빠르다고 느껴진다. 이들은 사물을 단순화하고 혼자만의 시간을 더 많이 보내며, 대면 접촉을 피함으로써 사회와 거리를 두고자 한다.

한국은 오늘날 세상이 너무 빠르게 변하고 있다는 점과 자기 삶의 속도를 늦추기를 희망한다는 점에서 이 가치에 동의하는 정도가 전 세계 평균보다 높다. 자기 삶의 속도를 조절하기를 원하며, 인생에 너무 많은 선택지가 존재한다는 점에 종종 압도감을 느끼는 것으로 보인다.

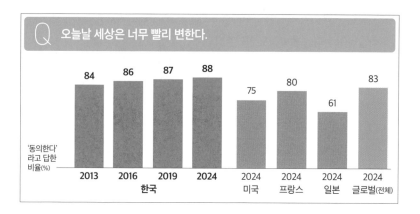

내 삶의 속도를 늦출 수 있으면 좋겠다.

'동의한다'라고 답한 비율(%)

2013	2016	2019	2024	2024 미국	2024 프랑스	2024 일본	2024 글로벌(전체)
62	69	71	71	53	62	73	66

한국

대한민국 이야기: 삶의 속도를 늦추고 싶어 하는 사람들

빠르게 변하는 사회는 개인에게 다양한 형태의 스트레스를 유발한다. 자동화·디지털화 같은 기술 혁신은 편리함을 주기도 하지만, 뒤처지지 않으려면 열심히 따라잡아야 한다는 압박감도 안겨준다.

젊은 세대 역시 항상 새롭게 등장하는 기술을 습득하고 경쟁력을 유지해야 한다는 불안감을 느낀다.

케이스탯리서치에서 2023년 7월 실시한 '현재 삶과 한국 사회 평가' 자료에서 '내 삶의 속도를 늦출 수 있으면 좋겠다'는 응답이 74%로, 한국인 다수는 현재 삶이 복잡하고 너무 빠르다고 생각하는 것으로 나타났다. '내 삶이 더 단순해졌으면 좋겠다'고 생각하는 사람도 68%로 높게 나타났다.

자율성

개인의 자율성은 2024년 입소스 글로벌 트렌드에서 측정한 가장 강력한 가치로, 모든 사람이 자신의 원칙을 세우기를 기대하며 외부 환경에 영향받지 않고 자신의 속도에 맞춰 새로운 제품과 서비스를 평가하고 싶어 하는 것으로 나타났다.

　한국인은 자신의 원칙을 스스로 정하는 것을 중요하게 생각하고, 얼리어답터가 되어야 한다는 강박보다는 자신이 원할 때 시도하겠다고 생각하는 경향이 비교적 강한 것으로 나타났다.

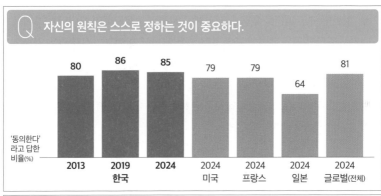

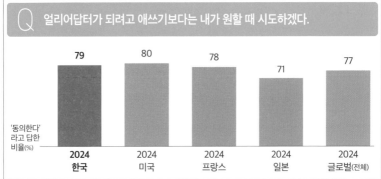

경제 성장이 중요하게 여겨지던 때에는 더 많은 노동을 할수록 더 좋은 삶이 찾아올 것이라고 믿는 사람이 많았다. 직장에서의 성과, 속한 조직의 성장이 개인의 사회적 성공과 연결된다고 여겼기 때문이다. 하지만 더는 물질적 성공이 행복을 보장하는 기준이 되지 못함을 알게 됐고, 이제 사람들은 직장을 구할 때 임금만이 아니라 정신적·심리적 안정을 가질 수 있는 환경도 본다.

한국은행이 발표한 '근무 여건 선호와 노동시장 변화'라는 BOK 이슈노트 보고서에 따르면, 근무 여건을 임금 못지않게 중시하는 근로자들이 늘어나는 추세다. 여기서 근무 여건은 유연한 근무 조건, 업무 자율성, 발전 가능성과 같은 임금 외의 만족감을 뜻한다. 임금을 주요 고려 사항으로 여기는 취업자들은 2023년 기준 26.8%로, 5년 전 26.5%에서 소폭 증가했다. 그에 비해 근무 여건을 주요 고려 사항으로 여기는 취업자들의 비중은 계속 증가해 2023년 31.5%로, 5년 전인 22.4%보다 9.1%포인트 증가했다.

사회적 지위

이 가치를 공유하는 사람들은 물질 및 재정적 성공으로 인정받는 것을 중요하게 여긴다. 물질을 일과 삶의 균형 또는 웰빙 개념보다 우선하며, 동료나 이전 세대보다 더 높은 수준의 성공을 달성하는 것을 중시한다. 한국인은 일과 삶의 균형을 중요하게 여기는 동시에, 인정받는 것도 중시하는 경향이 있다. 특히 인정에 대한 욕구가 2019년 대비 크게 증가했다는 점에서 코로나 이후 사회적 지위에 대한 경쟁이 심화된 것으로 보인다.

Q 나는 내가 소유한 것들로 성공을 측정한다.

'동의한다'
라고 답한
비율(%)

56	30	38	32	46
2024 **한국**	2024 미국	2024 프랑스	2024 일본	2024 글로벌(전체)

Q 인생의 성취는 경력에서 높은 위치에 도달하는 것이다.

'동의한다'
라고 답한
비율(%)

36	42	74	44	37	36	55
2013	**2019** **한국**	**2024**	2024 미국	2024 프랑스	2024 일본	2024 글로벌(전체)

대한민국 이야기: 직업에 귀천이 있다는 인식

'직업에 귀천이 있을까?'라는 질문은 오래전부터 있었다. 과거 신분제 사회에서는 직업이 사회적 지위와 연결됐다. 오늘날 우리는 직업에 귀천이 없다고 배워왔지만 현실은 그렇지 않다고 여기는 사람들이 많다.

한국직업능력연구원이 2024년 3월 17일 발표한 '직업의식 및 직업윤리의 국제 비교 연구' 보고서에 따르면, 사회적 지위가 높은 직업으로 한국과 일본은 국회의원을 1위로 뽑은 데 비해 미국과 독일은 소방관을 1위로 꼽았다. 게다가 한국은 다른 국가에 비해 유독 직업에 귀천이 있다는 의식이 큰 것으로 확인됐다.

슬기로운 호기심

개인주의의 또 다른 가치는 호기심과 새로운 경험에 대한 개방성이다. 이 가치를 지닌 사람들은 살아가면서 늘 배우고자 하며 새로운 것, 새로운 장소, 새로운 제품, 새로운 기술(심지어는 '각자도생'이라는 사고방식에 맞는 생존 기술) 등에 관심이 있다.

한국은 새로운 직업을 갖기 위해 해외 이전을 고려하는 정도가 전 세계 평균 대비 21%포인트 낮았지만, 16~24세와 25~34세 연령대에서는 비교적 높게 나타났다. 새로운 기술에 대한 관심은 전반적으로 전 세계 평균과 유사한 수준이었는데, 16~24세에서 상대적으로 높게 나타났다.

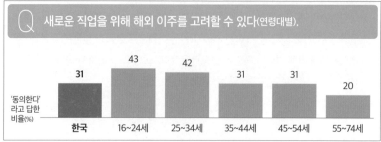

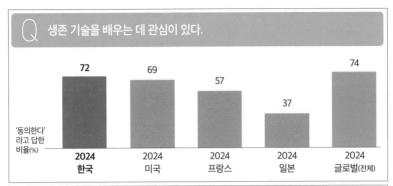

생존 기술을 배우는 데 관심이 있다.

72
2024
한국

69
2024
미국

57
2024
프랑스

37
2024
일본

74
2024
글로벌(전체)

'동의한다'
라고 답한
비율(%)

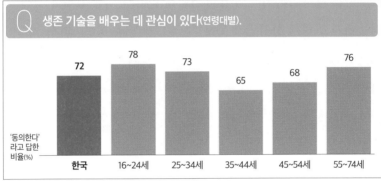

생존 기술을 배우는 데 관심이 있다(연령대별).

72
한국

78
16~24세

73
25~34세

65
35~44세

68
45~54세

76
55~74세

'동의한다'
라고 답한
비율(%)

코로나를 거치고 나서 가장 많이 떠올린 단어가 '시간'입니다. 요즘 사람들에게 그렇게 환영받지 못하는 '극T'와 '극J' 성향이라서 계획이 어긋날 때마다 좌절하는데, 공교롭게도 코로나 이후에는 예상을 벗어나는 일이 많아 늘 시간이 부족하게 느껴지네요. 아마도 내외부 환경 탓에 계획을 실행하기가 어려워지면서 더 조바심이 난 게 아닌가 싶습니다.

계획 중 하나가 책 쓰기였는데, 생각은 있었지만 쉽게 시작하지 못했습니다. 늘 숙제처럼 느끼던 와중에 먼저 손을 내밀어주시고 응원해주신 한국경제신문 한경BP출판사 김수언 대표님께 감사의 말씀을 드립니다. 언제든지 아낌없이 지원하겠다고 하신 약속 그대로, 출판이 될 때까지 물심양면으로 도와주신 덕분에 좋은 결과물을 얻고 오랜 숙제 하나를 해낼 수 있었습니다. 더불어, 완성도를 높이기 위해 노력해주신 한경BP 편집부에도 깊이 감사드립니다.

입소스는 사회생활을 시작한 첫 직장입니다. 중간에 개인적인 욕심으로 경쟁사에서 몇 년간 경력을 쌓기는 했지만 지금까지 묵묵하게 저를 보듬어준 좋은 회사입니다. 입소스에는 엄청난 역량을 가진 동료들이 많습니다. 그래서 저 혼자선 해결하지 못하는 문제를 풀어가는 데 정말 많은 도움을 받고 있습니다. 이번 책을 집필하는 데도 많은 동료들이 응원해주시고 시간을 내주셨습니다. 가장 먼저 전폭적인 지지와 함께 회사의 자원을 활용할 수 있게 해주신 박황례 대표님께 감사드립니다. 그리고 집필을 함께해주신 유은혜 팀장님, 방향성을 제시하고 여러 가지 자문을 해주신 정호영 전문위원님, 저를 AI 세계로 이끌어주시고 다양한 아이디어를 주신 김선주 파트너님께 감사의 말씀을 드립니다. 인터뷰 및 참고 자료 제공, 자료 검증에 도움을 주신 S3(컨설팅) 본부의 윤관호 파트너님, 정성조사본부 김혜승 본부장님, 이노베이션 본부 양현서 본부장님께 감사드립니다. 또한 자료 검증과 시장 흐름 분석 등 까다로운 여러 일을 도와주신 입소스 신세시오 유상 그룹장님, 입소스 디지털 플랫폼 최문성 팀장님께도 감사드립니다.

최근 3년간 가장 힘들었던 일은 항상 저를 넘치게 지지해주셨던 아버지와의 헤어짐이었습니다. 생각지도 못한 시기에 너무 일찍 헤어지게 되어서 지금도 그 빈자리가 느껴집니다. 함께 계셨다면 더없이 좋아하셨을 아버지와 늘 믿어주시고 인간적 배려를 강조하시는 어머니께 이 책을 제일 먼저 드리고 싶습니다. 밖에선 혁신과 트렌드를 이야기하지만 집에선 그런 모습을 보여주지 못한 저를 이해해주고 응원해준 아내와 아들에게도 깊은 감사의 인사를 보냅니다.

모든 노력을 기울였음에도, 부족하고 부끄러운 부분이 계속해서 보입니다. 보완이나 수정이 필요한 부분이 있다면 언제든지 알려주시면 감사하겠습니다. 트렌드를 다루다 보니 급변하는 상황을 반영하지 못했을 수도 있겠지만, 무엇보다 제 표현력이 부족해서일 것입니다. 조언과 충고를 응원의 목소리로 여기고, 시장의 트렌드와 소비자의 니즈에 대한 접근들이 중소기업과 소상공인들에게 어떻게 도움이 될 수 있을지 더 치열하게 고민하겠습니다. 중소기업과 소상공인들도 새로운 성장 동력을 얻기 위해 객관적이고 다양한 데이터를 기반으로 비즈니스를 계획하고 성과를 얻는 패러다임의 전환이 필요한 시점이라고 생각합니다. 이 책에 관심과 도움을 주신 많은 분께 다시 한번 감사드립니다.

입소스 코리아 부대표
엄기홍 올림

본문에 앞서

〈경제전망 보고서, 경제전망〉, 2024.8.22, 한국은행
《OECD 경제계 2024 하반기 경제전망〉, 2024.7.9, 한국경제인협회
"푸른 산호초 너머…뉴진스의 도쿄돔 데뷔가 남긴 것", 2024.7.4, 〈한국경제〉
"X세대냐 MZ냐 구분 무의미…세대 뛰어넘는 '퍼레니얼'의 등장", 2024.5.8, 〈동아일보〉
《멀티제너레이션, 대전환의 시작》, 마우로 기엔, 2023, 리더스북

Signal 1

"디지털 멘탈 헬스케어 시대, 중요한 건 꺾이지 않는 마음이니까!", 2023.7.5, 이글루 홈페이지
"정신건강을 위한 ICT 기술을 개발하다", 2021.11, Vol.187, 〈ETRI 웹진〉
"'중꺾마 원조' 롤드컵 영웅 데프트…'10년간 안 꺾였다, 올해 한번 더'", 2023.5.23, 〈중앙일보〉
2024 입소스 글로벌 트렌드 조사
《멘탈력》, 더그 스트리챠크직·피터 클러프, 2024, 한국코칭수퍼비전아카데미
"경기력의 근원, 멘탈력: 스포츠 선수들의 숨은 성공 비결", 2024.6.28, 멘탈코칭컴퍼니 홈페이지
대한수면연구학회 홈페이지
"수면장애 절반 이상은 '여성'…10·30대만 남성이 더 많아", 2023.11.16, 〈의협신문〉
"침대는 정말 과학이다?…머스크가 칭찬한 슬립테크, 21조 시장", 2023.9.1, 〈중앙일보〉
"'잠 못 드는 사람들' 커지는 슬립테크 시장…주목할 만한 스타트업은?", 2024.3.20, 〈뉴스핌〉
"슬립테크 스타트업 에이슬립, 수면무호흡 진단보조 앱으로 식약처 인허가 받아", 2024.5.14, 〈한국경제〉
"잠: 짧은 수면 시간은 건강에 해롭다", 2017.10.31, 〈BBC NEWS 코리아〉
"정신건강 스타트업의 정신 나간 처방", 2023.3.13, 오픈애즈
"'멘탈甲'이 되는 6가지 접근 방법", 2019.10. Issue 2, 〈동아비즈니스리뷰〉
"몸집 불리는 글로벌 멘탈 헬스케어 시장…국내 현황은?", 2020.6.24, 〈바이오타임즈〉
"비대면 멘탈 헬스케어 플랫폼으로 승부…일본에도 진출", 2023.1.18, 〈조선비즈〉
"늘어나는 우울증, '디지털 헬스케어'가 해답될까?", 2024.2.7, 〈의학신문〉
"AI 챗봇에 정신건강 상담 받는 MZ세대", 2024.1.9, 〈BBC NEWS 코리아〉

"2023년 한 해 50만 명, 산티아고 순례길 걸었다", 2024.3.27, 〈가톨릭평화신문〉
"'무엇이 삶을 의미 있게 하는가'…한국 유일하게 '물질적 풍요' 1위 꼽아", 2021.11.22, 〈경향신문〉

Signal 2
〈2024 OECD 사회지표 보고서〉, 2024.6.20, OECD
"OECD 출산율 반토막 날 때 한국은 8분의 1토막 났다", 2024.6.23, 〈한겨레〉
"2024년, 잘파(Zalpha) 세대가 온다", 2023.12 26, 〈제일 매거진〉
〈2024 한국 Z세대 소비자 연구(2024 Korean GEN Z Consumer Study)〉, 2024, 입소스
〈한국 Z세대 소비자 연구(Korean Gen Z Consumer Study)〉, 2022.12, 입소스
"'대학생이 되면 과잠을 꼭 입고 싶은 낭만이 있었어요', 과잠 문화의 명과 암", 2024.5.27, 〈매거진 한경〉
"명품도 자랑하고 싶지만, 과잠도 입고 싶어", 2024.5.6, 〈연세춘추〉
"'과잠'과 코로나", 2023.4.17, 대학지성 In&Out
〈'셀프 분석(퍼스널 컨설팅)' 서비스 관련 U&A 조사〉, 2024.7, 트렌드모니터
"'나 자신을 알자' Z세대는 '셀프 분석' 열풍", 2024.5.21, 〈뉴스웍스〉
"Z세대 3대 욕구: 식욕 수면욕 그리고 셀프 분석 욕구!? '셀프 분석 세대' 리포트", 2023.8.9, 〈캐릿〉
"향수·립스틱 없어서 못 팔죠'…불황에도 '스몰 럭셔리' 인기", 2024.5.17, 〈조선비즈〉
"은근한 럭셔리가 좋아'…Z세대가 빠진 '올드머니' 패션", 2023.5.27, 〈아시아경제〉
"옷장 속 엄마템 뜬다'…롱샴·코치 가방 SNS에서 자주 보이는 이유는?", 2024.7.17, 〈데일리팝〉
"'착한 소비'가 대세…'돈 들여 MZ세대 잡겠다' 기업들 '초강수'", 2022.3.7, 〈한국경제〉
〈식품시장 뉴스레터: 비건식품〉, 2022.3.17, aT(한국농수산식품유통공사) FIS(식품산업통계정보)의 글로벌 데이터 2022

Signal 3
"3집 중 1집은 나혼자 산다…1인 가구 34.5%로 역대 최다", 2023.12.12, 〈조선일보〉
《네트워크 사회의 도래》, 마누엘 카스텔, 2014, 한울아카데미
입소스 내부 조사
입소스 소비자 인식 조사, 2024
"친구도 연인도 아닌 사이, '시추에이션십'을 아시나요?", 2022.9.21, 〈GQ〉
"Z세대의 연애, '회색지대'를 반기는 이유", 2022.9.6, 〈BBC NEWS 코리아〉
"데이팅앱서도 '빨리빨리' 문화…'직접 만남보다 톡으로 연락'", 2023.12.13, 〈한국경제〉
"'취향 세대'를 사로잡는 법", 2022.10.11, 〈한국경제〉
"'관계인구'가 온다", 2023.6.13, 〈농수축산신문〉
"'관계인구', '생활인구'를 아시나요?", 2024.4.20, SBS NEWS
"2학기에는 농촌 유학 떠나볼까?", 2024.6.11, 서울교육소식

"'월 98만 원에 집 구독' 화제의 日 서비스…한국도 가능할까", 2023.5.2, 〈한국경제〉

Signal 4
"D2C 전략, 점점 더 중요해지는 이유는?", 브이리뷰 홈페이지
"미국 브랜드들은 어떻게 Z세대를 공략하고 있을까?", 2024.5.14, BCG 홈페이지
"MZ핫플 된 전통시장…경험을 구매하는 세대", 2024.7.7, 〈매일일보〉
"'찐팬'을 골라내는 법…팬덤은 마케팅보단 비즈니스 전략이다", 2023.3.31, 〈한국경제〉
"소셜 커머스, 7년 내 8367조 육박, 신뢰 확보가 최우선", 2024.4.2, 뷰티누리
입소스 소비자 인식 조사 2024
"소셜 커머스의 등장이 이커머스 생태계를 뒤흔들고 있다", 2023.4.21, BCG 홈페이지

Signal 5
《초격차》, 권오현, 2020, 쌤앤파커스
"알리·테무 5000원 미만 저가 상품 확 줄었다", 2024.6.24, 〈조선일보〉
제품 구매 시 소비자의 행동 패턴 분석 설문조사 결과(2024년), 2024.4.24, 한국소비자원
"'다시 생각해보세요'…진짜 살아본 사람들은 말린다는 제주도 한달 살기의 현실", 2023.7.18, 여행톡톡
〈제주 한달살이 분석으로 제주관광 활성화 지원한다〉, 2023.3.30, 통계청
"체육시설 강습 예약도 '피케팅'…노년층은 소외", 2024.4.26, KBS 뉴스
〈2023년 '총결산' 공연시장 티켓판매 현황 분석 보고서〉, 2024.2.20, KOPIS
"한국프로야구 시즌 최다 관중 신기록…2017년 840만 관중 넘어", 2024.8.18, 〈연합뉴스〉
"고물가 시대를 건너는 #현금챌린지…'카드 말고 현금만 써요'", 2023.12.10, 〈경향신문〉
"'계란·바나나·우유 '0원'에 샀어요'…MZ '무지출 챌린지'", 2024.7.8, 〈서울경제〉
"다꾸·백꾸·카꾸, 별걸 다 꾸민다고요?", 2024.1.13, 〈경향신문〉
"돈 쓰면 욕먹는 곳, 거지방의 정체는?", 2023.5.22, 오픈애즈
"무지출 5일 도전…'냉파'로 싼 도시락, 커피믹스까지 탈탈", 2023.10.24, 〈뉴스1〉
"소비하지 않는 걸 과시하다, 과시적 비소비", 2023.6.22, 〈제일 매거진〉

Signal 6
입소스 AI 모니터 2024
"챗지피티 시대 교육의 방향…정답력에서 질문력으로", 2023.8.14, 〈한겨레〉
"현대사회의 핵심 능력 '문해력'과 '질문력', 그러나 '읽는 습관' 줄고, '질문에 대한 두려움 커'", 2023.8.27, 〈매드타임스〉
"'똑똑'하게 골라쓰는 생성형 AI 전격비교!", 2024.4.26, 〈KSAM 매거진〉
"생성형 AI라고 부르는 이유", 2024.4.22, 모두의연구소

"AI가 객관적?…천만의 말씀, 정치색 뚜렷합니다", 2023.8.9, 〈매일경제〉
〈ChatGPT 업무 활용 가이드북〉, 2024.6, 한국방송통신전파진흥원
"미군 AI드론, 가상훈련서 조종자 살해…'임무에 방해된다' 판단", 2023.6.2, 〈연합뉴스〉
"인류 역사상 AI가 인간 살상한 첫 전투 벌어졌다", 2024.3.31, 〈주간동아〉
〈휴머노이드 혁명: 로봇공학의 발전〉, 2024.6.5, 삼성SDS
"'AI 끝판왕' 휴머노이드…인간처럼 '촉감' 가진 로봇 5년 내 나온다", 2024.5.19, 〈한국경제〉
입소스 소비자 인식 조사 2024
"어르신 돌봄도 스마트하게…서울시, 로봇·인공지능AI으로 어르신 건강·안전지킨다", 2024.3.6,
서울특별시 복지정책실 어르신복지과
"'오늘 기분은 어떠세요?'…AI 돌봄 로봇으로 고독사 예방한다", 2024.1.19, 〈동아일보〉
"서비스로봇 시장 143조 전망…삼성·LG, 로봇사업 확장경쟁", 2024.5.2, 〈디지털타임스〉
"무인상점 가는 이유 '시간·접근성 편리' 54…'비대면 선호 때문은 18%뿐", 2023.10.14, 〈한국일보〉
"계속된 최저임금 인상에 더 빨라진 편의점 무인점포 시대", 2024.1.24, 〈아주경제〉

Signal 7
"변화 적응 빠르고 소통에 강한 70년대생, 리더 그룹 진입", 2024.2.5, 〈이코노미 조선〉
2020 인구 총조사와 일자리 행정통계, 통계청
"X세대, 거대한 부의 이전 주인공될 듯", 2024.6.24, 〈포춘코리아〉
"고령화사회, 고령사회, 초고령사회", 2015.1.6, KDI 경제정보센터
"'긴 세대' X세대 무거운 짐, 홀가분하게 나누는 법", 2024.5.9, 〈브라보 마이 라이프〉
입소스 소비자 인식 조사 2024
"학력 높고 경제적으로 풍요한 '신중년' 5060, 행복지수 높이려면?", 2020.10.12, 〈한겨레〉
"M의 부모 60년대생 vs Z의 부모 70년대생", 2022.1.3, 〈서울신문〉
"'인구 감소' 익스프레스 탄 대한민국…당장 70년대생을 잡아야 하는 이유", 2024.7.8, SBS
NEWS

Signal 8
〈2023년 가족실태조사〉, 여성가족부 홈페이지
〈2023 가족인식 조사: 가족의 범위 및 정상 가족에 대한 인식〉, 한국리서치 홈페이지
"아무도 몰랐다. 덕질이 미래의 경쟁력이 될 것을", 2024.8.19, 〈제일 매거진〉
"아빠효과, Father Effect란 무엇일까?", 2021.1.27, 네이버 블로그(m.blog.naver.com/tbmbl
/222221712249)
"아빠 육아가 아이에게 미치는 영향", 2019.5.9, 투어대디 브런치(brunch.co.kr/@guyskim/28)
"아빠효과를 아시나요?", 2020.11.9, 〈경기일보〉
〈일과 가정의 양립을 위해 분투하는 30대 '요즘아빠'〉, 2024.2.7, KB금융지주 경영연구소

입소스 신세시오 소셜 데이터 분석

⟨알파세대 경제·소비생활: 부모의 영향을 중심으로⟩, 2024.5.13, 대학내일20대연구소

"'자녀 부자로 키우려면?' 부모 월급 공개부터", 2021.9.25, ⟨한국경제⟩

Signal 9

2022년 입소스 교육격차 프로젝트 조사

"SNS 보며 금융 투자한다?···'핀인플루언서' 인기에 커지는 경고음", 2024.5.14, ⟨조선비즈⟩

⟨2023년 가계금융복지조사 결과⟩, 2023.12.7, KDI 경제정보센터

"월급 350만원이 쥐꼬리냐'···'평균 올려치기'에 시끌", 2024.4.26, ⟨국민일보⟩

"한국 휩쓴 '성공 포르노'···혹시 당신의 마음도 훔쳤나요?", 2024.3.13, ⟨매일경제⟩

입소스 내부 조사 결과

"직장인들, 조기 은퇴 원하지만 현실은···파이어족 되려면 돈 얼마나 있어야 할까?", 2023.5.19, ⟨매거진한경⟩

2024년 입소스 글로벌 행복 지수 조사

"얼마나 있어야 부자?···한미 실제와 생각의 차이 이만큼이나?", 2023.6.30, SBS NEWS

Signal 10

"한국, 내년부터 '다인종 국가'", 2023.10.27, ⟨한국경제⟩

"'다인종·다문화' 대한민국, 생존 위해 더 커진 '우리' 받아들여야", 2024.6.20, ⟨머니투데이⟩

입소스 소비자 인식 조사 2024

통계청 국가통계포털 주민등록인구

법무부 출입국·외국인정책본부(moj.go.kr/moj/2412/subview.do)

입소스 글로벌 트렌드 2024

"국내 외국인 250만, 소비파워 커졌다···가장 '큰손'은 누구?", 2024.2.1, ⟨조선일보⟩

"한국인보다 韓 더 잘 아는 외국인···이 플랫폼 덕분이었네", 2024.1.22, ⟨한국경제⟩

"250만 외국인 고객 잡자···주말에도 문여는 은행", 2024.7.5, ⟨머니투데이⟩

"외국인에 손 내미는 은행권···특화점포 늘리고 비대면도 강화", 2024.7.2, ⟨한겨레⟩

"230만 국내 거주 외국인 잡아라'···이통3사 '뜨거운 러브콜'", 2024.6.27, ⟨세계일보⟩

⟨2022년 이민자 체류 실태 및 고용조사 결과⟩, 2022.12.20, 통계청 보도자료

입소스 신세시오 소셜 데이터 분석

Signal 11

"'그냥 쉬는' 청년 44만명···75% "일 할 생각없어"", 2024.8.18, ⟨한국경제TV⟩

"'알바로 먹고 살래요' 프리터족이 늘고 있다", 2024.2.20, ⟨매거진한경⟩

"최저임금 1만원 시대···'이제 한계다' 곳곳서 '악소리'", 2024.7.12, ⟨한국경제⟩

"'취업 대신 알바 생각보다 나쁘지 않네요'…반전 결과", 2024.9.1, 〈한국경제〉

"'자식 뒤치닥거리 죽을 때까지 하게 생겼다'…부모들 '한숨'", 2024.3.16, 〈한국경제〉

"MZ직장인 54.8% '임원 승진 생각 없다'", 2023.5.12, 잡코리아

"대기업직원이 임원 달 확률 0.83%…'임원 최다' 삼성전자 0.93%", 2023.11.27, 〈연합뉴스〉

"대기업 MZ들 '승진해서 뭐하나…가늘고 길게'", 2024.6.18, 〈한국경제〉

"요즘 2030 '승진 안할래요' 본사 안갈래요", 2021.10.11, 〈조선일보〉

"직장인 68.3% '하반기 이직 준비한다'", 2023.7.21, 잡코리아

"[시사금융용어] 어텐션 이코노미", 2024.7.26, 〈연합인포맥스〉

"당신은 '포모'인가요, '조모'인가요?", 2021.9, KDI 경제정보센터

입소스 소비자 인식 조사, 2024

2025 글로벌 트렌드 리포트

Our World in Data https://ourworldindata.org/un-population-2024-revision

PwC's Global Artificial Intelligence Study https://www.pwc.com/gx/en/issues/artificial-intelligence.html

〈Sizing the prize: What's the real value of AI for your business and how can you capitalise?〉, 2017, PwC

〈Is Nvidia Stock In A Bubble Or Is It Justified By AI Growth?〉, 2024.6.23, Forbes

〈2024 불평등 보고서 불평등 주식회사(Ineqaulity Inc.)〉, 2024.1.14,옥스팜(Oxfam)

〈Income and Wealth Inequality in India 1922-2023〉, 2024.3.18, World Inequality Lab

〈What's new about wealth inequality in the world?〉, 2023. 12. 22, WID.world

〈2024 Climate and Catastrophe Insight〉, 2024, Aon plc.

〈세계 자원 전망(Global Resource Outlook)〉, 2024.1.31, UN

〈Cost of data breaches to surpass US$5mn per incident in 2023〉, 2022.12.20, Technology Magazine

〈지정학적 리스크 지표에 대한 설명〉, 2024.7.20, 한국금융연구원

Global Geopolitical Risk Index https://www.matteoiacoviello.com/gpr.htm

WHO - Mental disorders https://www.who.int/news-room/fact-sheets/detail/mental-disorders

〈The trends defining the $1.8 trillion global wellness market in 2024〉, 2024.1.16, McKinsey & Company

Someone Somewhere + adidas, LinkedIn

Starbucks China 2024.6.6,Weibo

Digital Nomads - GoTürkiye Experiences, goturkiye.com

〈"대한민국 국민 자랑스러워", 58%…2019년 수준으로 떨어져〉, 2023.11.11, 〈한국일보〉

〈"한류 경제효과, 5년간 37조…16만 명 고용 창출"〉, 2023.7.11, 〈동아일보〉

〈2023 한류의 경제적 파급효과 연구〉, 2024.5.21, 한국국제문화교류진흥원

〈Nova Credit announces partnership with Royal Bank of Canada to help create a smoother financial start for newcomers〉, 2024.6.18, Nova Credit

Garnier Thailand, Garnier Pride(garnier-micellar-pride.com)

〈국민 10명 중 6명 "부자감세 추진 정당에 투표 않겠다"〉, 2024.4.2, 〈매일노동뉴스〉

〈초고령사회 코앞인데…일자리 시장서 '연령차별' 당하는 노인들〉, 2023.2.28, 〈동아일보〉

〈"저소득계층·청년층, 이민청 신설 따른 일자리 경쟁 우려 커"〉 2024.3.21, 〈연합뉴스〉

〈Secretary Antony J. Blinken At the UN Climate Conference, COP 28, Leaders Event: Transforming Food Systems in the Face of Climate Change〉, 2023.12.1, U.S. State Department

Uber Green – Sustainable Rides in Electric or Hybrid Vehicles on Uber

〈Albert Heijn Becomes First Grocery Retailer Globally to Share Ingredient-Level Product Climate Footprint with Consumers〉 2024.4.30, inoqo

SAY HELLO TO YOUR NEW COMPUTER IYO ONE, Iyo Audio

〈SoftBank Corp. Developing AI-powered "Emotion Canceling" Solution to Protect Workers From "Customer Harassment"〉 2024.6.7, Soft Bank

〈Sprite's Jewelry Warns You When Your Personal Space Will Be Invaded〉 2024.4.11, Muse by Clios

〈공공기관 개인정보 유출 '역대 최다'…제재는?〉, 2024.6.18, 〈한국경제〉

〈스마트폰 중독도 대물림…부모가 중독이면 자녀 79%가 중독〉, 2024. 8. 23, 〈조선일보〉

〈국민 2명 중 1명 AI 서비스 경험…AI 일상화 가속〉, 2024.3.28, 〈디지털투데이〉

〈Dementia Singapore unveils new Care Circle feature of its CARA App at Our Getai in Queenstown roadshow〉, 2024.6.1, Dementia Singapore

How does Natural Cycles work? Natural Cycles

〈청년층(20~34세), 이제 격년마다 정신건강검진〉, 2023.12.6, 〈헬스경향〉

〈신한카드 소비 내역에 사회 변화 담겼다, "정신건강 운동 자기계발에 관심 커"〉, 2024.6.13, 비즈니스포스트

〈평균 수명은 갈수록 늘어나는데…"유병 장수는 비극"〉, 2023.2.3, YTN

〈'Tradwife' lifestyle trends on social media and the internet is divided〉 2024.6.24, ABC News

〈HMD Global and Heineken launch 'Boring Phone' to evoke nostalgia〉 2024.4.17, News Bytes

〈통합위 "국민 35% '남녀평등' 인식…20대 불평등 인식 높아"〉 2024.5.27, 〈한국경제〉

〈Ear bandages, shooting T-shirts and 'fight' sneakers: the new Maga merch〉 2024.7.19, The Times

Red Pencils for Pints, Ben & Jerry's Netherlands

Day Fever, dayfever.os.fan

〈"우리도 은퇴할 날 온다"…MZ세대는 노후준비도 똑똑해〉, 2024.8.26, 〈뉴시스〉

Heineken Pub Museums, Heineken YouTube

〈bunq enters the insurance market〉2024.5.14 bung

〈Will new 'shrinkflation' labelling in France truly boost transparency?〉, 2024.5.15, Food Navigator Europe

〈대한민국 소비자 선정 2024 ESG 브랜드〉, 2024.9.9, 〈한경ESG〉

〈제품 구매 시 소비자의 행동 패턴 분석 설문조사 결과 2024년〉, 2024.4.24, 한국소비자원

〈aether−a first for UK aviation is announced〉 2024.5.16, Manchester Airport

〈What is TikTok's 'soft life era' and could it be the secret to happiness?〉2023.8.9, The Independent

iglo Green Cuisine meets Veganary, iglo.de.com

〈국민 74% "내 삶의 속도 늦춰지면 좋겠다"〉, 2023.7.17, 데이터솜

〈요즘 직장생활, 돈보다 중요한 1순위가 있다?〉, 2024.4.24, 〈세계일보〉

〈사회적 지위 높은 직업…한국은 '국회의원', 미·독은 '소방관'〉, 2024.3.17, 〈문화일보〉

• 소셜 빅데이터 분석
- 수집 기간: 최근 3년간(2021년 9월 1일~2024년 8월 30일)
- 수집 대상: 페이스북, X(트위터), 인스타그램, 유튜브, 포럼, 카페, 블로그
- 수집 플랫폼: 입소스 신세시오

• 입소스 소비자 인식 조사 2024
- 조사 대상: 전국 20~59세 남녀 1,000명
- 조사 기간: 2024년 8월 29~30일
- 조사 플랫폼: 입소스 디지털 플랫폼

자문

김선주

입소스 코리아 UX 파트너. 이화여자대학교를 졸업. 트렌스포메이션 디자인 전공 및 박사 과정 수료. 경험 기반 비즈니스 주제에 대한 컨설팅을 진행하고 있다. 24년간 사용자 경험에 집중해 형성적Formative, 생성적Generative Research 영역에서 활동했다. 학문적 융합을 통한 미래소비자 경험 탐색에 관심이 많다. 2000년부터 삼성전자와 함께 피처폰, 소울폰, 옴니아폰, 햅틱, 스마트 TV, 갤럭시 노트, 갤럭시 S8, 셰프컬렉션 냉장고, 무풍 에어컨, 패밀리 허브, 삼성페이, 빅스비, 스마트 홈 허브, 라이프스타일 TV 세리프, 프레임 TV 등 다양한 디지털 및 스마트 혁신 제품과 서비스의 개발에 참여해왔다. 그녀의 선행 연구를 통해 약 150여 건의 제품과 서비스가 성공적으로 출시되고 있다.

정호영

입소스 코리아 전문위원. 고려대학교를 졸업. 사회학 박사. 국민대학교 비즈니스IT 전문대학원 겸임교수. 20여 년간 고객 인사이트에 기반한 전략, 혁신, 마케팅 영역과 전략적 리더십 분야에서 활동하고 있다. 복잡한 사안을 프레임워크와 프로세스로 가지런히 정돈하는 취미가 있다. 11년간 LG전자에서 근무했으며, LG전자 재직 시 초박형 벽걸이 TV 개발에 참여했고, 국내의 LG 베스트샵 업그레이드 및 해외 LG 브랜드 매장의 확산 강화에도 참여했다. 조선일보와 SK그룹에서 주최한 제1회 글로벌리제이션 논문 공모전에서 우수상을 수상했다.

도움

(1) 콘텐츠 제공
윤관호: 입소스 S3(컨설팅)본부 본부장
김혜승: 입소스 IUU(정성조사 전문)본부 본부장
양현서: 입소스 이노베이션본부 본부장

(2) 소셜 빅 데이터 분석
유상: 입소스 신세시오그룹 그룹장
(3) 소비자 조사 진행
최문성: 입소스 디지털 플랫폼팀 팀장

마켓 리서치 글로벌 리더의 대한민국 트렌드 보고서

입소스 마켓 트렌드 2025

제1판 1쇄 발행 | 2024년 10월 18일
제1판 2쇄 발행 | 2024년 10월 21일

지은이 | 엄기홍, 유은혜
펴낸이 | 김수언
펴낸곳 | 한국경제신문 한경BP
책임편집 | 박혜정
교정교열 | 공순례
저작권 | 박정현
홍보 | 서은실 · 이여진
마케팅 | 김규형 · 박정범 · 박도현
디자인 | 이승욱 · 권석중

주소 | 서울특별시 중구 청파로 463
기획출판팀 | 02-3604-590, 584
영업마케팅팀 | 02-3604-595, 583　FAX | 02-3604-599
H | http://bp.hankyung.com　E | bp@hankyung.com
F | www.facebook.com/hankyungbp
등록 | 제 2-315(1967. 5. 15)

ISBN 978-89-475-4978-3　03320